आजादी की आधी सदी

स्वप्न और यथार्थ

आजादी की आधी सदी

स्वप्न और यथार्थ

पूरन चंद्र जोशी

राजकमल प्रकाशन
नयी दिल्ली पटना इलाहाबाद

मूल्य : ₹ 75

पहला संस्करण : 2000
पहला पेपरबैक संस्करण : 2003
पहली आवृत्ति : 2011

प्रकाशक : राजकमल प्रकाशन प्रा. लि.
1-बी, नेताजी सुभाष मार्ग
नई दिल्ली-110 002

शाखाएँ : अशोक राजपथ, साइंस कॉलेज के सामने, पटना-800 006
पहली मंजिल, दरबारी बिल्डिंग, महात्मा गांधी मार्ग, इलाहाबाद-211 001

वेबसाइट : www.rajkamalprakashan.com
ई-मेल : info@rajkamalprakashan.com

मुद्रक : बी.के. ऑफसेट
नवीन शाहदरा, दिल्ली-110 032

AZADI KI AADHI SADI : SWAPNA AUR YATHARTH
Essays by Puran Chandra Joshi

ISBN : 978-81-267-2107-8

युवा काल के
उन सभी साथियों को
जो
नये भारत के स्वप्नदर्शी थे
और
स्वप्नों को साकार करने को
आजीवन प्रतिबद्ध और प्रयत्नशील

दो शब्द

मेरी पिछली पुस्तक 'अवधारणाओं का संकट' के प्रकाशन के बाद लिखे गए लेखों और निबंधों को संग्रह के रूप में प्रकाशित करवाने का सुझाव अनेक मित्रों और पाठकों से मुझे प्राप्त हुआ है। कुछ मित्रों ने इस सुझाव को ठोस रूप देने में देरी न करने का आग्रह भी बार-बार किया है। मेरे लेखन में रुचि रखनेवाले ऐसे ही मित्रों के आग्रह और सद्‌भावना का फल यह निबंध-संग्रह है। इस संग्रह में आजादी की आधी सदी के बहुआयामी मूल्यांकन से संबंधित कुछ निबंधों को मैंने संचयित किया है। मैं उन सबका ऋणी हूँ जो संचयन के इस कार्य में मेरे प्रेरणादायी रहे हैं।

मैं 'हंस', 'नया पथ', 'संवेद', 'गगनांचल', 'कथादेश' आदि का कृतज्ञ हूँ, जिनके आग्रह पर इस संग्रह के कुछ लेख लिखे गए और वहीं प्रकाशित हुए। इस संग्रह में प्रारंभिक रूप में नहीं, संशोधित और परिवर्द्धित रूप में ये लेख पुनः प्रकाशित हैं। कुछ अन्य लेखों को यह संग्रह पहली बार प्रकाश में ला रहा है।

इस संग्रह में दो संवाद भी शामिल हैं। पहली बातचीत 'आज का भारत : यह द्वंद्व और टकराव क्यों ?' अमरीका-निवासी जाने-माने लेखक और पत्रकार श्री उमेश अग्निहोत्री के साथ उनकी भारत-यात्रा के दौरान हुई थी। दूसरी बातचीत 'भारत अगले पचास वर्षों में' विषय पर पत्रकार श्री अवधेश कुमार के साथ हुई थी। दोनों संवाद यहाँ मूल रूप में नहीं, संशोधित और परिवर्द्धित रूप में प्रकाशित हैं। मैं उमेश जी और अवधेश जी का आभारी हूँ। उन्होंने मुझे अत्यंत महत्त्वपूर्ण मुद्‌दों पर सोचने-विचारने और बातचीत के लिए प्रेरित किया।

इस संग्रह को तैयार करने में साल-डेढ़ साल की देरी गरदन की सख्त तकलीफ के कारण हुई, जिसने मुझे लिखना बंद करने के लिए विवश किया। यह संग्रह कुल मिलाकर मेरे चार लेख-संग्रहों की पहली कड़ी है। अन्य संग्रहों में आजादी की आधी सदी की भिन्न-भिन्न विषयों और दृष्टियों से मूल्यांकन की कोशिश की गई है।

मैं 'राजकमल प्रकाशन' का कृतज्ञ हूँ जिन्होंने मेरे हिंदी लेखन और उसके प्रकाशन में शुरू से गहरी रुचि दिखाई है। राजकमल के प्रबंध

निदेशक श्री अशोक महेश्वरी का मैं कृतज्ञ हूँ जो मुझे इस लेख-संग्रह के वादे की याद दिलाते रहे हैं। यह कार्य टलता रहता, अगर उनका प्रोत्साहन न होता।

मुझे इस बात का अहसास है कि इस लेख-संग्रह में कई विचार बार-बार दोहराए गए हैं। मैंने इन 'रेपिटिशंस' को वैसे ही रहने दिया है। प्रसिद्ध रूसी चिंतक एलेक्जेंडर हर्जन ने एक बार फ्रांसीसी रेडिकल विचारक प्राउधों के निम्न वाक्यों को इस विषय में उद्धृत करते हुए कहा था :

"मैं यही बात दर्जनों बार कह चुका हूँ। किंतु पुनरावृत्तियों से बचना संभव नहीं है। अनुभवी लोग यह जानते हैं, मैंने एक बार प्राउधों से इस बात का जिक्र किया था कि उनकी पत्रिका में उनके ऐसे लेख छपते हैं, जिनमें मामूली फर्क होता है और वे एक-से होते हैं।

"प्राउधों ने उत्तर दिया, 'क्या तुम सोचते हो कि यदि एक बार कोई बात कह दी जाए तो वह काफी है और एक नया विचार पहले ही कथन में स्वीकृत हो जाएगा। यह तुम्हारी गलतफहमी है। उसे बार-बार लोगों के कान में डालना होगा, उसे अनेक बार दोहराना होगा, ताकि लोगों के दिमाग उसके आदी हो जाएँ, ताकि वह विचार लोगों की समझ में आ जाए और वे उसे पचा भी लें। और वह विचार उनके दिमाग के भीतर नागरिक अधिकार प्राप्त कर अपनी पक्की जगह बना ले।' " (एलेक्जेंडर हर्जन, 'माइ पास्ट एंड प्रेजेंट थाट्स', 1982)

मेरा एलेक्जेंडर हर्जन और प्राउधों की बराबरी करने का कोई इरादा नहीं। लेकिन उन सभी बुद्धिजीवियों को, जो केवल विद्वानों को प्रभावित करने के लिए नहीं लिखते, वरन् लेखन को सार्वजनिक संवाद का साधन मानते हैं, विचारों को अनेक बार दोहराना पड़ता है। दोहराए हुए वे विचार अपने भी हो सकते हैं और अन्य विचारकों के भी। मैं अपने उद्देश्य में कितना सफल हुआ हूँ इसका निर्णय पाठकों पर छोड़ता हूँ।

—पूरन चंद्र जोशी

विषय-सूची

भूमिका

'स्वप्न और यथार्थ : आजादी की आधी सदी' नाम से प्रकाशित इस पुस्तक में पिछले कुछ वर्षों में तैयार किए गए मेरे आठ लेख और दो संवाद संगृहीत हैं। पुस्तक किसी पूर्व-निर्धारित योजना (डिजाइन) के आधार पर नहीं लिखी गई है। यह समय-समय पर स्वतंत्र रूप से लिखे गए लेखों का संचयन है, जो आजादी की आधी सदी की समाप्ति के संदर्भ में लिखे गए हैं। प्रत्येक लेख स्वयं अपने में स्वायत्त है, लेकिन सभी लेखों में विषय, वैचारिक दृष्टि, सामाजिक संदर्भों और आग्रहों तथा भावनात्मक स्पंदन की एक स्वाभाविक और मूलभूत एकता है।

I

मैं आरंभ में ही स्पष्ट कर दूँ कि ये लेख न आधी सदी का व्यापक सर्वेक्षण प्रस्तुत करते हैं, न इन दशकों के इतिहास का तथ्यों पर आधारित वैज्ञानिक विश्लेषण। भारतीय इतिहास के इस महत्त्वपूर्ण काल-खंड का समाजशास्त्रीय दृष्टि से अवलोकन ही इन लेखों की विशेषता है। यदि स्वाधीनता-संघर्ष और नवजागरण का युग नए भारत की कल्पना और नए समाज के सपनों की रचना का युग था, तो आजादी की आधी सदी नए भारत की उस कल्पना और नए समाज के उन सपनों को साकार करने की आधी सदी के रूप में इतिहास में अपना महत्त्व रखती है। किस हद तक भारत की आधी सदी के बाद का यथार्थ उन स्वप्नों को साकार करता है और किस हद तक वह उन्हें नकारता है, यही सरोकार और यही प्रश्न इन लेखों को सार्थकता प्रदान करते हैं। ये प्रश्न, ये चिंताएँ, ये सरोकार केवल मेरे ही नहीं, आज सभी विचारशील और प्रबुद्ध भारतीयों के हैं। साथ ही वे जनसाधारण के दिलों और दिमागों को भी उद्वेलित कर रहे हैं।

इन लेखों को मैं विद्वत्तापूर्ण शोध-प्रबंधों के रूप में नहीं प्रस्तुत कर रहा हूँ जिनका दायरा और प्रभाव-क्षेत्र केवल विद्वान और विशेषज्ञ-समुदाय तक ही सीमित होता है। मैं इस निबंध-संग्रह के द्वारा उन संवेदी, विचारशील और जिज्ञासु नागरिकों के साथ संवाद का इच्छुक हूँ, जो अपने देश के वर्तमान और भविष्य के बारे में चिंतित हैं और जो वर्तमान और भविष्य की चिंताओं को आजादी की आधी सदी की संभावनाओं और उपलब्धियों, अपूर्ण लक्ष्यों और आशाओं के समाकलन से जोड़ना चाहते हैं; यानी जो

वर्तमान की प्रक्रियाओं और भविष्य की संभावनाओं का ऐतिहासिक परिप्रेक्ष्य और संदर्भ में समीक्षण और मानांकन करना चाहते हैं। विशेषकर विशाल हिंदी भाषी क्षेत्र के विचारशील नागरिक समाज से संवाद की उम्मीद में ही इस पुस्तक की सार्थकता है।

मैं कुछ समानधर्मा बंधुओं का कृतज्ञ हूँ, जो मुझे अंग्रेजी के साथ-साथ हिंदी के माध्यम से भी समाजशास्त्रीय और अर्थशास्त्रीय अध्ययन, चिंतन और लेखन के लिए लंबे अरसे से प्रेरित करते आए हैं। महानगरीय भारत में समाजविज्ञान-शिक्षण और शोध की संस्थाएँ अंग्रेजी के समकक्ष भारतीय भाषाओं में समाजविज्ञान संबंधी अध्यापन, चिंतन और शोध को प्राथमिकता देने से कतराती रही हैं। इस महत् कार्य के प्रति वे उदासीन और असंवेदी ही नहीं, प्रत्यक्ष-अप्रत्यक्ष रूप से इस प्रोजेक्ट की विरोधी ही रही हैं। आज तेजी से चल रहे वैश्वीकरण के अभियान ने भारतीय भाषाओं की उपेक्षा और विरोध की प्रवृत्ति को पहले से कई गुना अधिक मजबूत किया है। ऐसी स्थिति में अपने दायित्व के प्रति सचेत थोड़े-से समाज-वैज्ञानिकों ने जो चिंतन और लेखन हिंदी भाषा में शुरू किया है, वह समय के आग्रहों की दृष्टि से बहुत कम है। समाजविज्ञान के क्षेत्र में अंग्रेजी के वर्चस्व को चुनौती देने के बीज छोटे लगनेवाले इन प्रयासों में अवश्य हैं, लेकिन इस वर्चस्व को चुनौती देना आसान काम नहीं। यह विचारणीय है कि फ्रांस, जर्मनी, रूस और जापान आदि आर्थिक दृष्टि से उन्नत देशों में सर्वोच्च समाज-वैज्ञानिक अपना मूल चिंतन और लेखन अपनी राष्ट्रीय भाषाओं के माध्यम से ही करते हैं। लेकिन यह हमारा दुर्भाग्य है कि भारत का सर्वोच्च समाज-वैज्ञानिक अंग्रेजी में चिंतन और लेखन में ही अपने कार्य को सार्थक मानता है। इस यथास्थिति को हमें बदलना है।

इस दृष्टि से आजादी के पूर्व के भारतीय नवजागरण और स्वाधीनता-संघर्ष के युग के बुद्धिजीवियों और आजादी के बाद के बुद्धिजीवियों में गुणात्मक रूप से तीव्र भेद हैं। आजादी के पूर्व के अनेक राष्ट्रीय विचारकों और नेताओं ने बिना किसी पूर्वग्रह और मानसिक दुविधा के अंग्रेजी तथा अन्य पश्चिमी भाषाएँ सीखी थीं और अन्य विदेशी भाषाओं में नहीं तो अंग्रेजी में खूब सोचा और लिखा था। लेकिन अंग्रेजी और अन्य विदेशी भाषाओं पर उनके अधिकार और विशेषकर अंग्रेजी के उनके द्वारा व्यापक उपयोग और व्यवहार ने भारतीय भाषाओं के अनादर और उपेक्षा का रूप कभी नहीं लिया था। अंग्रेजी और अन्य विदेशी भाषाओं को उन्होंने आधुनिक ज्ञान-विज्ञान से परिचित होने का माध्यम मानकर स्वीकार किया था। लेकिन इस परिचय द्वारा भारतीय भाषाओं के माध्यम से आधुनिक ज्ञान-विज्ञान को अर्जित और प्रसारित करने और मौलिक सामाजिक चिंतन और सांस्कृतिक सृजन का आधार तैयार करने की दिशा में उनका प्रयास और योगदान अत्यंत महत्त्वपूर्ण, सचमुच में युगांतरकारी था।

उन राष्ट्रीय नेताओं और विचारकों ने आधुनिक ज्ञान-विज्ञान और चिंतन-धारा तक पहुँचने का साधन अंग्रेजी भाषा को माना था। वे यह भी मानते थे कि अपनी भाषाओं में मौलिक चिंतन और सृजन की क्षमता-प्राप्ति के द्वार भी अंग्रेजी भाषा के ज्ञान के रचनात्मक उपयोग द्वारा ही खुलेंगे। उनको यह भी विश्वास था कि महज अंग्रेजी की

जानकारी और अंग्रेजी के जानकार वर्ग तक ही सीमित विचार-विनिमय और संवाद भारतवासियों की मानसिक गुलामी को ही मजबूत करेंगे। वे सोचते थे कि भारतवासियों के लिए मानसिक स्वराज के द्वार तभी खुलेंगे जब अंग्रेजी का ज्ञान भारतीय भाषाओं के विकास और समृद्धि का कारण बनेगा, उनकी उपेक्षा और अवनति का नहीं।

खासतौर पर महात्मा गाँधी का यह पक्का विचार था कि अभी तक अंग्रेजी के वर्चस्व के कारण भारतीय भाषाएँ उपेक्षित और दरिद्र हुई हैं और भारतीय प्रतिभा कुंठित और अवरुद्ध हो गई है। उन्होंने जोर देकर कहा था, "कोई भी देश राष्ट्र नहीं बन सकता अगर वह केवल नक्कालों को ही पैदा करता है।" महात्मा गाँधी की राय में अंग्रेजी के वर्चस्व के कारण आज भारत की ऐसी अवस्था हो गई है कि वह कबीर की टक्कर के एक भी महान चिंतक को जन्म देने में समर्थ नहीं, जिसने जनसाधारण के मानस पर सदियों तक गहरा और स्थायी प्रभाव डाला था। गाँधीजी ने तो यहाँ तक कहा था कि कबीर की तुलना में राममोहन राय जैसे आधुनिक विचारक बौने-से लगते हैं, जिनका प्रभाव शिक्षित समुदाय तक ही सीमित रहा है। गाँधीजी का यह कथन उनके जीवनकाल में अत्यंत विवादास्पद रहा था। स्वयं रवींद्रनाथ ठाकुर ने गाँधीजी के इस कथन पर सार्वजनिक रूप से अपनी असहमति व्यक्त की थी। लेकिन आज यह निर्विवाद है कि गाँधीजी के इस कथन पर कि अंग्रेजी के वर्चस्व ने हमें नक्कालों का देश बना दिया है और हम कबीर जैसे महान व्यक्तित्व को जन्म देने में असमर्थ हैं, समय ने अपनी पक्की मुहर लगाई है।

अंग्रेजी के वर्चस्व पर इस तीखी टिप्पणी के बावजूद गाँधीजी ने अपने देशवासियों को जो सलाह दी थी उसमें जोर अंग्रेजी के परित्याग पर नहीं, अंग्रेजी के देशहित में उपयोग पर था। 'यंग इंडिया' में सन् 1921 में लिखे एक लेख में गाँधीजी ने जो दृष्टि प्रस्तुत की थी, वह आज भी प्रासंगिक है :

"मैं नहीं चाहता कि मेरा घर चारों ओर से प्राचीरों से घिरा हुआ हो और मेरी खिड़कियाँ बंद हों। मैं चाहता हूँ कि मेरे घर में सभी देशों की संस्कृतियों का बिना रोक-टोक के प्रवेश हो। लेकिन मैं नहीं चाहता कि कोई भी संस्कृति मुझे अपनी जड़ों से उखाड़ दे। मैं दूसरों के घरों में घुसपैठिए, भिखारी या गुलाम की तरह नहीं रहना चाहता।...

"मुझे कोई आपत्ति नहीं कि हमारे नवयुवक और युवतियाँ जितना चाहें अंग्रेजी और विश्व की अन्य भाषाएँ सीखें। **लेकिन मैं उनसे उम्मीद करता हूँ कि वे अपने ज्ञान का पूरा-पूरा लाभ अपने देशवासियों को और विश्व को दें, जैसे जगदीशचंद्र बोस, राममोहनराय और रवींद्रनाथ ठाकुर ने किया था।** मैं यह कभी बर्दाश्त नहीं करूँगा कि एक भी भारतीय अपनी मातृभाषा के प्रति हीन भाव महसूस करे और यह समझे कि वह देशी भाषा में न उच्च कोटि के विचार सोच सकता है और न व्यक्त कर सकता है।"

इसी प्रकार आजादी के कुछ वर्ष पूर्व गाँधीजी ने अंग्रेजी भाषा के महत्त्व पर टिप्पणी करते हुए कहा था :

"अगर हिंदी अंग्रेजी की जगह ले ले तो मुझे अवश्य खुशी होगी। लेकिन हम सभी अंग्रेजी के महत्त्व से अवगत हैं। अंग्रेजी का ज्ञान हमारे लिए आधुनिक ज्ञान की प्राप्ति के लिए, आधुनिक साहित्य के अध्ययन के लिए, दुनिया को समझने के लिए, शासकों के साथ संवाद बनाए रखने के लिए तथा अन्य उद्देश्यों के लिए बहुत जरूरी है। वर्तमान स्थिति में अंग्रेजी हमें सीखनी ही पड़ेगी, चाहे हम इसे सीखना न भी चाहें। अंग्रेजी एक अंतर्राष्ट्रीय भाषा है, लेकिन अंग्रेजी कभी भी हमारी राष्ट्रभाषा नहीं हो सकती।"

अपने इस आखिरी कथन को और भी स्पष्ट करते हुए सन् 1931 में गाँधीजी ने कहा था :

"हम कौन-सी भाषा चुनें, राष्ट्रभाषा के रूप में, यह हमारी स्वराज की परिभाषा पर निर्भर करेगा। यदि स्वराज केवल अंग्रेजी भाषा बोलनेवाले लोगों का और उनके लिए स्वराज है, तो अंग्रेजी ही निस्संदेह राष्ट्रीय माध्यम है। लेकिन अगर स्वराज करोड़ों भुखमरी और निरक्षरता से ग्रस्त लोगों का और उनके लिए भी स्वराज है, अगर वह निरक्षर नारियों और दलित-अछूतों का और उनके लिए भी स्वराज है, तो हिंदी ही एकमात्र राष्ट्रभाषा है।"

आज आत्म-निरीक्षण की जरूरत है कि आजादी के पाँच दशकों बाद हमारी स्वराज की परिभाषा क्या है और हमने किन वर्गों और समुदायों के लिए स्वराज हासिल किया है। गाँधीजी द्वारा उठाए गए प्रश्न पर इस दृष्टि से भी विचार जरूरी है कि किस हद तक आज हमने 'मानसिक स्वराज' हासिल किया है, जिसके हासिल करने में अंग्रेजी के वर्चस्व को गाँधीजी ने सबसे बड़ी बाधा माना था। मुझे इस संदर्भ में प्रसिद्ध अर्थशास्त्री सुखमय चक्रवर्ती का एक कथन याद आता है। उन्होंने एक प्रश्न उठाया था कि क्या कारण है कि हम अपने देश की सोच, अनुभव, समस्याओं और परिस्थितियों पर आधारित भारतीय अर्थशास्त्र की एक भी पुस्तक अपने विद्यार्थियों और शिक्षकों के लिए नहीं तैयार कर पाए हैं। अंग्रेज और अमरीकी अर्थशास्त्रियों द्वारा अंग्रेज और अमरीकी विद्यार्थियों और शिक्षकों के लिए तैयार की गई पाठ्य-पुस्तकों पर ही भारतीय शिक्षक और विद्यार्थी पूरी तरह अभी भी निर्भर हैं।

इसके विपरीत स्वतंत्रता-संग्राम के दौरान उपनिवेशवाद की और औपनिवेशिक आर्थिक सिद्धांतों और व्यवहार की राष्ट्रवादी नेताओं ने जो समीक्षा की थी और भारत की गरीबी और पिछड़ेपन के मूल कारणों की छानबीन करते हुए भारत के आर्थिक विकास के स्वायत्त मॉडल की जो खोज आरंभ की थी, उसने स्वायत्त और मौलिक भारतीय अर्थशास्त्र का प्रारंभिक रचनात्मक आधार प्रस्तुत किया था। इस प्रकार नवजागरण और स्वाधीनता-संघर्ष के उस युग में भारतीय भाषाओं का और उनके माध्यम से मौलिक साहित्यिक और सांस्कृतिक सृजन का उत्कर्ष तो हुआ ही था, साथ ही भारतीय भाषाओं में प्रकृति-वैज्ञानिक तथा समाज-वैज्ञानिक चिंतन और शोध, अध्यापन और लेखन को भी अभूतपूर्व प्रोत्साहन मिला था और इस प्रकार भारतीय

विज्ञान और भारतीय समाजविज्ञान की नींव पड़ी थी।

भारतेन्दु हरिश्चंद्र की अमर पंक्ति

निज भाषा उन्नति अहै
सब उन्नति को मूल

साहित्यकारों और संस्कृतिकर्मियों के लिए प्रेरणा-स्रोत और मार्गदर्शक तो बनी ही थी, नवजागरण ने उच्च कोटि के वैज्ञानिक तथा आर्थिक, सामाजिक और राजनीतिक विचारक भी पैदा किए, जिन्होंने भारतीय भाषाओं को अपने स्वतंत्र चिंतन और शोध से समृद्ध किया। मेरी पीढ़ी की जड़ें भी भारतीय भाषाओं और समाजविज्ञान में सेतुबंध की इसी परंपरा में हैं। लेकिन मेरे गुरुजनों ने भारतेन्दु के इस विचार को उसी व्यापक अर्थ में स्वीकार किया था, जिस अर्थ में भारतेन्दु ने सन् 1877 में हिंदी की उन्नति पर दिए गए व्याख्यान में इसे समग्रता में प्रस्तुत किया था।

मेरे गुरुवर प्रोफेसर राधाकमल मुकर्जी और प्रोफेसर धूर्जटि प्रसाद मुकर्जी अंग्रेजी में अपने समाजशास्त्रीय और अर्थशास्त्रीय चिंतन, अध्यापन और लेखन के लिए विश्व-स्तर पर ख्यातिप्राप्त थे। साथ ही वे बंगाली भाषा में भी उच्च कोटि के चिंतक, आलोचक और साहित्यकार के रूप में विख्यात थे। उसी पीढ़ी के एक और समाजशास्त्री और नृवैज्ञानिक तथा गाँधीवादी विचारक प्रोफेसर निर्मल कुमार बोस ने अपना चिंतन और लेखन समान रूप से अंग्रेजी और बंगाली दोनों भाषाओं में किया था। बंगाली में लिखा उनका शोधग्रंथ 'हिंदू समाजेर गठन' भारतीय समाजशास्त्र में एक मौलिक और उच्च कोटि की रचना मानी जाती है, जिसका अंग्रेजी में अनुवाद उनके छात्र और अब नामी समाजशास्त्री आन्द्रे बेते ने किया था। इसी प्रकार मुंबई विश्व-विद्यालय के अग्रणी समाजशास्त्रियों में प्रोफेसर गोविन्द सदाशिव घूरिये मराठी और प्रोफेसर अक्षय देसाई गुजराती में समाजशास्त्रीय चिंतन और लेखन के लिए उतने ही विख्यात थे, जितने अंग्रेजी में अपनी रचनाओं के लिए।

भारतीय नवजागरण और स्वाधीनता-संघर्ष का वह युग अंग्रेजी और अन्य विदेशी भाषाओं के अंध-विरोध का नहीं, अंग्रेजी भाषा के वर्चस्व के अस्वीकार को एक सर्जनात्मक और सकारात्मक रूप देने का युग था। *अंग्रेजी का नहीं, अंग्रेजी के प्रति गुलामी की मानसिकता का प्रतिरोध करो, यह उस युग का मूल संदेश था।* यह भी मानना पड़ेगा कि यदि अंग्रेजी से और उसके द्वारा पश्चिमी वैज्ञानिक चिंतन से भारतीय विद्वानों और विचारकों का परिचय न होता तो उनके अंदर यह संकल्प जन्म न लेता और न उनमें यह सामर्थ्य पैदा होती कि वे भारतीय भाषाओं को कठिन साधना और भगीरथ प्रयास द्वारा विश्व-स्तर की भाषाओं की ऊँचाइयों तक पहुँचाने की कोशिश करें। यह एकदम आकस्मिक नहीं था कि भारत के उन भागों में जहाँ अंग्रेजी में उच्च शिक्षा का सबसे पहले आरंभ और प्रसार हुआ, वहीं भारतीय भाषाओं को उन्नत बनाने की चेतना भी सर्वप्रथम उपजी और मजबूत हुई थी।

उस युग के विद्वान रवि ठाकुर के इस कथन से पूरी तरह सहमत थे कि अंग्रेजी

तथा अन्य पश्चिमी भाषाओं और उन भाषाओं के माध्यम से व्यक्त चिंतन और ज्ञान से यदि भारतीय विज्ञान और विचारक अनभिज्ञ रहेंगे और 'स्वदेशी' की अवधारणा को विदेश से प्राप्त होनेवाले ज्ञान के अस्वीकार के अर्थ में परिभाषित करेंगे तो ऐसी अनभिज्ञता कूपमंडूक मानसिकता को ही मजबूत करेगी। साथ ही ऐसी दृष्टि की संकीर्णता सर्जनात्मक क्षमता को कभी विकसित नहीं होने देगी। लेकिन वे विद्वान गाँधीजी के इस कथन से भी समान रूप से प्रभावित थे कि अंग्रेजी के वर्चस्व ने भारतीय भाषाओं के प्रति हीन भावना को मजबूत कर उनकी अवनति में सहायता की है। इस हीन भावना के कारण भारत के शिक्षित लोग अंग्रेजी के माध्यम से प्राप्त की हुई जानकारी को तोते की तरह रटने और दोहराने के आदी हो गए हैं और उस जानकारी को मौलिक सोच का प्रेरणा-स्रोत बनाने की ओर उनका ध्यान ही नहीं गया है। ऐसा मौलिक चिंतन और सृजन अपनी भाषा और उसके विकास द्वारा ही संभव है।

यह भी विचारणीय है कि नवजागरण के केंद्र बंगाल और महाराष्ट्र में अंग्रेजी में शिक्षित समुदाय ने बंगाली और मराठी को अपने चिंतन और लेखन का अंग्रेजी के बराबर का माध्यम बनाया था। इसके विपरीत उतना ही महत्त्व हिंदी क्षेत्र के विद्वानों ने अंग्रेजी की तुलना में हिंदी को शायद कभी नहीं दिया। समाजविज्ञान के माध्यम के रूप में हिंदी की उपेक्षा की यही परंपरा हिंदी क्षेत्र में आज भी चली आ रही है। इसके परिणाम सभी क्षेत्रों में कितने घातक हुए हैं, इसका पूरा-पूरा अहसास अभी भी हमें नहीं है। विशाल हिंदी भाषा-भाषी क्षेत्र में आजादी की आधी सदी के दौरान सर्वांगीण उन्नति और विकास की संभावनाएँ यदि उपलब्धियों में नहीं रूपांतरित हो पाईं, तो उसका एक मुख्य कारण हिंदी में स्वायत्त सामाजिक, आर्थिक, राजनीतिक, दार्शनिक चिंतन के प्रति इस क्षेत्र के बुद्धिजीवियों में प्रतिबद्धता, दायित्वबोध और कर्मठता की कमी है।

सच तो यह है कि विशाल हिंदी-भाषी क्षेत्र में औपनिवेशिक युग की अंग्रेजी की अंधभक्ति ने आज अंग्रेजी के अंधविरोध की एक उतनी ही घातक विपरीत प्रवृत्ति को जन्म दिया है। यदि पहली प्रवृत्ति मौलिक सामाजिक चिंतन की अवरोधक बनी थी तो दूसरी प्रवृत्ति ने प्रकृति और समाज संबंधी आधुनिक ज्ञान और विज्ञान से निरंतर संपर्क और परिचय के सभी रास्ते बंद कर दिए। इस प्रकार उसने अज्ञान और बौद्धिकता-विरोधी मनोवृत्ति को बल दिया। हिंदी भाषा-भाषी क्षेत्र इस बात का ज्वलंत प्रमाण है कि जो क्षेत्र अंग्रेजी और अन्य विदेशी भाषाओं की जानकारी द्वारा आधुनिक ज्ञान और विज्ञान को हासिल करने के लिए सक्रिय नहीं रहे, वह अपनी भाषा के माध्यम द्वारा ज्ञान के अर्जन, सृजन और प्रसार की प्रक्रिया को तेज करने और इस प्रक्रिया में साधारण जन को भी शिक्षा के प्रसार द्वारा भागीदार बनाने में भी सक्रिय नहीं रहे।

आज यह बात हमें पिछले कई दशकों के अनुभव के आधार पर साफ नजर आती है कि जिन्होंने भारतेन्दु के निम्न कथन

निज भाषा उन्नति अहै
सब उन्नति को मूल

को संकीर्ण अर्थ में व्याख्यायित किया था यानी 'निज भाषा उन्नति' को अंग्रेजी के अस्वीकार और अंध-प्रतिरोध के अर्थ में परिभाषित किया था, वे 'निज भाषा उन्नति' के प्रेरणा-स्रोतों और उसकी प्रेरक प्रक्रियाओं से ही कट गए।

इस संदर्भ में हमें भारतेन्दु के कथन को उसकी समग्रता में समझना चाहिए। भारतेन्दु ने इस वास्तविकता को समझा था कि आधुनिक युग में

जिमि जग की विद्या सकल, अंग्रेजी आधीन

(विश्व की समस्त विद्या अंग्रेजी के अधीन है।)

उन्होंने इस बात को भी गंभीरता से समझा था कि आज के जगत में आर्थिक, सामाजिक और राजनीतिक उन्नति की कुंजी क्या है :

यह सब अंग्रेजी पढ़े
बिनु नहीं जान्यो जात

(यह सब अंग्रेजी पढ़े बिना नहीं जानी जा सकती।)

इसी संदर्भ में उन्होंने अपने देशवासियों को अंग्रेजों से ही सबक लेने का आदेश दिया था। जिस प्रकार अंग्रेजों ने विश्व के हर कोने से सुलभ ज्ञान को अंग्रेजी में अनुवादित कर अपने देशवासियों के लिए सुलभ बनाया था, उसी प्रकार भारत देशवासियों को भी अंग्रेजी सीखकर तथा उस ज्ञान को अंग्रेजी से निज भाषा में अनुवादित कर उसे सभी लोगों तक पहुँचाना चाहिए।

भारतेन्दु के ही शब्दों में :

विविध कला शिक्षा अमित
ज्ञान अनेक प्रकार
सब देसन से लै करहु
भाषा माहि प्रचार

स्पष्ट है कि भारतेन्दु के 'निज भाषा उन्नति' के विचार में अंग्रेजी के विरोध और अस्वीकार की ध्वनि एकदम नहीं है। भारतेन्दु के विचार में भाषाओं के बीच आदान-प्रदान की ध्वनि है और इस बात का स्पष्ट संकेत है कि अंग्रेजी के वर्चस्व को (यानी 'जिमि जग की विद्या सकल अंग्रेजी आधीन') की स्थिति को बदलने के लिए जरूरी है कि अंग्रेजी का विरोध नहीं, उसका सकारात्मक उपयोग किया जाए। यह निज भाषा के विकास की अनिवार्य शर्त है। आजादी की आधी सदी में भारतेन्दु के असली संदेश पर कितना अमल हुआ है, इस पर भारतीय बुद्धिजीवियों को ईमानदारी से विचार करना है।

यह सही है कि अंग्रेजी ने शिक्षित बुद्धिजीवी वर्ग और जनसाधारण यानी श्रमजीवी समुदाय के बीच की खाई को बढ़ाया ही है, कम नहीं किया है। लेकिन इसमें दोष अंग्रेजी भाषा का नहीं, अंग्रेजी बोलनेवाले और लिखनेवाले मध्यम वर्ग की मानसिकता का है। अंग्रेजी आधुनिक ज्ञान प्राप्त करने का साधन नहीं, मध्यम वर्ग के लिए अपनी ऊँची हैसियत जताने का प्रतीक (स्टेटस सिम्बल) बन गई। गाँधीजी ने इसी स्थिति की ओर

इशारा करते हुए कहा था कि मध्यम वर्ग अंग्रेजी सीखकर स्वयं को श्रेष्ठ और जनसाधारण को निकृष्ट और हेय समझने लगा है। *यही नहीं, वह स्वयं को ही असली भारत मानने की अक्षम्य भूल करता है।* गाँधीजी ने अंग्रेजी को त्यागने और उसका बहिष्कार करने का नहीं, अंग्रेजी के ज्ञान के आधार पर स्वभाषा में मौलिक चिंतन और सृजन का कार्यक्रम प्रस्तुत किया था। इस कार्यक्रम पर सच्चे मन और पूर्ण संकल्प के साथ आजादी की आधी सदी में अमल नहीं हुआ। एक ओर अंग्रेजी यदि समाज में आंतरिक विभाजन (यानी आंतरिक औपनिवेशीकरण) का माध्यम बनी और उसने सर्जनात्मक क्षमता को नहीं अनुकरणात्मक और नकलची प्रवृत्ति को मजबूत किया, तो दूसरी ओर दृष्टि की संकीर्णता और मानसिक क्षितिज के विस्तार के बजाय उसके संकुचित होने के कारण स्वभाषाएँ (विशेषकर हिंदी) ज्ञान-विज्ञान से विमुखता, रूढ़ियों के आदर्शीकरण और अतीत के मिथकीकरण का सशक्त माध्यम बनी। यही आधी सदी की समाप्ति के बिंदु पर भारत की वास्तविकता है, यही भारतीय बुद्धिजीवी वर्ग का नग्न यथार्थ है।

यही एक तरफ नवजागरण और स्वाधीनता संघर्ष से उपजे 'नए भारत के सपनों' और दूसरी तरफ आजादी की आधी सदी की विकृतियों और अपूर्णताओं, लक्ष्यभ्रष्टता और दिशाहीनता के परिणामस्वरूप उभरते हुए 'नए भारत के नग्न यथार्थ' के बीच भयावह दरार और द्वंद्व का परिदृश्य है।

II

स्वप्न और यथार्थ के बीच इस दरार और द्वंद्व से भारतीय बुद्धिजीवी समुदाय के संवेदी और विचारशील तत्त्व चिंतित और स्तंभित अवश्य हैं। लेकिन अभी वे इस स्थिति में नहीं हैं कि इस परिस्थिति से बौद्धिक स्तर पर गंभीरता से जूझने की दिशा में सक्रिय और सचेष्ट हों और इस सक्रियता और दायित्व-बोध को सामूहिक पहल और कार्यक्रम का रूप देने की कोशिश करें। यथास्थिति का दबाव आज आम बुद्धिजीवी समुदाय के दिल और दिमाग पर इतना प्रभावशाली है और यथास्थिति की मिथ्या चेतना को प्रभावकारी ढंग से प्रसारित और पुष्ट करनेवाले अंदरूनी और बाहरी संगठनों, संस्थाओं और एजेंसियों की गतिविधियाँ इतनी व्यापक और सुनियोजित हैं कि यथास्थिति को बदलने और इस प्रकार स्वप्न और यथार्थ की दरार को पाटने के इच्छुक अल्पसंख्यक बुद्धिजीवियों की पुरानी समझ, कार्यक्रम और रणनीति इस नए संदर्भ से जूझने में बाधक साबित हो रहे हैं।

इस नए संदर्भ में हमें क्रांतिकारी विचारक कार्ल मार्क्स के प्रसिद्ध कथन पर पुनर्विचार करना होगा। मार्क्स ने कहा था, "दर्शनकार अभी तक दुनिया को (यथास्थिति को) समझने की कोशिश ही करते आए हैं। जरूरत है इस दुनिया (यथास्थिति) को

बदलने की।'' आज के यानी मार्क्स के डेढ़ सौ साल बाद के संदर्भ में इस कथन में संशोधन जरूरी है। आज के संदर्भ में हमें कहना होगा, ''क्रांतिकारी अभी तक इस दुनिया को बदलने की कोशिश ही करते आए हैं। जरूरत है पहले इसे समझने की।''

विश्व के बदलते हुए संदर्भ में भारत की आज की यथास्थिति को नए सिरे से समझने और व्याख्यायित किए बिना यथास्थिति को बदलने के प्रयास असफल और नाकाम साबित हुए हैं। यहाँ तक कि आज के संदर्भ में क्रांतिकारी कार्यक्रमों की नाकामियों के फलस्वरूप बुद्धिजीवियों के समसामयिक और प्रचलित शब्दकोश से 'परिवर्तन', 'बदलाव', 'क्रांति' शब्द ही जैसे यकायक गायब हो गए हैं। एक समय था जब कवि शमशेर ने अपने समय को वाणी देते हुए कहा था :

वाम वाम वाम दिशा
समय साम्यवादी

यह सब आज उलट-पुलट हो चुका है। आज हवा भारत में विपरीत दिशा में प्रचंड रूप से बह रही है।

यही नहीं, वर्तमान संदर्भ में कल की जेहनियत और अवधारणाओं के आधार पर चालू किए कार्यक्रम और रणनीतियों से ऐसा भयावह प्रतिक्षेप (बैकलेश) पैदा हुआ है जिसने यथास्थिति से और उसकी मिथ्या चेतना से जूझने के कार्य को अत्यंत जटिल, दुरूह और पेचीदा बना दिया है। भारतीय समाज के उपचेतन और अवचेतन में निहित 'चरैवेति चरैवेति' के प्रतिरोधी तत्त्व जैसे प्रतिगमन के पक्ष में आज असाधारण रूप से सक्रिय और सशक्त हो गए हैं।

भारत के राष्ट्रीय संकट की तीव्रता और गहराई का इस बल से पता चलता है कि आजादी और उसके बाद के दौरान जिस विजन, दिशा, मूल्यों और कार्यक्रम पर राष्ट्रीय सहमति थी उन सबको चुनौती देनेवाली, उस राष्ट्रीय सहमति को विघटित करनेवाली और राष्ट्र को विपरीत दिशा में ले जाने के लिए कटिबद्ध ताकतें आज हाशिए से केंद्र पर हावी हो रही हैं। इतिहास साक्षी है कि महात्मा गाँधी द्वारा चुने हुए उनके उत्तराधिकारी जवाहरलाल नेहरू के नेतृत्व में आजादी के बाद एक व्यापक 'विजन' (विश्व-दृष्टि), अवधारणाओं और कार्यक्रम पर राष्ट्रीय सहमति बनी थी। इस विजन और कार्यक्रम के मुख्य आधार थे; अनेकता में एकता पर आधारित राष्ट्र-निर्माण; आत्मनिर्भरता, न्याय और गरीबी के उन्मूलन पर आधारित आर्थिक विकास; समाज के स्तर पर धार्मिक सहिष्णुता (सर्व धर्म समभाव) और राज्य के स्तर पर धर्म-निरपेक्षता; वैज्ञानिक रुख (टेम्पर) और नैतिक मूल्यों में समन्वय; लोकतांत्रिक मूल्यों और तरीकों पर आधारित शांतिपूर्ण सामाजिक परिवर्तन; विश्व-स्तर पर शांतिपूर्ण सह-अस्तित्व एवं द्वंद्व और टकराव का बाहर और भीतर शांतिपूर्ण और अहिंसात्मक समाधान। आज लगता है कि आजादी की आधी सदी के उपरांत जैसे नेहरू विचारधारा और कार्यक्रम की सभी आधारशिलाओं पर प्रचंड से प्रचंडतर आघात हुए हैं और आजादी के बाद की इस मुख्य विचारधारा और कार्यक्रम पर राष्ट्रीय सहमति का अंत जैसे एक विपरीत दिशा

में युगांतर का प्रारंभ है।

जब मैं कहता हूँ कि वर्तमान संदर्भ में 'परिवर्तन' शब्द आज के नए प्रचलित शब्दकोश से गायब हो चुका है, तो मेरा मतलब यह है कि जिस अर्थ में अब तक की मुख्य विचारधाराएँ—गाँधीवादी, वामपंथी, मध्यमार्गी, नेहरूवादी, आदि—'परिवर्तन' शब्द का प्रयोग करती आई हैं, उस अर्थ में 'परिवर्तन' शब्द नए शब्दकोश से गायब हो गया है। कल की इन मुख्य विचारधाराओं का स्थान ऐसी विचारधारा और कार्यक्रम ले रहे हैं, जो भारतीय परंपरा को हिंदू परंपरा के रूपों में परिभाषित करने का प्रयास कर रहे हैं और जो हिंदू परंपरा को भी संकीर्ण और रूढ़िवादी अर्थ में व्याख्यायित कर रहे हैं तथा इस परंपरा को पुनर्जीवित और क्रियाशील करने के नाम पर एक जबर्दस्त 'दक्खिनपंथी क्रांति' (रिवोल्यूशन फ्रॉम द राइट) के लिए प्रयत्नशील हैं। इन परंपरावादियों ने दक्खिनपंथी क्रांति के लक्ष्य के लिए राज्य और नागरिक समाज के सभी 'स्ट्रेटेजिक' (यानी निर्णायक) संस्थानों पर वर्चस्व स्थापित करने की वृहत् योजना बनाई है। दक्खिनपंथी क्रांति के लिए देश के लोगों की चेतना को प्रभावित करने के लिए परंपरा के रूढ़िवादी और प्रतिगामी पक्ष का इतना व्यापक और प्रभावकारी उपयोग उपनिवेशवाद के युग के बाद पहली बार इतने विस्तार और गहराई से हो रहा है। जिस प्रकार भारतीय नवजागरण ने चेतना के स्तर पर आजादी के बाद के भारत में वाम दिशा की ओर झुकाववाले मध्यमार्गी राष्ट्र-निर्माण और सामाजिक परिवर्तन के कार्यक्रम के लिए वैचारिक, नैतिक और भावनात्मक आधार तैयार किया था, आज के संदर्भ में नवजागरण के सभी मूल्यों और प्रतिबद्धताओं को नकारकर 'दक्खिनपंथी उग्र राष्ट्रवादी क्रांति' के लिए चेतना के स्तर पर उसी प्रकार का वैचारिक तथा भावनात्मक आधार 'पुनरुत्थानवाद' तैयार कर रहा है।

'दक्खिनपंथी उग्र राष्ट्रवादी क्रांति' के लिए कृत-संकल्प संगठनों और संरचनाओं (फारमेशंस) के इस वृहत् और बहुआयामी अभियान की न पूरी और प्रखर समझ ही रेडिकल और प्रगतिशील भारतीय विचारकों को है, न इसका मुकाबला करने की बौद्धिक और व्यावहारिक—दोनों दृष्टियों से सशक्त रणनीति की ही उन्होंने रचना की है। आजादी के बाद के जवाहरलाल नेहरू के नेतृत्व में चलाए गए विश्व और देश, दोनों स्तरों पर बहुचर्चित राष्ट्र-निर्माण के महान् प्रोजेक्ट में सिद्धांत और व्यवहार, दोनों स्तरों पर कौन सी ऐसी अपूर्णताएँ, त्रुटियाँ और विकृतियाँ थीं, जिनके कारण आजादी के पाँच दशकों की परिणति इस पूरे प्रोजेक्ट के उच्छेदन (सबवर्जन) में हुई है, इस मुद्दे पर नेहरू परंपरा के समर्थकों ने न गंभीरता से सोचा है, न ईमानदारी से आत्मपरीक्षण किया है। यही स्थिति वामपंथी विचारधारा के अग्रणी विचारकों और राजनीतिक दलों की है, जिन्होंने न विश्व-स्तर पर मार्क्सवाद से जुड़े क्रांतिकारी प्रयोगों की आरंभिक सफलता और उपलब्धि एवं बाद की विफलता और पराजय के कारणों पर गंभीरता से विचार किया है, न भारत के अंदर समाजवादी विचारधारा से प्रेरित विभिन्न प्रयोगों के सकारात्मक/नकारात्मक नतीजों पर ही विचार किया है।

इस बात पर गंभीरता से बहुत कम विचार हुआ है कि रेडिकल उदारवादी दर्शन और व्यवहार (फेबियन विचारधारा) और मार्क्सवादी दर्शन और व्यवहार जो दूसरे महायुद्ध की समाप्ति के बाद विश्व के बड़े भूभाग में और खासतौर पर एशिया, अफ्रीका, लातिन अमरीका के नव स्वतंत्र देशों में वर्चस्व की स्थिति में थे, क्यों वे केंद्र से हाशिए पर अपदस्थ हो गए हैं। ये प्रश्न और इनकी वैज्ञानिक दृष्टि तथा अनुभवों के आधार पर गंभीरता से छानबीन रेडिकल विचारकों के एजेंडे पर ही अभी नहीं है। बिना वैचारिक मंथन, गहन चिंतन तथा आत्म-परीक्षण के वामपंथी और वामपंथ की ओर झुकाववाले रेडिकल राष्ट्रवादी विचारक और रेडिकल राष्ट्रवादी विचारधारा से जुड़े राजनीतिक दल और कार्यकर्ता न उस गहरे संकट से जूझ सकते हैं, जिसमें वह फँसे हैं, न वे आज के संदर्भ में विपरीत दिशा में देश को ले जाने के लिए कृत-संकल्प उग्र राष्ट्रवाद के उभार से ही प्रभावी रूप से जूझने में सक्षम हो सकते हैं।

प्रश्न उठता है कि क्या आजादी की आधी सदी की समाप्ति पर आरंभ हो रहे नए युग का प्रवाह, नए युग की हवा ही जाने-माने वामपंथी और मध्यममार्गी रेडिकल राष्ट्रवादी दर्शन और व्यवहार के प्रतिकूल है। या वामपंथी और मध्यममार्गी रेडिकेलिज्म के घटते प्रभाव और प्रासंगिकता की बुनियादी वजह यह है कि उपनिवेशवाद के अंत और आजाद भारत के अभ्युदय के प्रारंभिक दशकों में वामपंथी विचारकों द्वारा रची गई अवधारणाएँ और व्यावहारिक कार्यक्रम और जवाहरलाल नेहरू द्वारा परिभाषित 'बेसिक एप्रोच' और प्रोग्राम तेजी से बदलते विश्व और भारतीय संदर्भ में अपनी मूल प्रासंगिकता और जीवंतता खो चुके हैं। *वामपंथी और मध्यममार्गी रेडिकल राष्ट्रवाद को नए संदर्भ में नए विजन, नए दर्शन, नई थियरी और नए कार्यक्रम की जरूरत है।* यही नहीं, उन्हें नए संदर्भ में एक ओर धरातल पर नए कार्यकर्ताओं (एक्टिविस्ट्स) की अपेक्षा है, जो सदा से उत्पीड़ित, दलित, पदमर्दित किंतु वर्तमान संदर्भ में अभूतपूर्व रूप से अपने अधिकारों, अस्मिता और आत्मगौरव के लिए सचेत जनसाधारण की चेतना और जागृति के विस्फोट को वाणी दे सकें और उसे जन से प्रेरणा लेनेवाले नवजागरण का रूप दे सकें। दूसरी ओर ऐसे नए दर्शनकारों और विचारकों की भी अपेक्षा है जो प्रकृति और समाज संबंधी नए वैज्ञानिक ज्ञान द्वारा राष्ट्र-निर्माण और विकास तथा उत्पीड़ितों की मुक्ति के संघर्ष को एक नववैज्ञानिक आधार दे सकें, जो अभी तक एक दूसरे की विरोधी, एक दूसरे से अलग इन दोनों धाराओं के बीच सेतु कायम कर सकें। साथ ही वे, ग्राम्शी के शब्दों में, 'राष्ट्र' और 'जन' के बीच की दरार को मिटा सकें।

आज के संदर्भ में उग्र राष्ट्रवाद की असली भूमिका यही है कि वह उत्पीड़ितों और दलितों की अभूतपूर्व जागृति और उनकी मुक्ति की अदम्य आकांक्षाओं से उपजी क्रांतिकारी परिवर्तन की संभावनाओं को नकारने की प्रभुत्ववान वर्गों की आत्मरक्षात्मक प्रतिक्रिया के रूप में उभरा है। वामपंथी और मध्यमार्गी रेडिकल दर्शन और व्यवहार का इस शताब्दी में यह सबसे बड़ा योगदान था कि वह उत्पीड़ितों और दलितों में आर्थिक शोषण, विषमता, सामाजिक उत्पीड़न और राजनीतिक अक्षमीकरण के प्रतिरोध में विद्रोह

और मुक्ति की भावना जगाने में सफल हुआ था।

लेकिन इस दर्शन और व्यवहार की सबसे बड़ी कमजोरी यह थी कि उसकी भारतीय सामाजिक संरचना और उसके आइडियोलॉजिकल और सांस्कृतिक आधारों और उनके विस्तार और गहराई की समझ अत्यंत कच्ची और अपरिपक्व थी। वह बुनियादी रूप से 'अर्थवादी' थी। भारतीय रेडिकल विचारकों में उत्पीड़न के सामाजिक आयामों (जाति और लिंग आधारित उत्पीड़न), राजनीतिक आयामों (सत्ता के केंद्रीकरण और उत्पीड़ितों के अक्षमीकरण) तथा सांस्कृतिक आयामों (पारंपरिक रूढ़ियों, धार्मिक अंधविश्वासों, मिथकों और प्रतीकों) की समझ बहुत कमजोर थी। विशेषकर *सांस्कृतिक व्यवस्था किस प्रकार उत्पीड़ितों के दिमागों को प्रभावित कर उन्हें अनुशासन में रखती है, इसकी समझ रेडिकल विचारकों को नहीं थी।*

भारतीय परंपरा के भीतर यथास्थिति के समर्थक और पोषक और यथास्थिति से विद्रोह करनेवाले तत्त्वों के बीच भारतीय इतिहास के हर युग में जो द्वंद्व चलता आया है, उससे रेडिकल विचारक पूरी तरह भिज्ञ नहीं थे। आधुनिक काल में किसी भी रेडिकल विचारक ने बुद्ध, महावीर और कबीर जैसे प्राचीन और मध्ययुगीन तथा उसके बाद आधुनिक काल के समाज-सुधारकों और विद्रोही चेतना के वाहक संतों और मनीषियों के जीवन-दर्शन, व्यवहार और युगांतर में उनकी भूमिका का गहरा अध्ययन और विश्लेषण प्रस्तुत नहीं किया था। न रेडिकल विचारकों ने भारत के प्रमुख धर्मों—हिंदू धर्म, बौद्ध धर्म, इस्लाम धर्म, ईसाई धर्म और उनके सामाजिक प्रभावों तथा सामाजिक भूमिका का गहरा अध्ययन कर समझ और व्यावहारिक कार्यक्रम दोनों के स्तर पर कोई अर्थपूर्ण नतीजे प्रस्तुत किए थे।

रेडिकल विचारकों ने इस बात पर भी प्रकाश डालने का प्रयास नहीं किया था कि क्यों भारत के लंबे इतिहास में विद्रोही चेतना का बार-बार विस्फोट होता रहा, लेकिन भारत की सांस्कृतिक और सामाजिक संरचना में क्या विशेषता थी कि वह बार-बार विद्रोही चेतना के उभार को आत्मसात करने में सफल हुई और यह चेतना इस संरचना में किसी बुनियादी परिवर्तन की प्रेरक शक्ति न बन सकी। बुद्ध, कबीर आदि का दैवीकरण कर भारतीय समाज उनके संदेश की क्रांतिकारी धार को कुंद करने में अवश्य सफल हुआ। भारतीय सामाजिक और सांस्कृतिक संरचना की यह विद्रोही चेतना और प्रक्रियाओं को काबू में रखने की भूमिका भारत के आधुनिक रेडिकल विचारकों के लिए रहस्य ही बनी रही है। यही कारण है कि आधुनिक काल के सबसे बड़े किंतु भारतीय समाज की प्रकृति को समझनेवाले क्रांतिकारी महात्मा गाँधी भी भारतीय विचारकों के लिए रहस्य ही बने रहे।

भारत की सामाजिक संरचना की सही समझ न होने के कारण न वे आजादी की आधी सदी में उत्पीड़ितों और दलितों तथा उपेक्षित नारी समाज के भीतर चल रहे मंथन और उद्वेलन को समझ सके, न उसे एक वृहत् सांस्कृतिक जागरण और सामाजिक परिवर्तन का आधार बनाने के लिए ही सक्रिय हो सके। न ही वे उत्पीड़ितों के

महाजागरण को कुंठित और अवरुद्ध करने के लिए चल रहे पुनरुत्थानवाद और परंपरावाद के आनेवाले विस्फोट के पूर्व संकेतों से ही भविष्य के लिए सही नतीज़े निकाल सके। इसका मतलब यह नहीं कि अब रेडिकल विचारधारा और दलों की भूमिका समाप्त हो गई है।

दक्खिनपंथी क्रांति का बिगुल बजानेवाले उग्र राष्ट्रवाद की शुरुआती कामयाबियों से उसकी असली ताकत और संभावनाओं का सही जायजा नहीं लगाया जा सकता। जिस तरह उग्र राष्ट्रवाद स्वाधीनता-संघर्ष और नवजागरण की विरासत से संबंध-विच्छेद में कामयाब हुआ है और उस विरासत के उत्तराधिकारी राजनीतिक दलों और सांस्कृतिक संगठनों को हाशिए पर हटाने में सफल हुआ है, वह उसकी अंदरूनी शक्ति और जीवंतता का प्रमाण कदापि नहीं है। यह इस बात का कतई संकेत नहीं देता कि समय और इतिहास और उसके मूल आग्रह आज उग्र राष्ट्रवाद के साथ हैं। सच तो यह है कि उग्र राष्ट्रवाद के विचारों और कार्यक्रम में आज भारत की किसी भी मूल समस्या और चुनौतियों की न पर्याप्त समझ है, न उन समस्याओं का समाधान, न उन चुनौतियों से जूझने की रणनीति। यह सचमुच एक पहेली है कि उग्र राष्ट्रवाद, जिसकी जड़ें किसी भी ऐसे मौलिक विचार, व्यवहार और प्रयोगों में नहीं हैं जिन्होंने आधुनिक भारत की अस्मिता और चरित्र का निर्माण किया हो, किस प्रकार अपने लिए सार्वजनिक जीवन में इतनी जगह बना सका है।

एंतोनियो ग्राम्शी ने अपने ग्रंथ 'प्रिजन नोट्बुक्स' में दो प्रकार की विचारधाराओं और उनसे जुड़े राजनीतिक संगठनों में भेद किया था। प्रथम श्रेणी में वह विचारधारा और संगठन हैं, जिनकी वैधता इस बात में है कि उनकी भूमिका और कार्यक्रम विशेष ऐतिहासिक संदर्भ में देश या समाज के आगे बढ़ने, उसकी उन्नति, प्रगति और विकास की आवश्यकताओं को परिलक्षित करते हैं। इसके विपरीत कुछ विचारधाराएँ और दल ऐसे होते हैं, जो प्रथम श्रेणी की विचारधाराओं और संगठनों द्वारा की गई भूलों, त्रुटियों और कमियों के कारण पैदा हुए संशय, असंतोष और आक्रोश की पृष्ठभूमि में सतह पर आते हैं और जोर पकड़ते हैं। कुछ काल के लिए वे सशक्त होकर यह भ्रम पैदा करने में सफल होते हैं कि उनके पास राष्ट्रीय प्रश्नों का उत्तर है, वे राष्ट्रीय समस्याओं का समाधान हैं। लेकिन वस्तुस्थिति यह है कि वे स्वयं में राष्ट्र की समस्या हैं, समस्या का समाधान नहीं। उनका जीवन-काल तभी तक है जब तक प्रथम श्रेणी की विचारधारा और दल अपने आंतरिक संकट से निकलकर राष्ट्रीय समस्या की नई समझ और नया कार्यक्रम प्रस्तुत करने के लिए फिर से सक्षम नहीं बनते या कोई नई अग्रगामी विचारधारा और उसके वाहक देश और समाज को नया नेतृत्व देने के लिए उभरकर सामने नहीं आते। मानव का इतिहास संभावनाओं का इतिहास है, 'चरैवेति' का इतिहास है, कोई अवरोध और गतिरोध इस गतिशील प्रवृत्ति को सदा के लिए नकारने में सक्षम नहीं।

III

वर्तमान भारत में असली समस्या यही है कि वे रेडिकल विचारधाराएँ और वे राजनीतिक दल जिनकी जड़ें भारत के स्वतंत्रता-संग्राम एवं भारतीय ज्ञानोदय और नवजागरण में हैं, वे आजादी के पाँच दशकों के बाद के भारत के बदलते हुए आर्थिक, सामाजिक और सांस्कृतिक परिदृश्य को सही-सही समझने और सशक्त रूप से परिभाषित और व्याख्यायित करने में फिलहाल अक्षम साबित हुए हैं। वे नए संदर्भ से पैदा हुई नई चुनौतियों, नई समस्याओं और नए प्रश्नों को अभिव्यक्त (एक्सप्रेस एंड आर्टिक्युलेट) करने में भी अभी सफल नहीं हुए हैं। रेडिकल राष्ट्रवादी (वामपंथी एवं मध्यमार्गी यानी सेंट्रिस्ट) विचारधाराओं के इस बौद्धिक, वैचारिक गतिरोध तथा व्यावहारिक अक्षमता ने उन्हें सभी स्तरों पर अस्थायी रूप से पीछे हटने और अन्य विचारधाराओं और दलों के लिए जगह खाली करने के लिए विवश किया है तो साथ ही उग्र राष्ट्रवादी विचारधारा और दलों के लिए आगे बढ़ने का रास्ता भी साफ किया है। इसी कारण कल तक हाशिए पर पड़े हुए उग्र राष्ट्रवादी तत्त्वों में यह संकल्प पैदा हो सका कि वे नेतृत्व हासिल करने का साहस करें। वाम दिशा में झुकाववाले रेडिकल राष्ट्रवादियों की अपर्याप्तता और अक्षमता, जिसने नेतृत्व और वर्चस्व का शून्य (लीडरशिप वौइड) पैदा किया, वही वास्तव में उग्र राष्ट्रवाद की सबसे बड़ी शक्ति बनी है।

उग्र राष्ट्रवाद को मौका देने में एक अन्य परिस्थिति आगे बढ़ने में निर्णायक रूप से सहायक रही है। आजादी के बाद के जिस लंबे दौर में जब वे राजनीतिक दल जिनकी जड़ें स्वाधीनता-संघर्ष और इसी के मातहत जन-संघर्षों में थीं, राज-सत्ता का संचालन करने लगे तो उनकी समस्त गतिविधियाँ राज्य-केंद्रित हो गईं और वे विशाल नागरिक समाज और उसके विभिन्न क्षेत्रों की संस्थाओं और उनकी गतिविधियों से कटते चले गए। मुख्यधारा के वामपंथी दल भी जिनकी जड़ें कभी जन-अभियानों और जन-संघर्षों में थीं, वे भी राज्य के ढाँचे में समा गए। राज्य ने उन्हें सहयोजित (कोऑप्ट) कर लिया। कल के जनप्रतिनिधि जिनकी उँगलियाँ जनता की नब्ज पर रहती थीं, अब जन और राज्य के बीच जैसे 'दलाल' (ब्रोकर) बन गए। ऐसी स्थिति में नागरिक समाज के स्तर पर जो शून्य की स्थिति थी, वह उग्र राष्ट्रवादी समूहों के लिए वरदान साबित हुई। यानी, नागरिक समाज के वृहत और खुले क्षेत्र में मुख्यधारा के रेडिकल, वामपंथी और मध्यमार्गी दोनों प्रकार के, राष्ट्रवादियों की अनुपस्थिति उग्र राष्ट्रवादी समूहों के लिए अपनी गहरी जड़ें जमाने का सुनहरा अवसर बन गई। पिछले कई दशकों में नागरिक समाज के विभिन्न क्षेत्रों में 'अराजनीतिक' (नॉन-पोलिटिकल) लगनेवाली व्यापक गतिविधियों और हस्तक्षेप द्वारा राजनीति के क्षेत्र में प्रभावी बनने के जो बीज उग्र राष्ट्रवाद ने बोए थे, आज उसी की फसल को कुछ अरसे के लिए वो काट और भोग रहे हैं; और जो कल तक प्रभुत्व में थे, वे फिलहाल इस उभरते नए परिदृश्य में, जिसमें वे प्रभुत्व खो चुके हैं, स्तंभित, हताश, मूक दर्शक मात्र बने नजर आते हैं। त्रासदी यह है कि अपने

हाशिए पर आ जाने (मारजिनैलाइजेशन) के मूल कारणों से वे अनजान हैं।

उपर्युक्त संदर्भ में सबसे अधिक विरोधाभासों से भरा तो विशाल हिंदी प्रदेश का परिदृश्य है। उत्तर प्रदेश, बिहार आदि क्षेत्र स्वाधीनता-संग्राम के युग में राष्ट्रीय क्रांति के गढ़ बन गए थे, वे रेडिकल राजनीति की प्रयोग-भूमि बने थे, उन्होंने उच्च कोटि के राष्ट्रीय नेता और सामाजिक चिंतकों को पैदा किया था। क्यों इस विशाल भू-भाग में एक राजनीतिक भूकंप-सा आया जिसके कारण राजनीति, शिक्षा, संस्कृति, समाज आदि सभी क्षेत्रों में ऐसी विचारधाराएँ हावी हो गईं, जो स्वाधीनता-संघर्ष और नवजागरण के युग में हाशिए पर थीं, जिनको प्रभावहीन बनाने में स्वाधीनता-संघर्ष और राष्ट्र-निर्माण के अग्रणी नेता सफल हुए थे। यह कैसे संभव हुआ कि उत्तर प्रदेश जैसे प्रदेश में, जहाँ जवाहरलाल नेहरू और आचार्य नरेन्द्र देव सरीखे नेताओं ने जिस सांप्रदायिकता की विचारधारा और राजनीति, यानी धार्मिक अलगाव को राजनीति का आधार बनाने के अभियान, के विरुद्ध वैचारिक और व्यावहारिक दोनों स्तरों पर जबर्दस्त संघर्ष किया था, धर्म और राजनीति का अशुभ और अनर्थकारी गठबंधन समस्त राज्य-व्यवस्था पर हावी होकर उसको सभी क्षेत्रों में संप्रदायीकरण का हथियार बनाने में लगा है तथा जनसाधारण के हित में सामाजिक सुधार, आर्थिक उन्नति और राजनीतिक सक्षमीकरण के मुद्‌दों को राष्ट्रीय एजेंडा से ही हटाने में भी वह कामयाब हो रहा है ?

याद रहे कि बिहार और उत्तर प्रदेश में ही जाति के उत्पीड़न से मुक्ति का अभियान बुद्ध और कबीर द्वारा शुरू किया गया था, यहीं जाति के उत्पीड़न से मुक्त समाज की कल्पना स्वाधीनता-संघर्ष के नेताओं ने की थी, यहीं शोषक भूमि-व्यवस्था में सुधार द्वारा जाति और वर्ग के गठबंधन के आर्थिक आधार को मिटाने का कार्यक्रम गाँधी, नेहरू तथा वामपंथी नेताओं ने तैयार किया था। क्या वजह है कि उसी उत्तर प्रदेश और बिहार में जाति अपने नग्न, जघन्य और हिंसक रूप में राजनीतिक प्रक्रियाओं की मुख्य प्रेरक बनकर उभरी है ? क्या वजह है कि जाति पर आधारित उत्पीड़न के विरोध में निम्न जातियों की अभूतपूर्व जागृति जातिवाद की जड़ों पर प्रहार करने और जाति की संरचना में मूलभूत परिवर्तन लाने में सफल नहीं हुई, वरन् वह निम्न जातियों के अंदर एक अभिजात और विशिष्ट श्रेणी (क्रीमी लेयर) की रचना का कारण बनने में ही सफल हुई है। निम्न जातियों के अंदर पैदा हुआ यह विशिष्ट वर्ग सवर्ण और उच्च जातियों के हाथ में सत्ता के केंद्रीकरण के समर्थक उग्र राष्ट्रवाद के साथ भी सत्ता में हिस्सा पाने के लिए समझौता और सौदेबाजी करने को तैयार है।

उपर्युक्त टिप्पणी से यह स्पष्ट है कि *धर्म, जाति, लिंग, भाषा* आदि बुनियादी सामाजिक मुद्‌दों पर भारतीय नवजागरण और स्वाधीनता-संघर्ष के विचारकों और नेताओं ने जो दृष्टि और कार्यक्रम प्रस्तुत किया था, आज उस पर एक ओर नई आक्रामक और उग्र राष्ट्रवादी विचारधाराओं ने और दूसरी ओर उग्र और आक्रामक जातिवादी और पुरुषवादी विचारधाराओं ने प्रश्न-चिह्न लगाया है और इन मुद्‌दों पर अग्रवर्ती सामाजिक चेतना से संबंध-विच्छेद तथा उससे प्रतिगमन (रिग्रेशन) और उच्छेदन

(सबवर्जन) का अभियान चलाया है। मेरा कहने का मतलब है कि आधुनिक काल में धार्मिक सुधार (रिलीजस रिफोर्मेशन) तथा समाज-सुधार (जाति उत्पीड़न, नारी उत्पीड़न से दलितों और नारी समुदाय की मुक्ति) के प्रश्नों पर विवेकानंद जैसे युगांतरकारी धार्मिक मनीषी और गाँधी जैसे राजनीतिक विचारक और नेता ने नई दृष्टि और कार्यक्रम दिया था जो एक राष्ट्रीय दृष्टि और राष्ट्रीय अभियान का आधार बना था।

आज उस समग्र दृष्टि और कार्यक्रम, उस राष्ट्रीय सहमति और अभियान की प्रतिरोधी दृष्टि, कार्यक्रम और अभियान द्वारा उग्र राष्ट्रवादी और उग्र जातिवादी विचारधाराओं और संगठनों ने राजनीतिक, सामाजिक और सांस्कृतिक मंच पर अपनी नई उपस्थिति की घोषणा की है। नवजागरण और स्वाधीनता-संघर्ष से जो रेडिकल विचारधाराएँ और राजनीतिक संगठन जुड़े थे और जो करीब तीन-चार दशकों तक बिना किसी प्रतिद्वंद्वी के वर्चस्व में रहे थे, उनके विचार और व्यवहार में उनकी कथनी और करनी के बीच तेजी से बढ़ती हुई दरार ने ही इन प्रतिरोधी विचारधाराओं और दलों को वह मौका दिया कि वह उस संपूर्ण दृष्टि और कार्यक्रम को ही चुनौती दें और धार्मिक और सामाजिक सुधार, जन-मुक्ति और सक्षमीकरण के लक्ष्य और कार्यक्रम को ही राष्ट्रीय एजेंडे से हटा दें।

उग्र राष्ट्रवादियों और कट्टर धर्मपंथियों, उग्र जातिवादियों और नारी मुक्ति-विरोधी, पुरुषवादी दलों और संगठनों का काम इसलिए भी आसान हो गया कि साम्राज्य-विरोधी संघर्ष के युग में स्वाधीनता के लक्ष्य को प्रधानता देने के नाम पर और आजादी के बाद के दशकों में राष्ट्र-निर्माण और विकास को प्रधानता देने के नाम पर समाज की आंतरिक संरचना में सुधार के विचार और कार्यक्रम को इन लक्ष्यों के समानांतर सामाजिक मुक्ति-संघर्ष के रूप में समुचित महत्त्व और प्राथमिकता कभी भी प्रदान नहीं की गई।

मैं इसी बात को दूसरे तरीके से स्पष्ट करना चाहता हूँ। हमारे राष्ट्रीय एजेंडे में गाँधीजी ने राजनीतिक स्वराज, आर्थिक स्वराज के साथ-साथ *मानसिक स्वराज* के लक्ष्य को एक अत्यंत महत्त्वपूर्ण लक्ष्य के रूप में शामिल किया था। लेकिन मानसिक स्वराज यानी मानसिक दासत्व से मुक्ति की परिभाषा हमारी सदा एकांगी रही, संपूर्ण नहीं रही। मानसिक दासत्व से मुक्ति यानी मानसिक स्वराज की इस एकांगी परिभाषा के परिणाम कितने घातक हुए हैं, यह आज के संदर्भ में उग्र राष्ट्रवादी विचार और व्यवहार के उभार से स्पष्ट होता जा रहा है। उग्र राष्ट्रवाद अपने अतिवादी रूप में मानसिक स्वराज को पश्चिमी चिंतन के प्रतिरोध का पर्याय मानने लगा है। स्वाधीनता-संघर्ष के युग में *स्वदेशी* का विपर्याय (एंटोनिम) *विदेशी* नहीं, *औपनिवेशी* था। यानी नवजागरण और स्वाधीनता-संघर्ष के प्रबुद्ध विचारक उस समस्त विदेशी चिंतन को आत्मसात् करने के लिए तैयार थे, जो मुक्ति-संग्राम में सहायक हो, जो मानसिक मुक्ति में सहायक हो। वे उन्हीं अवधारणाओं के विरोधी थे, जो मानसिक दासत्व को मजबूत करते थे और सर्वांगीण स्वराज के मार्ग के अवरोधक थे। स्वयं गाँधीजी ने अनेक पश्चिमी चिंतकों से प्रेरणा ली थी। आज यह और भी जरूरी हो गया है कि हम 'स्वदेशी' को संकीर्ण

नहीं, व्यापक अर्थ में परिभाषित करें और ज्ञान के क्षेत्र में जैनोफोबिया यानी विदेशी-बहिष्कार के उन्माद का शिकार न हों। हम 'स्वदेशी' में उस सभी ज्ञान का समावेश करने के लिए तैयार हों जो 'औपनिवेशी' न हो।

साथ ही हम में इस सत्य से साक्षात्कार का भी साहस होना चाहिए कि हम पश्चिम की मानसिक दासता के प्रतिरोध का नारा तो बुलंद करते आए हैं, *किंतु स्वयं अपनी संस्कृति, अपनी परंपरा में मिली रूढ़ियों और क्षयग्रस्त दृष्टियों, संस्कारों, विचारों, विश्वासों, रीतियों, रिवाजों की दासता के प्रति सजग और सचेत नहीं रहे हैं। वास्तव में पश्चिम की मानसिक दासता और देशज रूढ़ियों की मानसिक दासता एक ही सिक्के के दो पहलू हैं और एक ही व्याधि के दो विरोधी और भिन्न लगनेवाले लक्षण हैं।* मानसिक दासता के विरोध की रणनीति में दोनों यानी औपनिवेशिक अवधारणाओं और देशज रूढ़ियों के एक साथ प्रतिरोध पर बराबर जोर देना होगा। यह एक विचित्र स्थिति है कि जैसे-जैसे वैश्वीकरण की प्रक्रियाएँ भारत में खुलेपन, उदारीकरण और संप्रेषण क्रांति की नीतियों के फलस्वरूप तेज हुई हैं, वैसे-वैसे उन्होंने एक ओर पश्चिमी उपभोक्तावाद और स्वछंद विलासिता की जीवन-शैली और जीवन-मूल्यों के अंध-अनुकरण की नई मानसिकता को मजबूत किया है, तो दूसरी ओर रूढ़िवादी पारंपरिकता को पुनर्जागरण के नाम पर नई प्रतिष्ठा प्रदान की है। इसी संदर्भ में पश्चिम के मानसिक दासत्व और देशज रूढ़ियों के मानसिक दासत्व के प्रतिरोध की लड़ाई आज के संदर्भ में मानसिक स्वराज की लड़ाई के दो पहलू हैं जो एक दूसरे से अलग नहीं हैं।

धर्म, जाति, लिंग और *भाषा* को एक प्रतिगामी नहीं, अग्रगामी अभियान बनाने की शुरुआत मानसिक स्वराज को व्यापक अर्थ में परिभाषित करने से ही हो सकती है। इस दृष्टि से उग्र राष्ट्रवाद और उग्र जातिवाद ने बुद्धिजीवी समुदाय को जो झटका (शॉक) दिया है, उसे सर्जनात्मकता में बदलने की जरूरत है।

भारत की आजादी की आधी सदी की समाप्ति और नई शताब्दी के प्रारंभ ने नई युवा पीढ़ियों के लिए ऐसा परिदृश्य प्रस्तुत किया है जब नवजागरण और स्वाधीनता-संघर्ष से विरासत में मिले शब्द अपने उन अर्थों को खो चुके हैं, जिन अर्थों में नवजागरण और स्वाधीनता-संघर्ष के अग्रणी विचारकों ने उन्हें परिभाषित किया था। आज या तो नव औपनिवेशिक मानसिकता ने या नव रूढ़िवादी, उग्र राष्ट्रवादी मानसिकता ने उन्हें नए साँचे में ढालकर अर्थ का अनर्थ किया है। आज का उभरता नव मध्यम वर्ग गाँधीजी के 'मेरे सपनों का भारत' और रवींद्रनाथ ठाकुर के 'जागृत भारत' की कल्पना को जैसे भुला चुका है। लगता है जैसे नव मध्यम वर्ग के सपनों का भारत गाँधी और रवि ठाकुर के सपनों को सिद्धांत और अमल दोनों स्तरों पर नकार रहा है।

लेकिन आज के भारत के परिदृश्य का यह विवेचन अधूरा ही रहेगा यदि इसमें भारत के अंदर सभी स्तरों पर चल रहे उस गहरे मानसिक, वैचारिक और भावनात्मक मंथन का संकेत न हो, जिसमें नवजागरण और स्वाधीनता-संघर्ष की मूल प्रेरणाओं से जुड़ने का आग्रह है और भारत की *अपूर्ण राष्ट्रीय क्रांति* और *अपूर्ण मुक्ति-संघर्ष* को

नए आयामों, नए क्षितिजों और धरातल पर जन-उद्वेलन से उपज रही नई ऊर्जाओं से नई गति, नया विस्तार और नई गहराई देने की संभावनाएँ और अवसर भी हैं।

भारत की इस अपूर्ण राष्ट्रीय क्रांति और जन मुक्ति-संघर्ष को नई गति देने का काम गाँधीजी के शब्दों में किन मानवीय कारकों (ह्यूमन एजेंट्स) के द्वारा पूरा होगा, उसकी समझ महानगरीय सीमाओं में बंद रहकर धुँधली ही रहती है। नए प्रकाश की किरण इन सीमाओं के बाहर नई संभावनाओं का वहीं संकेत देती है, जहाँ साधारण जन और कुछ संवेदनशील बुद्धिजीवियों के बीच नए विचार और व्यवहार को जन्म देनेवाले संवाद और सामूहिक प्रयास के रिश्ते बन रहे हैं। इस दृष्टि से आधी सदी का अंत सदी के आरंभ की स्थापित विचार-पद्धतियों और उनको कार्य-रूप देनेवाले संगठनों के विघटन का ही दौर नहीं है, वह नई दृष्टियों और व्यवहार की खोज का भी जीवंत दौर है।

नई चुनौतियाँ इन चुनौतियों से जूझने में सक्षम 'ह्यूमन एजेंट्स' या मानवीय कारकों को भी तैयार कर रही हैं, ऐसा मेरा विश्वास है।

स्वप्न और यथार्थ

आजादी की आधी सदी

गाँधी-दृष्टि और मूल्यांकन के बदलते प्रतिमान : स्वदेशी बनाम औपनिवेशी

भारत की आजादी के बाद के पाँच दशकों का इतिहास अनेक प्रक्रियाओं और परिवर्तनों से भरा है। इनमें कौन-सी प्रक्रियाएँ ऐसी हैं जो सतही हैं, जिनका महत्त्व किन्हीं वर्गों या समुदायों तक सीमित है, जो जनसाधारण के जीवन को नहीं छूतीं ? इसके विपरीत कौन-सी प्रक्रियाएँ ऐसी हैं, जिनमें भारतीय समाज और उसकी सभ्यता में, अधिकांश भारतवासियों की जीवन-शैली में स्थायी, गंभीर और दूरगामी परिवर्तनों की संभावनाएँ निहित हैं ? मुझे लगता है ये प्रश्न अभी बुद्धिजीवियों के चिंतन और शोध, विचार और संवाद तथा विचारशील पत्रकारों की गंभीर चर्चा के एजेंडे में शामिल नहीं हुए हैं।

अब तो स्पष्ट है कि आजादी की 'स्वर्ण जयंती' महज 'रिचुएल' बनकर रह गई। उम्मीद थी कि वह देश के प्रबुद्ध वर्ग के लिए गंभीर आत्म-परीक्षण के अवसर प्रस्तुत करेगी और इस आत्म-परीक्षण में सभी वैज्ञानिक अनुशासनों और सांस्कृतिक विधाओं से जुड़े लोगों की भी भागीदारी होगी। लेकिन वास्तव में इसने महज राजनीतिक पार्टियों के लिए अपने कारनामों का प्रचार करने के लिए एक और मंच, एक और फोरम प्रस्तुत किया। इन राष्ट्रीय समारोहों में हमारी दृष्टि केवल अतीत और उसका जायजा लेने पर ही केंद्रित रही। लेकिन मुख्य रूप से हमारा लक्ष्य अतीत का जायजा लेकर उससे सबक सीखना था, ताकि हम भविष्य की संभावनाओं की अधिक बुद्धिमानी से जाँच-पड़ताल कर सकें और उनसे लाभ उठाने और देश के विकास को सही दिशा देने के ठोस कार्यक्रम और रणनीति की भी रचना कर सकें। भारत के विचारशील लोगों के मन में आज इसी तरह की सोच, इसी तरह की चिंताएँ हैं।

आज प्रत्येक प्रबुद्ध भारतवासी यह प्रश्न पूछ रहा है कि आजादी के बाद उभरे हुए विकास और राष्ट्र-निर्माण के अवसरों और संभावनाओं का मेरे देश और मेरे देशवासियों ने (जिसमें शासक वर्ग और साधारण जन दोनों शामिल हैं) क्या लाभ उठाया ? क्या हमारा पिछले पाँच दशकों का इतिहास संभावनाओं को उपलब्धियों में बदलने की कोशिशों का इतिहास है या वह एक के बाद एक अवसरों को खो देने या हाथ से जाने देने का इतिहास है ? इन प्रश्नों का संतोषप्रद उत्तर ऐसी जाँच-पड़ताल से ही मिल सकता है, जो केवल राजकीय सांख्यिकी पर आधारित न हो, बल्कि जो सभी प्रदेशों, वर्गों, समुदायों, पुरुष एवं नारी, शिशु, युवा एवं वयस्क जन आदि के जीवन के सूक्ष्म निरीक्षण

और उनसे 'फील्ड वर्क' द्वारा साक्षात्कार पर आधारित हो। साथ ही जो ऊपर बैठे प्रबुद्धजनों की राय या अनुमान मात्र पर आधारित न हो बल्कि जिसमें स्वयं जनसाधारण की अपनी राय, अपने अनुभव, अपने प्रत्यक्ष बोध का भी समावेश हो। यानी जो प्रबुद्धजन और बहुजन के दोतरफा संवाद पर आधारित हो, एकतरफा एकालाप पर ही नहीं। इस तरह के दोतरफा संवाद की पहल न समाज-वैज्ञानिकों ने की है, न मीडिया ने और न राजनीतिक कार्यकर्ताओं ने और न संस्कृतिकर्मियों ने ही ऐसी पहल की है।

इस संदर्भ में यह भी विचारणीय है कि भारत की आजादी के संघर्ष की परिणति भारत में औपनिवेशिक शासन के अंत और राष्ट्रीय राज्य की स्थापना ऐसी युगांतरकारी ऐतिहासिक घटनाओं में हुई थी। ये ऐसी उपलब्धियाँ थीं, जिनका महत्त्व भारत तक ही सीमित न था। उनका भारत की तरह ही औपनिवेशिक दासता के शिकार देशों के लिए तो महत्त्व था ही, विश्व-उपनिवेशवाद की पुरानी और नई व्यवस्था के मालिक देशों के लिए भी उनका महत्त्व अत्यंत गंभीर और दूरगामी था। उपनिवेशवाद-विरोधी संघर्षों की राजनीतिक स्तर पर कामयाबी और एक साथ अनेक नवोदित राष्ट्रीय राज्यों की शृंखला के उभार ने पुराने साम्राजी देशों के प्रभाव-क्षेत्रों पर जबर्दस्त आघात कर उनके लिए नई समस्याएँ और नई चुनौतियाँ प्रस्तुत की थीं। अब प्रत्यक्ष राजनीतिक उपनिवेशवाद का युग तो समाप्त हो गया, लेकिन अप्रत्यक्ष आर्थिक और मानसिक उपनिवेशवाद का खतरा विकासशील देशों के सामने आ गया। आजादी के बाद भारत जैसे देशों का इतिहास क्या मोड़ लेगा, इस प्रश्न से जूझने में और विकास के मॉडल को तथा उसके कार्यान्वयन के कर्ताओं (एजेंट्स) को तैयार करने में नए राष्ट्रीय राज्य ही सक्रिय नहीं थे। विश्व के सशक्त पश्चिमी देशों को नव-स्वतंत्र देशों के विकासक्रम को प्रभावित कर उन्हें अपने प्रभाव-क्षेत्र में बनाए रखने का नया मौका भी मिला था। इसीलिए आज यह अनिवार्य हो गया है कि "आजादी के पाँच दशकों के बाद भारत किधर ?" इस प्रश्न पर जो भी राष्ट्रीय संवाद हो उसमें भारत की आंतरिक प्रक्रियाओं को केंद्र में अवश्य रखा जाना चाहिए। लेकिन भारत पर बाहरी प्रभावों और दबावों की भी जाँच- पड़ताल और सोच-विचार जरूरी है। इसके बिना किया गया स्वातंत्र्योत्तर भारत की प्रगति का जायजा अपूर्ण ही नहीं, भ्रामक भी होगा।

भारत के समक्ष आज मुख्य बौद्धिक चुनौती तो यह है कि पाँच दशकों में भारत में हुए परिवर्तनों के मूल्यांकन के आज के लिए सही प्रतिमान या मापदंड क्या हैं ? इस पर गंभीरता से विचार होना चाहिए। हमें इस तथ्य को भी न भूलना चाहिए कि अपने विकास-क्रम की, परिवर्तन-प्रक्रियाओं की, अपने कार्यक्रमों और रणनीतियों की सफलता/असफलता, पूर्णता/अपूर्णता का जायजा लेने के लिए हमें एक विशेष राष्ट्रीय दृष्टि, राष्ट्रीय दर्शन एवं राष्ट्रीय मापदंड भारतीय नवजागरण और स्वतंत्रता-संग्राम से भी विरासत में मिले थे। इसी दर्शन के मूल्यों से भारतीय संविधान की रचना और उसके निर्देशात्मक (डाइरेक्टिव) सिद्धांतों और मार्गदर्शी नियमों के निर्धारण की भी प्रेरणा मिली थी। आजादी के पचास वर्षों के मूल्यांकन में राष्ट्र-निर्माताओं से विरासत में मिले हुए

दर्शन और मूल्य तथा संविधान में प्रतिष्ठापित सिद्धांत और नियम हमारे लिए आज के लिए प्रासंगिक प्रतिमानों पर सोच-विचार के लिए एक ठोस आधार प्रस्तुत करते हैं। अवश्य ही बदली हुई परिस्थितियों से पैदा हुए नए आग्रहों और नई प्रेरणाओं के अनुकूल इनमें संशोधन भी जरूरी है और इनका संवर्द्धन भी। लेकिन नए प्रतिमानों की रचना में नवजागरण से विरासत में मिले दर्शन के ऐसे जीवंत और मूल्यवान तत्त्वों का समावेश अनिवार्य है, जो प्रबुद्ध वर्ग की चेतना के ही नहीं, जनसाधारण की मानसिकता के भी अंग बन चुके हैं और जिनके द्वारा नवोदित राष्ट्र का व्यापक जनाधार बना है।

प्रश्न उठता है कि वर्तमान स्थिति में आजादी के पचास साल के मूल्यांकन के संवाद में कौन-से आग्रह, कौन-सी अवधारणाएँ, कौन-से विचार निर्णायक बनकर उभर रहे हैं ? क्या हमारा संवाद आंतरिक आग्रहों, अपनी देशज चिंतनधारा और अपनी स्वायत्त सोच और समझ से प्रधान रूप से प्रेरित और संचालित है या उस पर बाहरी प्रभाव, बाहरी दबाव और बाहरी आग्रह अधिकाधिक हावी होते गए हैं, होते जा रहे हैं। इसी बात को राष्ट्रीय आंदोलन की भाषा में परिभाषित करें तो सवाल उठता है कि आज का संवाद 'स्वदेशी' (देशज) चिंतन से प्रेरित है या 'नवऔपनिवेशी' (यानी बिना जाँच-पड़ताल के उधार लिये बाहरी) चिंतन का शिकार होता जा रहा है। जैसा मैं पहले कह चुका हूँ, मेरे अनुसार 'स्वदेशी' चिंतन में उन सब विदेशी (पश्चिमी) विचारकों के लिए और उनके विचारों के लिए स्थान है जो भारत जैसे देशों के लक्ष्यों और मूल्यों के प्रति सहानुभूति रखते हैं और एशियाई देशों से उनके प्रति न्याय करते हुए, उनके स्वाभिमान का आदर करते हुए और उनसे बराबरी के आधार पर नए रिश्तों की रचना करने के लिए तैयार हैं। लेकिन इस संवाद में स्वयं को श्रेष्ठ और अन्य को हीन माननेवाले उन तत्त्वों और उनके विचारों के लिए स्थान नहीं, जो नए संदर्भ में विकासशील देशों के प्रति एक अहंकारपूर्ण यानी नव उपनिवेशवादी रुख अपनाते हैं और उनकी मानसिक स्वायत्तता को नकारते हैं। हमें यह स्वीकार करना पड़ेगा कि हमारे वर्तमान राष्ट्रीय संवाद में प्रबुद्ध और स्वस्थ अंतर्राष्ट्रीय विचारों और विचारकों का नहीं, बल्कि बाहरी राजसत्ताओं से जुड़े नव उपनिवेशवादी विचारकों की चिंतनधारा का प्रभाव अधिक सशक्त हुआ है।

हम इस कटु सत्य से मुँह नहीं मोड़ सकते कि भारत में पाँच दशकों के अपने आजादी के बाद के इतिहास के मूल्यांकन की जो बहस आरंभ हुई है, प्रत्यक्ष रूप से न सही तो अप्रत्यक्ष रूप से, इस बहस पर बाहर के देशों और विश्व-स्तर पर पश्चिम के वर्चस्व को पुनः स्थापित करने हेतु हो रहे हस्तक्षेप की गहरी छाप है। इस संवाद के मुद्दे और विचारार्थ विषय, अवधारणाएँ और परिभाषाएँ, संक्षेप में इसके 'टर्म्स आफ डिसकोर्स' जैसे बाहर (पश्चिम) से ही तय होकर आए हैं। इन्हें न हमने तय किया है, न अपनी परिस्थितियों के अनुकूल इनमें हमने संशोधन किए हैं। अभी तक भारत जैसे देशों के सामने पश्चिमी मीडिया द्वारा आदर्श प्रस्तुत किया जा रहा था उपनिवेशवाद के चंगुल से मुक्त हुए कुछ उन एशियाई देशों का, जिन्होंने पश्चिमी देशों के मातहत और उनकी मदद से 'एशियन टाइगर्स' का खिताब अर्जित किया था। सबसे विचारणीय बात

यह है कि पश्चिमी शासक और मीडिया इन एशियन टाइगर्स की प्रगति को एक *एशियाई मॉडल के रूप में नहीं, बल्कि नव उदारवाद की विजय के रूप में* प्रस्तुत कर रहे थे। नव उदारवादी कार्यक्रम की मिसाल के रूपए में ये देश सर्वत्र चर्चा का विषय बने हुए थे और नए मॉडल के रूप में प्रस्तुत किए जा रहे थे। भारत जैसे देशों के पचास वर्षों के इतिहास के मूल्यांकन के प्रतिमानों को तय करने और भावी प्रगति के दर्शन, कार्यक्रम और कर्ताओं को तय करने में भी इन्हीं देशों की प्रगति को अतिरंजित कर और सम्मोहक बनाकर इन्हें हमारा मार्गदर्शी बनाकर प्रस्तुत किया जा रहा था। इन देशों से तुलना द्वारा भारत के और उसके अपने विकास के मॉडल के अवमूल्यन पर केंद्रित इस संवाद ने हमारे बुद्धिजीवियों को, विशेषकर सत्ता के साथ जुड़े हुए बुद्धिजीवियों को, गंभीर रूप से प्रभावित ही नहीं, सम्मोहित भी किया था। लेकिन पुच्छल तारे की भाँति जिस चकाचौंध से यह 'मॉडल' वैचारिक आकाश की ऊँचाइयों को छूने लगा था, उसी नाटकीयता से हाल के भयावह आंतरिक संकट के कारण वह ध्वस्त होकर धराशायी भी हो गया। वर्तमान संदर्भ में कोई अंतर्राष्ट्रीय एजेंसी इन्हें मिसाल के रूप में प्रस्तुत करने का साहस नहीं कर सकी है। *आज अपना रास्ता अपनी सोच और मानसिक स्वायत्तता के आधार पर खोजने के आग्रह को फिर से बदली हुई परिस्थितियों के कारण नया बल मिला है।* लेकिन नव उपनिवेशवादी मानसिकता का अभी अंत नहीं हुआ है।

यही नहीं, विकासशील देशों में राजनीतिक उपनिवेशवाद के अंत के बाद दशकों में उनकी 'परफॉरमेंस' के मूल्यांकन और उनके विकास के भावी कार्यक्रम पर विश्व-स्तर पर अब भी गरमागरम बहस छिड़ी हुई है। इस बहस में पश्चिमी देशों की राजसत्ताओं से जुड़े विचारक तथा विश्वबैंक, आई. एम. एफ., यू. एन. ओ., यूनेस्को, यूनीसेफ आदि संस्थाओं के विशेषज्ञों की अग्रणी भूमिका है। आज विकासशील देशों में आर्थिक, सामाजिक और राजनीतिक शोध-संस्थानों का शोध-कार्यक्रम, शोध का एजेंडा उन्हीं विषयों पर केंद्रित है, जिनके लिए बड़े पैमाने पर समृद्ध देशों और विश्व-संस्थाओं ने इन्हें वृहत वित्तीय साधन उपलब्ध कराए हैं। शोध के स्वायत्त कार्यक्रम के स्थान पर यह बाहर से थोपा गया एजेंडा आज संपूर्ण एजेंडा बन गया है। कुछ भारतीय विद्वानों को भी इस नए अभियान में शामिल कर इसे प्रतिष्ठा प्रदान की गई है। बाहर से यानी मुख्य रूप से पश्चिम से आनेवाले ये बौद्धिक प्रभाव संप्रेषण-क्रांति की मदद से एक सशक्त अभियान की शक्ल अख्तियार कर चुके हैं और भारत तथा अन्य एशियाई देशों के बुद्धिजीवियों के 'ब्रेन वाशिंग' (मत या विचार-परिवर्तन) में कामयाब हो रहे हैं। इन सबका नतीजा यह हुआ है कि मूल्यांकन के जो प्रतिमान और भावी कार्यक्रम संबंधी जो अवधारणाएँ भारत जैसे देशों में प्रचलित होते गए हैं, वे हमारे अपने चिंतन-मनन, अनुभवों तथा प्रयोगों की बुनियाद पर नहीं रचे जा रहे हैं। इनकी वैधता इसी में है कि उन पर बाहर के शक्तिशाली शासक वर्गों और उनसे जुड़े विचारकों द्वारा स्वीकृति का ठप्पा है।

उपर्युक्त संदर्भ में यहाँ जरूरी हो गया है कि हम अपने उन बाहर से दीखने में

परस्पर विरोधी किंतु एक ही प्रकार के आत्मविनाशी परिणामों की ओर ले जानेवाले रुझानों के प्रति सचेत हों, जिनके द्वारा हमारी शक्ति कुंठित और हमारी सर्जनात्मक ऊर्जा अवरुद्ध होती है और जिनके प्रभाव में हम राष्ट्रीय स्तर पर उन संकल्पों और सपनों से कटते जाते हैं, जो हमारे सांस्कृतिक नवजागरण और स्वाधीनता-संग्राम के मूल में थे और उन नए जीवन-मूल्यों और प्रेरणाओं की लहरों से भी अछूते रह जाते हैं, जो विश्व में व्याप्त पराजय और हताशा की भावना और नैतिक शून्य की स्थिति से जूझ रही हैं और जो आज के विश्व में साधारण मानवों के ध्वस्त और क्लांत मानस में नई आशाएँ और सपने जगाकर उनके खंडित मनोबल और आत्म-गौरव को पुनर्जाग्रत करने में सक्रिय और सचेष्ट हैं। जिन दो परस्पर विरोधी मानसिक रुखों का मैंने ऊपर जिक्र किया है उनमें एक छोर पर उग्र राष्ट्रवादी, रूढ़िवादी मानसिकता का उभार है, जो भारतीय पुनर्जागरण और राष्ट्रीय संग्राम के सर्वमान्य आदेशों, मूल्यों और प्रतिबद्धताओं पर प्रश्नचिह्न लगा रही है और भारत को जैसे इक्कीसवीं सदी की ओर नहीं, मध्ययुग के अंधकार में धकेल रही है। किसी हद तक यह उग्र राष्ट्रवादी-रूढ़िवादी रुख उग्र और आक्रामक आधुनिकीकरण की प्रतिक्रिया के रूप में प्रबल होकर उभरा है। इस रूढ़िवाद के उभार को समझने के लिए इस उग्र आधुनिकीकरण के उभार को पहले समझना होगा।

भारत और अन्य पुराने उपनिवेशवाद से मुक्त देशों के नव मध्यमवर्ग में संप्रेषण-क्रांति के द्वारा उत्तर-आधुनिक युग की मानसिकता का विस्फोट हो रहा है। यह नई मानसिकता आधुनिक ज्ञानोदय से उपजी हुई सभी बुनियादी मानववादी अवधारणाओं, परिभाषाओं और मूल्यों को नकारती है, यह वैश्वीकरण के दौर में राष्ट्रवाद और उसकी प्रतिबद्धताओं को ही अप्रासंगिक और व्यर्थ करार देती है। यह सादगी के 'प्यूरिटन' मूल्यों और जीवन-शैली का अवमूल्यन करती है और इस प्रकार पृथ्वी को विलास और विहार-भूमि के रूप में परिभाषित कर अमर्यादित उपभोगवाद के लिए जमीन तैयार करती है। साथ ही सभी मानवीय रिश्तों को—मानव और प्रकृति के, मानव-मानव के, मानव-मानवी के, पुरानी और नई पीढ़ियों के रिश्तों को—नैतिक बंधनों से मुक्त कर अनैतिकता के एक शून्य का विस्तार करती है। यह मानव-स्वतंत्रता की एक ऐसी परिभाषा प्रस्तुत करती है, जिसकी परिणति उग्र व्यक्तिवाद में होती है और उन सभी पारंपरिक संस्थाओं (इंस्टीट्यूशंस) के आधार को ही नष्ट करती है, जो मानव समाज को सुरक्षा और निरंतरता प्रदान करते आए हैं। भारत जैसे देशों के नव मध्यम वर्ग में इस प्रकार की मानसिकता का उभार एकदम नई प्रक्रिया है, जो भारतीय पुनर्जागरण और स्वाधीनता-संग्राम की सभी आस्थाओं, मूल्यों, प्रतिबद्धताओं और सपनों पर प्रश्न-चिह्न लगाती है।

भारतीय नवजागरण और स्वतंत्रता-संग्राम की सबसे बड़ी उपलब्धि थी कि उन्होंने औपनिवेशिक युग के मध्यम वर्ग और विशाल जनसाधारण के बीच के मानसिक अलगाव को दूर किया था। मध्यम वर्ग को जनसंवेदी और जनसेवी बनाया था और

उसमें जन के प्रति दायित्व की भावना जगाकर उसको जन के हित में त्याग और संयम की जीवन-शैली अपनाने के लिए भी प्रेरित किया था। आज की उभरती हुई उत्तर-आधुनिक मानसिकता ने मध्यम वर्ग के विरासत में पाए हुए सभी मूल्यों, आदर्शों और प्रतिबद्धताओं पर प्रश्न चिह्न लगा दिया है और मध्यम वर्ग में उग्र व्यक्तिवाद, आत्म-संतुष्टि और स्वार्थ की भावनाओं को उभारकर उसके चरित्र को ही एक नए स्वार्थ-केंद्रित ढाँचे में ढालने का प्रयत्न किया है। नव मध्यम वर्ग का गाँधी-नेहरू युग की प्रतिबद्धताओं से संपूर्ण रूप से संबंध-विच्छेद और उसके चरित्र में बुनियादी रूप से परिवर्तन आजादी के पचास वर्षों के बाद की सबसे अधिक ऐतिहासिक महत्त्व की घटना है, जो एक नए युग का संकेत देती है।

यह एक ऐसा चारित्रिक परिवर्तन है जिसके परिणाम कितने दूरगामी और गहरे होंगे, इसका हमें तनिक भी पूर्वानुमान नहीं है। लेकिन इतना स्पष्ट है कि इसने भारत की आंतरिक संरचना में ऐसी दरार, ऐसा विभाजन पैदा किया है जिसकी गंभीरता और जिसके खतरों का हमें अभी पूरा अहसास भी नहीं है। इस *आंतरिक दरार, विभाजन* की जितनी पैनी परख विश्व के कतिपय संवेदनशील विचारकों को रही है, उतनी पैनी दृष्टि भारत के प्रबुद्ध और प्रगतिशील विचारकों की नहीं रही है। यह शायद इसलिए हुआ है कि 'इनसाइडर' होने के नाते हम इस तेजी से बदलते यथार्थ से अनजान और अपरिचित रहे हैं, उसी तरह जैसे कोई व्यक्ति अन्य व्यक्ति के शरीर में जमा होती चर्बी को उसके मोटापे के रूप में आसानी से देख पाता है, लेकिन अपनी बढ़ी हुई चर्बी और अपने बढ़ते हुए मोटापे से बड़ी देर तक अनजान रहता है।

ऐसे विचारक और समाज-वैज्ञानिक जो 'आउटसाइडर' हैं, शायद इस नए यथार्थ को पहली नजर में ही इसलिए पकड़ पाए क्योंकि वे किसी प्रकार के पूर्वाग्रह से मुक्त थे और शायद इसलिए भी कि उन्होंने जन-संवेदी और जनवादी गाँधी-नेहरू के देश में अमीर और गरीब के बीच विभाजन के इस उग्र और भयावह स्वरूप की कल्पना भी न की थी। उन्होंने शायद इस बात की भी कल्पना न की थी कि भारत का नव मध्यम वर्ग इस विभाजन के प्रति इतना असंवेदी, उदासीन और खेद और ग्लानि की भावना से इस हद तक मुक्त हो सकता है।

अमेरिका के नामी आर्थिक चिंतक जे. के. गैलब्रेथ ने सन् 1974 में ही अपने एक लेख 'इंट्रोड्यूसिंग इंडिया' में इस विभाजन को निम्न शब्दों में व्यक्त किया था :

''भारत में एक ऐसी विषमता देखने को मिलती है, जो भारतवासियों को दो ऐसी श्रेणियों में विभाजित करती है जिनके बीच कोई संपर्क नहीं है। इस विभाजन को समझना बहुत जरूरी है। मैं उस विभाजन रेखा की बात कर रहा हूँ, जो ग्रामीण भारत को, जो अधिकांश भारत है, आधुनिक, शहरी, नौकरशाही और बुद्धिजीवी वर्ग के भारत से अलग करती है। अधिकांश भारतीय गाँव में रहते हैं। शेष भारत ग्रामीण भारत की तुलना में अत्यंत छोटा है। यह भारत है—सिविल सर्विस का, लोक और राज्यसभा का तथा टाटा-बिरला जैसे वृहत औद्योगिक-व्यापारिक घरानों का, पंचवर्षीय योजनाओं का,

वृहत इस्पात कारखानों का, सार्वजनिक और निजी क्षेत्र की भूमिका संबंधी बहसों का, अखबारों, हवाई जहाजों, सैनिक शक्तियों, विदेशी नीति की बहसों का भारत; मुख्य-मंत्रियों, कलकत्ता, मुंबई, मद्रास के म्यूनिसिपल निगमों का भारत। इस छोटे-से भारत में जो भी प्रभावशाली व्यक्ति हैं, वे एक दूसरे से परिचित हैं। इनकी दुनिया स्वयं अपने में केंद्रित है, इस हद तक कि बहुत-से भारतीय और अनेक विदेशी भी यही समझ बैठते हैं कि यही संपूर्ण भारत है। भारत को समझने में सबसे बड़ी और आम भूल अगर कोई है तो वह यही है।

"अंत में इस बात का अहसास होता है कि इस छोटे भारत में जब बहुत कुछ घट रहा हो, तो गाँवों के विशाल भारत में शायद कुछ भी नहीं घट रहा होता। लेकिन इस छोटे भारत का सम्मोहन ऐसा है कि लगता है इसके बाद और कुछ देखने और अनुभव करने को बाकी नहीं रहा। यह भूल विदेशी तो करते ही हैं, लेकिन कहना पड़ता है, बहुत बड़ी तादाद में भारतीय भी यह भूल करने के आदी हो गए हैं।" (जे. के. गैलब्रेथ, 1974)।

भारत के समाज के भीतर जिस आंतरिक विभाजन—या भारत के दो भारतों में विभाजन—को गैलब्रेथ ने वर्तमान भारत को समझने के लिए मुख्य स्थापना के रूप में 1974 में प्रस्तुत किया था, उसी की पुष्टि लगभग बीस साल बाद यानी सन् 1994 के आसपास अमेरिका के प्रसिद्ध भाषाविद और विचारक नॉम चौम्स्की ने अपनी भारत-यात्रा के दौरान एक साक्षात्कार में की थी। उनसे पूछे जाने पर कि उन्हें अपने प्रत्यक्ष अवलोकन और अनुभव के आधार पर भारत के संबंध में कौन-सी बात सबसे महत्त्वपूर्ण लगी तो उन्होंने उत्तर दिया—"उन्हें यह बात चौंका देने वाली लगी कि भारत की अधिकांश जनता की भयावह दरिद्रता के बीच भी मध्यवर्गीय नव धनाढ्य भारतीयों ने अपने लिए वो सब सुख, सुविधाएँ और समृद्धि के उपकरण जुटा रखे हैं जो अमेरिका जैसे समृद्ध देशों में संपन्न और समृद्ध वर्ग को प्राप्त हैं। उन्हें इन नव धनाढ्यों में गरीबों के प्रति किसी प्रकार की सहानुभूति और संवेदना का अभाव, उनका हृदयहीनता का रुख भी उतना ही चौंका देनेवाला लगा।"

मैंने इस लेख के आरंभ में यह प्रश्न उठाया था कि आजादी के बाद के पचास वर्षों में कौन-से ऐसे परिवर्तन हैं जो गंभीर, स्थायी और दूरगामी महत्त्व के हैं। एक समाजशास्त्री की दृष्टि से आजादी के बाद महानगरीय भारत में नव मध्यम वर्ग का विस्फोटक विकास और उसके चरित्र और चेतना में गुणात्मक परिवर्तन ऐसा युगांतरकारी परिवर्तन है, जिसके संभाव्य परिणामों के प्रति देश के विचारक पूरी तरह सचेत नहीं हैं। इस नव मध्यम वर्ग की सामाजिक, आर्थिक और सांस्कृतिक भूमिका क्या है ? इसका अधिकांश जनसाधारण की समस्याओं और आकांक्षाओं के प्रति क्या रुख है ? यह किस दिशा में भारत को इक्कीसवीं सदी में ले जाना चाहता है ? इन सभी प्रश्नों का अभी विश्वसनीय जानकारी और ज्ञान पर आधारित जवाब हमारे पास नहीं है। लेकिन 20-25 करोड़ भारतीयों का छोटा भारत (मिनी इंडिया) राष्ट्रीय स्तर पर एक जबर्दस्त आर्थिक,

राजनीतिक और सांस्कृतिक शक्ति बनकर उभरा है और भावी परिवर्तनों की मुख्य प्रेरक शक्ति के रूप में इस नव-मध्यम वर्ग को विश्व-स्तर पर मान्यता और वैधता प्राप्त हुई है। सबसे गंभीर महत्त्व की बात तो यह है कि अंतर्राष्ट्रीय संस्थाओं की बहसों और बातचीत में *20-25 करोड़ के इस नव-मध्यम वर्ग का उभार स्वयं अपने में भारत की पचास साल की प्रगति और भविष्य की उज्ज्वल संभावनाओं का मुख्य निर्देशक चिह्न (इंडिकेटर) बन गया है।*

इस तथ्य को हमें आज स्वीकार करना पड़ेगा कि भारत के भावी विकास के नए मॉडल की निर्धारण-प्रक्रिया में इस नव-मध्यम वर्ग की भूमिका एक निर्णायक कर्ता की बन गई है। 20-25 करोड़ इन समृद्ध भारतीयों की क्रयशक्ति आज बहुराष्ट्रीय कंपनियों और विदेशी पूँजी को भी इस वर्ग की ओर खींच रही है और इस बने-बनाए प्रतिभा और योग्यता के भंडार तथा वृहत बाजार से लाभ उठाने की कारगर रणनीति रचने में इन संस्थाओं से जुड़े विचारक और नीति-निर्णायक ऐजेंसियाँ तेजी से सक्रिय हैं।

यह अजीब स्थिति है कि एक गरीब अर्द्धविकसित देश के साधनों से पोषण और आधुनिक प्रशिक्षण प्राप्त प्रतिभासंपन्न युवा-शक्ति का लगातार देश से पश्चिमी देशों को पलायन होता जा रहा है और इसका लाभ अपने देश को नहीं, देश के बाहर विशेषकर पश्चिमी देशों को पहुँच रहा है। **देशज प्रतिभा का समृद्ध और विकसित पश्चिमी देशों में इतने बड़े पैमाने पर पलायन स्वातंत्र्योत्तर भारत की एक अत्यंत महत्त्वपूर्ण प्रक्रिया है, जिस पर देश के विकास और प्रगति के समीक्षकों का ध्यान नहीं गया है।** हाल के एक सर्वेक्षण के अनुसार लगभग दो करोड़ प्रवासी भारतीय इस समय देश के बाहर, विशेषकर पश्चिमी देशों—अमेरिका, इंग्लिस्तान आदि में बसे हैं। इनकी स्थिति औपनिवेशिक भारत के उन भारतीय युवाओं से एकदम भिन्न है जो उच्च शिक्षा प्राप्ति के लिए इंग्लिस्तान या अमेरिका आदि पश्चिम के देशों में गए थे। उनके सामने भी प्रश्न था कि वे लौटें तो औपनिवेशिक प्रशासन या व्यवस्था में उच्च पदों को हासिल करें या पश्चिम के देशों में ही वहाँ की समृद्धि का लाभ उठाने के लिए प्रवासी हो जाएँ। लेकिन स्वाधीनता-संग्राम और भारतीय नवजागरण ने उनके मानस पर इतना गहरा प्रभाव डाला था कि वे लौटकर स्वतंत्रता-संग्राम में शामिल हो गए या विज्ञान, शिक्षा, संस्कृति आदि के क्षेत्रों से देश की सेवा कर स्वाधीनता की नींव मजबूत करने में संलग्न हो गए। यदि वे विदेश में भी रहे तो वहाँ स्वाधीनता-संग्राम के सहायक ही रहे, उसके प्रति उदासीन नहीं। गाँधी, नेहरू, रवि ठाकुर जैसी उस नवजागरण युग की विभूतियों ने प्रवासी भारतीयों के हृदय में देश-प्रेम, स्वाभिमान, आत्मगौरव और आत्मविश्वास जगाया था। यही नहीं, विदेशों के प्रबुद्ध बुद्धिजीवियों और सचेत जनसाधारण के मन में भी भारत का स्वाधीनता-संघर्ष और नवजागरण भारत के प्रति आदर और सहानुभूति के भाव जगाने में सफल हुआ था।

औपनिवेशिक मानसिकता यदि भारतीय युवा और शिक्षित वर्ग को देश और उसकी जड़ों से काटने में सक्रिय थी, तो स्वाधीनता-संग्राम और नवजागरण इस औपनिवेशिक

मानसिकता पर विजय पाने में औपनिवेशिक युग की सीमाओं और अवरोधों के बावजूद समर्थ और कारगर सिद्ध हुआ था। उपनिवेशवाद की जड़ों को जिसने खोखला किया, वह लड़ाई आत्म-चेतना के स्तर पर लड़ी गई थी। उपनिवेशवाद के भय और आतंक से ही नहीं, उसके मिथकों, प्रतीकों और प्रतिबिंबों के प्रभाव से भारत के मानस को मुक्त करने में यह आत्म-चेतना की लड़ाई निर्णायक सिद्ध हुई थी। इस आत्म-चेतना की लड़ाई का ही परिणाम था कि औपनिवेशिक युग का मध्यम वर्ग जो औपनिवेशिक शिक्षा-व्यवस्था की उपज था और जिसे औपनिवेशिक व्यवस्था का आंतरिक स्तंभ बनाने की पूरी कोशिश की गई थी, वही कालांतर में स्वाधीनता-संघर्ष और नवजागरण का आधार बन गया था।

प्रश्न उठता है कि स्वाधीन भारत का नव-मध्यम वर्ग आज आजादी के पाँच दशकों के बाद क्यों मानसिक और भावनात्मक रूप से देश की माटी से अलगाव (एलियनेशन) का शिकार हो गया है और हो रहा है, और क्यों अपने देश के उज्ज्वल भविष्य पर से उसका विश्वास टूटता जा रहा है ? क्यों व्यक्तिगत और पारिवारिक तौर पर नए भविष्य की तलाश वह देश की सीमाओं के भीतर नहीं, देश की सीमाओं के बाहर कर रहा है ? क्यों आज राष्ट्रीयता, राष्ट्रीय अस्मिता का संकट इतना गहरा है कि वह नव-मध्यम वर्ग के अपने देश की माटी के प्रति लगाव और प्रतिबद्धताओं, देशप्रेम और स्वाभिमान के आंतरिक क्षरण के रूप में प्रकट हुआ है ? इस संकट के चिंताजनक पहलू के रूप में नव-मध्यम वर्ग का राष्ट्रीय राज्य से जबर्दस्त अलगाव भी है, राष्ट्रीय राज्य की विकास और उन्नति के लक्ष्य को पूर्ण करने में भूमिका पर गहरा अविश्वास भी है। साथ ही वह किसी हद तक राष्ट्रीय भावना और राष्ट्रीयता से अलगाव और इन मूल्यों पर अविश्वास का रूप भी ले चुका है। इस दृष्टि से नव मध्यम वर्ग के एक बड़े अंग का प्रवासी भारतीयों के रूप में भारत से अपनी जड़ें काटकर विदेशी भूमि पर अपनी जड़ें खोजने की तलाश क्या आज के विश्व में राष्ट्रीयता की सीमाओं का और एक नई उभरती अंतर्राष्ट्रीयता (विश्व बंधुत्व) के आग्रह का संकेत है ? या यह स्वयं नव मध्यम वर्ग की संरचनात्मक विकृतियों, वैचारिक अपरिपक्वता तथा मूल्यहीनता या मूल्यमुक्तता का लक्षण है ? इन मुद्दों पर गंभीरता से विचार होना चाहिए। पुराने मध्यम वर्ग और आज के नव-मध्यम वर्ग की मनोवृत्ति और मूल्यों में इस गुणात्मक परिवर्तन के निहित अर्थ और महत्त्व पर हमें विचार करना होगा। नवजागरण काल में गंभीर विचार-विमर्श और मंथन इस मुद्दे को लेकर हुआ था कि क्या हमारी तीव्र होती हुई राष्ट्रीय भावना, जो पश्चिम-विरोध के रूप में अभिव्यक्त होती है, मानववाद के तथा विश्व-बंधुत्व या अंतर्राष्ट्रीयता के लक्ष्य को तो नहीं नकारती। स्वयं रवि ठाकुर ने गाँधीजी से पूछा था कि क्या उनका उग्र पश्चिम-विरोध विश्व-मानववाद के सिद्धांतों के प्रतिकूल तो नहीं है, क्या वह हमें सभ्यता और संस्कृति के प्रश्न पर संकीर्ण राष्ट्रवादी तो नहीं बना रहा है ? गाँधीजी ने इस प्रश्न के जो उत्तर दिए थे, वे उपनिवेशवाद से ग्रस्त देशों के लिए स्थायी निर्देश का रूप ले चुके हैं। गाँधीजी ने कहा था :

"मेरा पश्चिमी सभ्यता का विरोध वास्तव में पश्चिमी देशों के उस हेकड़ीपूर्ण दावे का विरोध है कि एशियाई देशों की नियति केवल पश्चिमी देशों की नकल करना है, उनमें किसी मौलिक चिंतन या रचना की सामर्थ्य नहीं।"

गाँधीजी के पश्चिम-विरोध को जब रवि ठाकुर ने पश्चिम से आती हुई खुली हवाओं के प्रवाह को रोकने की कोशिश बताया था, तो इसी का खंडन करते हुए गाँधीजी ने रवि ठाकुर से कहा था :

"मैं सोचता हूँ खुली हवा पर मेरा भी उतना ही विश्वास है, जितना रवि ठाकुर का। मैं नहीं चाहता कि मेरा घर चारों ओर प्राचीरों से घिरा हो और मेरी खिड़कियाँ बंद हों। मैं चाहता हूँ सभी देशों की संस्कृतियाँ मेरे घर में स्वतंत्र रूप से प्रवेश करें। लेकिन मैं यह भी नहीं चाहता कि कोई मुझे अपनी जड़ों से ही उखाड़ दे और मैं दूसरों के घरों में बिना अधिकार के भिखारी या दास के रूप में रहने को विवश होऊँ।"

गाँधी के इन विचारों का मूल अर्थ, मूल संदेश यही था, उन सभी देशों में जिन्हें उपनिवेशवाद की त्रासदी से गुजरना पड़ा है और जो मानसिक उपनिवेशवाद के खतरे से अभी भी मुक्त नहीं हुए हैं, अपनी माटी से लगाव, राष्ट्रीय भावना, आत्मगौरव और स्वाभिमान के बिना विश्व-मानववाद या विश्व-बंधुत्व आधारहीन होगा। स्थान के बिना देश, देश के बिना विश्व से लगाव मानसिक उपनिवेशवाद का ही एक छद्म रूप होगा। जो वैचारिकता अभी भी पिछड़े हुए देशों में राष्ट्रीयता की भावना और राष्ट्रीयता की अवधारणा का अवमूल्यन करती है और नव-मध्यम वर्ग को राष्ट्रीयता से विमुख करती है, वह उपनिवेशवाद का ही एक नया रूप है जिसका प्रतिरोध किए बिना नव-मध्यम वर्ग एक नवीन राष्ट्र के निर्माण और एक नवीन राष्ट्रीय जागरण का माध्यम बनने में असमर्थ रहेगा।

प्रश्न उठता है, क्या कारण है कि पुराने मध्यम वर्ग की तुलना में नव-मध्यम वर्ग आकार और संख्या की दृष्टि से तो कई गुना अधिक विशाल है, लेकिन गुणात्मक दृष्टि से यानी राष्ट्र निर्माण और विकास में योगदान की दृष्टि से वह क्यों इतना अक्षम, असमर्थ और अयोग्य सिद्ध हो रहा है। नव-मध्यम वर्ग की इस अक्षमता, असमर्थता और अयोग्यता की कुंजी इसी बात में है कि उसकी जड़ें अपने देश और भूमि से कटती जा रही हैं और वे अपने देश के साधारण जन से अलग होते जा रहे हैं। वह पश्चिमी देशों के इस मिथक से अभी भी पूर्ण रूप से मुक्त नहीं है कि पश्चिमी सभ्यता का अनुकरण ही एशियाई देशों के भविष्य की नियति है, पश्चिम ही एशियाई देशों के भविष्य की जीती-जागती तसवीर है। दूसरे शब्दों में, जैसे पश्चिम के विकास का मॉडल ही हमारे विकास का मॉडल है। गाँधी का प्रश्न आज भी जीवंत है कि क्या पश्चिमी सभ्यता के सामाजिक ढाँचे, टेकनोलॉजी तथा सांस्कृतिक मूल्यों और जीवन-शैली का एशियाई संदर्भ में स्थानांतरण ही एशियाई देशों की नियति है। क्या इस दृष्टि से भारत जैसे एशियाई देशों की नियति पश्चिम द्वारा निर्देशित रास्ते पर चलना ही है, क्या वह अपना कोई अन्य रास्ता खोजने के लिए स्वतंत्र नहीं है ? एशियाई देशों के इसी अनिवार्य

पश्चिमीकरण यानी आज के संदर्भ में अमरीकीकरण के इसी मिथक को गाँधीजी ने चुनौती दी थी और भारतीय चिंतन और व्यवहार को एक नया ऐतिहासिक मोड़ दिया था।

प्रश्न उठता है कि क्या भारत का नव-मध्यम वर्ग उस लक्ष्य को भूल चुका है और इस प्रकार अपनी मानसिक स्वायत्तता को खोकर एक नव-औपनिवेशिक मानसिकता का फिर से शिकार तो नहीं हो गया है ? नव-मध्यम वर्ग के प्रबुद्ध तत्त्वों को इस दृष्टि से गंभीर आत्मपरीक्षण की जरूरत है।

गाँधीजी के पश्चिम-विरोध का यदि एक मूल प्रेरणा-स्रोत एशियाई देशों की मानसिक स्वायत्तता और देशज मौलिकता को फिर से जगाना था, तो दूसरा मूल प्रेरणा-स्रोत था नए मूल्यों के आधार पर परिवर्तन की प्रक्रियाओं का स्वीकार और मध्ययुगीन रूढ़ियों का अस्वीकार। यानी स्वयं भारत के परंपरागत समाज और संस्कृति के जड़ीभूत स्वरूप की वर्तमान जीवन के आग्रहों और मूल्यों के संदर्भ में निर्मम समीक्षा, यही गाँधी की विरासत है। गाँधी का पश्चिम-विरोध पूर्व के जड़ीभूत समाज और संस्कृति का आदर्शीकरण, मिथकीकरण एवं यौक्तिकीकरण (रैशनैलाइजेशन) कदापि न था। 'द कलैक्टेड वर्क्स ऑफ महात्मा गाँधी' के संपादक के शब्दों में :

"गाँधी हिंदू समाज के पुनरुत्थानवादी (रिवाइवेलिस्ट) कदापि न थे। जिस प्रकार उन्हें भारत के सतही यूरोपीकरण पर आपत्ति थी, उसी प्रकार उन्होंने इस बात को मानने से साफ इन्कार किया था कि 'भारत के सामने एक ही विकल्प है, प्राचीन आर्य-परंपरा की तरफ वापस लौटना।' उनकी स्पष्ट राय थी कि बदलती परिस्थितियों के साथ हिंदू धर्म और हिंदू समाज को भी न सिर्फ बदलना अनिवार्य है बल्कि पश्चिमी समाज के परिवर्तन, जो हितकारी हैं, उन्हें स्वीकार करना होगा, उनका लाभ उठाना होगा।"

गाँधीजी ने कहा था : "विवेक पर किसी एक महाद्वीप या जाति का एकाधिकार नहीं है। मैं खुशी से मानता हूँ कि अच्छाई की एक नई शक्ति का प्रादुर्भाव पश्चिम में हुआ है, जो हमारे लिए भी हितकर है।"

गाँधी के पश्चिम-विरोध और स्वदेशी की अवधारणा के असली अर्थों, आयामों और मूल प्रेरणाओं को आज के संदर्भ में गहराई से समझना जरूरी है, जब नव-मध्यम वर्ग का एक हिस्सा भारत को तेजी से पश्चिमीकरण के रास्ते पर ले जाने के लिए जी जान से लगा हुआ है, तो दूसरा उसे विपरीत दिशा में पश्चिम-विरोध और हिंदू पुनरुत्थानवाद या राष्ट्रवाद की अंधी गली में पूरी शक्ति से धकेलने की कोशिश में लगा है। आश्चर्य की बात तो यह है कि गाँधी को भी वर्तमान संदर्भ में भारतीय सभ्यता के शुद्ध आर्य स्वरूप के समर्थक के रूप में प्रस्तुत कर उन्हें इस रूप में हिंदुत्व के या हिंदू पुनरुत्थानवाद के हिमायती के रूप में परिभाषित करने के प्रयास भी जारी हैं। जैसा हम बता चुके हैं, यह गाँधी के सिद्धांत और व्यवहार दोनों के साथ अन्याय है। यह दोनों को उनके असली रूप में नहीं, मिथ्या और भ्रामक रूप में तोड़-मरोड़कर प्रस्तुत करने की चेष्टा है। गाँधी का सिद्धांत और व्यवहार यदि एक ओर पश्चिमी सभ्यता की

उसकी कथनी और करनी में भेद के आधार पर निर्मम समीक्षा करता है, तो साथ-ही-साथ वह भारतीय सभ्यता और भारतीय परंपरा की भी, विशेषकर उसके प्रमुख अंग हिंदू धर्म समाज और परंपरा की भी कथनी और करनी के दरार के आधार पर निर्मम समीक्षा करता है। सच तो यह है कि गाँधी स्वाधीनता-संघर्ष और सामाजिक सुधार दोनों मोर्चों पर सक्रिय थे। गाँधीजी से कहा गया था कि स्वाधीनता-संग्राम के युग में एक ही लक्ष्य यानी पश्चिमी उपनिवेशवाद के विरोध पर ही हमारी समस्त शक्तियाँ केंद्रित होनी चाहिए और हिंदू धर्म, समाज और संस्कृति की आंतरिक कमजोरियों के प्रतिरोध में एक नया मोर्चा शुरू करने का मतलब होगा उपनिवेशवाद-विरोधी लड़ाई को खंडित और विभक्त कर उसे कमजोर करना। गाँधीजी ने इस आपत्ति और आलोचना को अस्वीकार करते हुए कहा था कि जितना हम अपने धर्म, समाज और संस्कृति को सदियों की आंतरिक जड़ता, कुरीतियों, विषमताओं, सबलों द्वारा निर्बलों के, पुरुषों द्वारा नारियों के शोषण और उन पर अत्याचार से मुक्त करने में सफल होंगे, उतनी ही हमारी स्वतंत्रता की लड़ाई नैतिक रूप से सशक्त हो सकेगी।

गाँधीजी के मत में **विदेशी उपनिवेशवाद** और **आंतरिक उपनिवेशवाद** एक ही समस्या के एक दूसरे से अभिन्न रूप से जुड़े हुए दो पहलू हैं। गाँधीजी का कहना था कि हम एक जलियाँवाला बाग के नरसंहार के लिए जिम्मेदार अत्याचारी और नृशंस जनरल डायर की भर्त्सना तो करते हैं लेकिन **सदियों से दलितों और अस्पृश्यों पर नारकीय यातनाओं और अत्याचारों के रूप में अनगिनत जलियाँवाला बाग कांड रचनेवाले 'हिंदू डायरों' को हमने किसी भी न्याय-प्रणाली या दंड-संहिता और विधान से एकदम मुक्त रखा है**। इन अनगिनत कांडों को इतिहास के पन्नों से मिटा दिया गया, क्योंकि इतिहास रचनेवाले इन 'हिंदू डायरों' के वर्ग और जाति के ही रहे हैं, इनके अत्याचारों के शिकार वर्ग और जाति से नहीं जो अक्षर-ज्ञान से भी वंचित रखे गए, प्रवंचित किए गए। ऐसे अन्याय को रोकने के बजाय उस पर पर्दा डालने की परंपरा ने ही यह स्थिति पैदा की थी कि शोषित और दलित जातियों का बड़ा हिस्सा हिंदू समाज के प्रतिनिधियों से नहीं, वरन् विदेशी ब्रिटिश शासकों से ही अपने मुक्ति-संग्राम में सहायक होने की उम्मीद लगाने पर विवश हुआ था।

इसी संदर्भ में गाँधीजी का यह कथन अत्यंत सार्थक था कि विदेशी गुलामी से सचमुच में और पूरी तरह मुक्ति की अनिवार्य शर्त है, दलितों और शोषितों की अंदर के प्रभुताशाली वर्गों और जातियों तथा नारियों की पुरुष प्रधान समाज की गुलामी से मुक्ति की प्रक्रिया को तेज करने का प्रयास। यानी दूसरे शब्दों में हिंदू धर्म, समाज और संस्कृति के अंदर की जड़ताओं, कुरीतियों, विषमताओं और दमनकारी व्यवस्थाओं के प्रतिरोध और उनमें सुधार की प्रक्रियाओं को तेज और सशक्त करने की पहल असल में स्वाधीनता के लिए जमीन तैयार करेगी। गाँधीजी की दृष्टि में राष्ट्रीय स्वाधीनता और सामाजिक सुधार और परिवर्तन के कार्यक्रम एक दूसरे से अभिन्न रूप से जुड़े हुए थे और एक कार्यक्रम दूसरे के बिना अपूर्ण था। इतिहास कभी-कभी समाज की वृहत

कमजोरियों या गाँधी के शब्दों में हिमालय के आकार की भूलों और चूकों के लिए उतने ही बड़े पैमाने पर दंड भी देता है। गाँधीजी के ही जीवनकाल में देश के विभाजन की विकट त्रासदी उसी भूल-चूक का महादंड थी, जो भारत के विशिष्ट वर्ग ने राष्ट्रीय स्वाधीनता-कार्यक्रम और सामाजिक सुधार-कार्यक्रम की अभिन्नता को सिद्धांत में नहीं तो व्यवहार में नकारकर की थी।

प्रश्न उठता है कि आज का नव-मध्यम वर्ग राष्ट्र-निर्माण और विकास के कार्यक्रम को सामाजिक सुधार और परिवर्तन के कार्यक्रम से काटकर क्या उसी भूल-चूक को नहीं दोहरा रहा है और इस प्रकार देश को नए विखंडन और विघटन के रास्ते पर नहीं धकेल रहा है ?

गाँधीजी का यह बहुत बड़ा योगदान था कि उन्होंने स्वाधीनता-संग्राम और सामाजिक न्याय के संघर्ष के बीच तथा राजनीतिक लक्ष्यों और सामाजिक लक्ष्यों के बीच सेतु निर्माण किया था। गाँधी के पूर्व के दौर में जो लोग राजनीतिक लक्ष्यों यानी राजनीतिक स्वाधीनता के लिए लड़ रहे थे उनका सामाजिक लक्ष्यों यानी सामाजिक अन्याय के प्रतिरोध से कोई सरोकार नहीं था। यही नहीं, वे सामाजिक अन्याय के प्रतिरोध को राजनीतिक स्वाधीनता की लड़ाई के लिए विघटनकारी या अवरोधक मानते थे। दूसरी ओर जो सामाजिक सुधार या सामाजिक अन्याय के प्रतिरोध के मोर्चे पर सचेष्ट थे, उनका राजनीतिक स्वतंत्रता के महा संघर्ष से कोई सरोकार न था। गाँधी युग का यह ऐतिहासिक महत्त्व या योगदान था कि उसने औपनिवेशिक युग के शिक्षित वर्ग को/मध्यम वर्ग को एक ओर नई राष्ट्रीय चेतना से लैस किया, यानी राजनीतिक स्वतंत्रता के संग्राम के लिए नई अवधारणाएँ, नए आयाम, नए अर्थ, नई रणनीति और नए अस्त्र दिए, संग्राम का एक नया पथ उजागर किया तो दूसरी ओर सदियों से दलित, शोषित, उत्पीड़ित, अन्यायग्रस्त जनता के मुक्ति-संग्राम के प्रति भी उनके दायित्व के प्रति उनको जाग्रत और सचेत किया।

शिक्षित वर्ग/मध्यम वर्ग और जनसाधारण के अलगाव को भारतीय समाज की दूसरी सबसे बड़ी आंतरिक कमजोरी, आंतरिक दरार के रूप में पहचानना गाँधी-दृष्टि की सबसे बड़ी खूबी थी, जिसको कारगर ढंग से इस्तेमाल कर उपनिवेशवाद भारत में दो सदियों से अधिक तक हावी रहा था। पहली कमजोरी जिसे हम पहले ही रेखांकित कर चुके हैं, वह थी भारत के बुद्धिजीवी वर्ग द्वारा पश्चिमी सभ्यता को ही आधुनिक सभ्यता का पर्याय मानना, यानी पश्चिमीकरण के कार्यक्रम और रणनीति का राष्ट्रीय जागरण के मुख्य कार्यक्रम और रणनीति के रूप में स्वीकार। पश्चिमीकरण का आदर्शीकरण और मिथकीकरण इसका मूल काम था और मुख्य परिणाम भी। इसी के फलस्वरूप शिक्षित वर्ग/मध्यम वर्ग में आत्म-गौरव और आत्मविश्वास का ह्रास हुआ और औपनिवेशिक मानसिकता या महज पश्चिम के अनुकरण की प्रवृत्ति का जबर्दस्त प्रसार हुआ।

शिक्षित वर्ग की औपनिवेशिक मानसिकता में ही उसकी दूसरी कमजोरी का मूल

था, यानी शिक्षित वर्ग का विशाल जनसाधारण से अलगाव। इस मानसिकता के प्रभाव में ही शिक्षित वर्ग स्वयं को देश की प्रगति का स्तंभ और विकास की प्रेरक शक्ति समझने लगा था और जनसाधारण को पिछड़ा हुआ, सभ्यता-संस्कृति से निर्वासित, दयनीय और दरिद्र और उसे इतिहास के घटना-चक्र के हाथ का खिलौना मात्र समझने लगा था। गाँधी युग के पूर्व की राजनीति, संस्कृति, अर्थनीति के अग्रणी प्रतिनिधियों को न इस मिथक की सही पहचान थी और न शिक्षित वर्ग और जनसाधारण के बीच की दरार और उसके अंतर्विरोधों को मिटाने का इन प्रतिनिधियों के पास कोई विजन (दृष्टि) था, न कोई कारगर कार्यक्रम और रणनीति। केवल गाँधीजी को शिक्षित वर्ग की मिथ्या चेतना की सही पहचान थी और इस मिथ्या चेतना को चुनौती देने का ऐतिहासिक कदम भी गाँधी जी ने ही उठाया था। गाँधीजी का निम्न कथन भारत के इतिहास में एक निर्णायक, एक युगांतरकारी कथन था :

"शिक्षित वर्ग स्वयं को ही भारत का पर्याय मानने की भ्रांति का शिकार है। वह इस भ्रांति से तभी मुक्त होगा जब वह असली भारत की खोज का संकल्प करे और गाँवों में जाकर दरिद्र नारायण के दर्शन करे और उनकी सेवा का व्रत ले।"

इस कथन पर स्वयं अमल करते हुए गाँधीजी ने जनवरी 1915 में दक्खिनी अफ्रीका से लौटने के बाद अपनी 'भारत की खोज' का आरंभ भारत के गाँव और गाँव के गरीबों और उनकी समस्याओं के साथ परिचय से आरंभ किया था। इसे न भूलना चाहिए कि 1917 में बिहार के एक अत्यंत पिछड़े हुए भाग चंपारन में नील के विदेशी बागान मालिकों के शोषण के विरुद्ध गरीब रिआया के बीच संघर्ष का नेतृत्व गाँधीजी ने किया। इस चंपारन-संघर्ष ने भारतीय स्वतंत्रता-संघर्ष को गरीब किसानों और गाँवों की ओर मोड़कर उसे एक नई दिशा दी। स्वयं गाँधीजी ने अपने जीवन के इस दौर को याद करते हुए कहा था कि चंपारन मेरे लिए एक पवित्र यादगार है, क्योंकि चंपारन ने "वास्तव में भारत से मेरा परिचय कराया।" चंपारन ने केवल गाँधीजी का ही नहीं, औपनिवेशिक युग के उस नगरवासी मध्यम वर्ग/शिक्षित वर्ग का भी असली भारत, ग्रामीण भारत से परिचय कराया था जो ग्राम और ग्रामीण जनता से कटा हुआ ही नहीं, ग्राम और ग्रामीण जन के शोषण और दमन में औपनिवेशिक व्यवस्था और शासन का एक मुख्य अस्त्र भी था।

गरीबी से ग्रस्त और दमनकारी व्यवस्था के भय और आतंक से त्रस्त, असहाय और निष्क्रिय ग्रामीण जनसमूह की परिवर्तन और विकास की प्रेरक शक्ति और अदम्य ऊर्जा और जनशक्ति के स्रोत के रूप में नई पहचान, नया रूपांतरण—यह गाँधी के युगांतरकारी नेतृत्व की ही देन थे। वह ग्राम और ग्रामीण जन के चरित्र में गुणात्मक परिवर्तन की शुरुआत ही नहीं, औपनिवेशिक शिक्षित वर्ग/मध्यम वर्ग के चरित्र में भी क्रांतिकारी परिवर्तन का आरंभ था। पश्चिम यूरोप में 19वीं सदी के मध्यकाल में क्रांति के दर्शन के रचयिता कार्ल मार्क्स का कथन था कि **मध्यम वर्ग के प्रबुद्ध तत्त्व जो नए विचारों के सर्जन और अग्रदूत की भूमिका निभाते हैं और विशाल शोषित श्रमजीवी जन, जिनमें**

अदम्य ऊर्जा और बुनियादी परिवर्तन की संभावनाएँ निहित हैं–ये दोनों जिस क्षण एक दूसरे से जुड़ जाते हैं वही ऐतिहासिक क्षण यानी क्रांतिकारी परिवर्तन का प्रेरक क्षण होता है। जिस प्रकार यूरोप में पूँजीवाद-विरोधी क्रांति के लिए मध्यम वर्ग के प्रबुद्ध तत्त्वों और नगर तथा ग्राम के शोषित श्रमिकों को जोड़ने में मार्क्स का विचार सहायक हुआ, उसी प्रकार भारत में उपनिवेशवाद-विरोधी क्रांति के लिए शिक्षित वर्ग के प्रबुद्ध तत्त्वों और ग्राम के शोषित किसानों को जोड़ने में गाँधीजी का संदेश सहायक हुआ था।

गाँधीजी के संबंध में यह एक आम धारणा है कि गाँधी-दर्शन में शिक्षित वर्ग का अवमूल्यन है और अशिक्षित जन का महिमा-मंडन। गाँधीजी ने स्वयं इस सच्चाई को कांग्रेस अध्यक्ष के रूप में सन् 1925 में व्यक्त करते हुए स्पष्ट शब्दों में कहा था : "मुझे अहसास है कि मेरे और शिक्षित भारत के बीच में एक बड़ी खाई पैदा हो गई है और आज भारत का बुद्धिजीवी मेरे विचार और व्यवहार-पद्धति के विरोध में है।" कदाचित यह विरोध गाँधीजी की विदेशी शिक्षा और विदेशी शिक्षालयों के बहिष्कार के अभियान की प्रतिक्रिया के फलस्वरूप तीव्र हुआ था। लेकिन इसके मूल में था–गाँधीजी द्वारा पश्चिमी सभ्यता का पूरे मन से अस्वीकार, जिसकी प्रखर अभिव्यक्ति गाँधी के 'हिंदू स्वराज' में हुई थी। शिक्षित वर्ग ने उसी प्रकार पूरे मन से पश्चिमी संस्कृति को स्वीकार किया था, जिस प्रकार गाँधीजी ने उसे पूरे मन से नकारा था। यही नहीं, उसी पश्चिमी सभ्यता के औपनिवेशिक भारतीय संस्करण से प्रभावित शिक्षित वर्ग की भी गाँधीजी ने यह कहकर भर्त्सना की थी कि यह शिक्षित वर्ग अपने देश और जनता के प्रति उदासीन है और इसके हृदय में न देश के प्रति लगाव की भावना है, न अनेक कष्टों के बीच जी रहे जनसाधारण के प्रति करुणा या सहानुभूति। अंग्रेजी भाषा और अंग्रेजियत की गुलामी के कारण यह शिक्षित वर्ग पश्चिम का नकलची तो आसानी से बन गया है, लेकिन अपने देश के अनुकूल किसी प्रकार का मौलिक चिंतन और प्रयोग करने में अक्षम है। औपनिवेशिक नीतियों द्वारा पैदा हुआ यह शिक्षित वर्ग उसी व्यवस्था द्वारा देश और जन के शोषण और दमन का कारगर हथियार बनकर रह गया था। इस कटु सत्य से साक्षात्कार का साहस गाँधीजी में था।

भारत का शिक्षित वर्ग तो गुलामी का इतना आदी हो गया था कि उसे इस बात का अहसास ही नहीं था कि भारत की गुलामी इसीलिए कायम है कि उसमें शिक्षित वर्ग का सक्रिय सहयोग और साधारण जन की मूक स्वीकृति है। इस रहस्य की कुंजी क्या है कि मुट्ठी-भर विदेशी शासक भारत जैसे विशाल भू-भाग पर अपना शासन स्थापित कर उसे कायम रखने में सफल हुए हैं, टाल्स्टाय के इस प्रश्न का महत्त्व पहली बार गाँधीजी ने ही समझा था और उपनिवेशवाद की कुंजी भारत के शिक्षित वर्ग और उसकी मानसिकता, उसके मध्यम वर्ग और उसकी संरचना और चरित्र में ही खोजी थी।

"शिक्षित वर्ग मौलिक ज्ञान का सृजक, संवर्द्धक और प्रसारक नहीं, उधार ली हुई अवधारणाओं, विचारों और उस पर आधारित व्यवहार-पद्धति का पोषक है। औपनिवेशिक मानसिकता से मुक्त हुए बिना शिक्षित वर्ग स्वायत्त बुद्धिजीवियों को जन्म देने में अक्षम

है। यही कारण है कि भारत के विश्वविद्यालय मानसिक रूप से गुलाम वर्ग को पैदा करनेवाले कारखानों में तब्दील हो गए हैं"—यह गाँधीजी द्वारा दिया गया भारत के शिक्षित वर्ग और शिक्षालयों के चरित्र पर कठोर निर्णय था। औपनिवेशिक व्यवस्था ने ज्ञान और ज्ञान केंद्रों को मानसिक गुलामी फैलाने का हथियार बना दिया है और पूँजी और उद्यम को औपनिवेशिक शासन और जन के बीच एक दलाल वर्ग द्वारा शोषण का सशक्त माध्यम बना दिया है, इस सत्य को स्वीकार करने का साहस इस स्थिति को बदलने में कामयाबी की प्रथम अनिवार्य शर्त थी।

उपर्युक्त विवेचन का मुख्य उद्‌देश्य इस बात को स्पष्ट करना है कि गाँधी शिक्षित वर्ग के विरोधी नहीं, उसकी औपनिवेशिक संरचना और चरित्र के निर्मम समीक्षक थे। उन्होंने ज्ञान और ज्ञान-केंद्रों का अवमूल्यन नहीं किया था, उस मानसिकता और मनोवृत्ति को अस्वीकार किया था, जिसने ज्ञान को स्वायत्त सृजनात्मकता और मौलिकता से काट दिया था। गाँधीजी का यह कथन अत्यंत महत्त्वपूर्ण है कि औपनिवेशिक भारत का यह शिक्षित वर्ग अपने उत्कृष्ट रूप में भी एक राममोहन राय को ही पैदा कर सका, जिसका प्रभाव केवल शिक्षित समाज तक ही सीमित है। उसमें एक आधुनिक युग के कबीर को पैदा करने की क्षमता नहीं, जो साधारण जन के लिए नई ऊर्जा और चेतना का प्रेरणा-स्रोत बन सके, जैसे मध्ययुग में कबीर बने थे। कबीर की तुलना में तो राममोहन बौने ही लगते हैं, गाँधीजी के इस कथन पर रवि ठाकुर ने तीव्र असहमति व्यक्त की थी, लेकिन इस कथन में निहित सत्य से इन्कार नहीं किया जा सकता। क्यों आज के युग में कोई कबीर नहीं पैदा हुआ है, इसके कारणों पर प्रकाश डालते हुए गाँधीजी ने अंग्रेजी भाषा के वर्चस्व और अपनी भाषा/भाषाओं से अलगाव को इसका मुख्य कारण माना था।

संक्षेप में, शिक्षित वर्ग और साधारण जन के संबंध में क्रांतिकारी परिवर्तन लाने का गाँधीजी का प्रयास एक नए, मौलिक और स्वायत्त आधार पर दो वर्गों के बीच सेतु कायम करने का प्रयास था—एक ऐसा शिक्षित वर्ग जो ज्ञान के सृजन और संवर्धन से जुड़ा है किंतु सामाजिक व्यवहार और श्रमिक समाज से कटा हुआ है; और दूसरा विशाल समुदाय जो सामाजिक व्यवहार और श्रम की प्रक्रिया से तो अभिन्न रूप से जुड़ा है लेकिन जो कोल्हू के बैल की तरह चक्कर काटता हुआ परिवर्तन और विकास के स्रोतों से, ज्ञान-विज्ञान और उसके स्वदेशीकरण पर आधारित टेक्नालॉजी के नवीनीकरण की प्रक्रियाओं से कटा हुआ है। *गाँधीजी का महाप्रयास मध्यम वर्ग और किसान और मजूर के बीच सेतु कायम करता था।* उन्होंने मध्यम वर्ग के उस रूप को पहचाना था जो भूमि, पूँजी और उद्यम का धनी है लेकिन जिसकी भूमिका उपनिवेशवाद के दलाल के रूप में किसान और मजूर के शोषण की है। उन्होंने किसान और मजूर वर्ग के उस रूप को भी पहचाना था, जो विशाल श्रम-शक्ति का धनी है लेकिन जिसकी श्रम-शक्ति का स्वयं अपने और देश के हित में उपयोग नहीं होता है।

गाँधीजी ने शिक्षित वर्ग और साधारण जन, मध्यम वर्ग और किसान-मजूर के

अलगाव में देश की त्रासदी की कुंजी खोजी थी। गाँधीजी की यह मूल समझ आज के भारत के लिए भी उतनी ही जीवंत और प्रासंगिक है, जितनी उनके जीवन काल के भारत और उसके बाद के पाँच दशकों के लिए थी। इस अलगाव और अंतर्विरोध से आज की परिस्थितियों में जूझना गाँधीजी की युगांतरकारी परंपरा को आगे बढ़ाना है। इस अलगाव और टकराव की स्थिति में उसमें गुणात्मक परिवर्तन लाकर ही भारत की उन्नति और विकास के नए क्षितिज खुलेंगे, यही सबक हमारा पाँच दशकों का इतिहास हमें सिखाता है। यही गाँधीजी के संदेश का असली अर्थ है और इसी में भारत के भावी परिवर्तनों की कुंजी है।

पाँच दशकों के परे : स्वप्न भंग या नए सपने

सबसे खतरनाक होता है हमारे सपनों का मर जाना।
—पाश

आजादी के पाँच दशक समाप्त हुए। आज हमारे देश में सबसे बड़ा वैचारिक संघर्ष दो मुख्य प्रश्नों पर केंद्रित है—प्रथम, पाँच दशकों के इतिहास का मूल्यांकन क्या है और इस मूल्यांकन की दृष्टि, इसका मापदंड क्या है ? द्वितीय, इस संदर्भ में हमारे भविष्य की दिशा क्या है ? भविष्य के लिए विकल्प की हमारी समझ क्या है, वह भी इसी पर निर्भर है कि पाँच दशकों के घटनाक्रम की हमारी व्याख्या क्या है और इस व्याख्या के हमारे प्रतिमान क्या हैं ? हमारे ये पाँच दशक हमारे लिए आज गंभीर चिंता का विषय बने हैं, तो इसलिए कि इनके विवेचन में ही वर्तमान की संभावनाओं और भविष्य की दिशा का बोध भी निहित है।

ये प्रश्न भारत के विशिष्ट वर्ग और जनसाधारण के लिए ही महत्त्व के नहीं, विश्व स्तर पर सशक्त राजसत्ताओं के विचारकों की भी इस विषय में गहरी दिलचस्पी है। इन प्रश्नों की समझ और इसके लिए कारगर बौद्धिक पद्धतियों की रचना आज हमारी मानसिक स्वायत्तता की प्रमुख कसौटी बन गए हैं। मुख्य प्रश्न यह है कि क्या हम इन स्वातंत्र्योत्तर पाँच दशकों की व्याख्या अपनी शर्तों पर, अपनी समझ, अपनी जरूरतों के आधार पर करने के लिए मानसिक रूप से स्वायत्त हैं या इस व्याख्या या मूल्यांकन के प्रतिमान जैसे पश्चिम द्वारा हमारे लिए पूर्व निर्धारित कर दिए गए हैं और उस पश्चिम से 'रेडीमेड' मिले हुए खाँचे या चौखटे में हमारी सारी व्याख्याएँ संकुचित, सीमित और कुंठित रहने को बाध्य हैं। हमें भारतीय नवजागरण और राष्ट्रीय संघर्ष के नेताओं से जो अपनी गतिविधियों तथा प्रयासों को दिशा देनेवाले मानक विरासत में मिले थे, उनका एक ही निर्देश था जिसे महात्मा गाँधी ने अपने अमर शब्दों में वाणी दी थी :

"मैं अनेक नई चीजें लिखना चाहता हूँ लेकिन वे सभी भारत की तख्ती पर ही लिखी जानी चाहिए।"

इसका एक ही स्पष्ट, सरल, आसानी से समझ में आनेवाला अर्थ था—हमारा इतिहास, हमारा विकास पश्चिम की केवल नकल नहीं होगा, उसमें हमारा चरित्र, हमारी प्रतिभा, हमारी अस्मिता और हमारी जरूरतें अभिव्यक्त होंगी। इसी में उसकी मौलिकता

होगी। भारत उन समस्याओं के भी जो समस्त मानवता की समस्याएँ हैं और जिनके वे उत्तर जो पश्चिम से मिले हैं और जो हानिकारक सिद्ध हुए हैं, वह उनके नए उत्तर खोजेगा। इसी में हमारी मौलिकता होगी और यही विश्व को हमारी देन भी होगी। आज इसी कसौटी पर पिछले पाँच दशकों को परखने की जरूरत है।

स्मरण रहे कि आज भी पश्चिम के चिंतक हमारे इतिहास और विकास को पश्चिमी इतिहास और विकास के खाँचे में सीमित रखकर ही उसकी सफलता/असफलता का मूल्यांकन करना चाहते हैं। इस संकीर्ण दृष्टिकोण के शिकार पश्चिम के उदारवादी राष्ट्रीय चिंतक ही नहीं, रेडिकल माने जानेवाले प्रगतिशील चिंतक भी हैं। मसलन प्रसिद्ध मार्क्सवादी इतिहासकार एरिक हाब्सबाम ने अपनी बहुचर्चित पुस्तक 'द एज़ आफ इक्सट्रीम्स, द शौर्ट ट्वेंटीयथ सेंचुरी (1914-1991)' में निम्न विचार प्रस्तुत किया है :

"सच तो यह है कि अधिकांश भागों का बीसवीं सदी का इतिहास मौलिक नहीं, अमौलिक या डिराइम्ड है। यह विश्व के गैर-पूँजीवादी देशों के नेतृत्व द्वारा पश्चिम के मॉडल की नकल कर अपनी उन्नति के प्रयास को ही सामने लाता है। असल में विश्व के अन्य देशों के पास पश्चिम के आधुनिकीकरण या पश्चिमीकरण की प्रक्रिया को दोहराने के अलावा अन्य कोई व्यावहारिक कार्यक्रम (मॉडल) नहीं था" (पृष्ठ 200)।

प्रश्न उठता है कि पश्चिम के उपनिवेशवाद से मुक्त हुई तीसरी दुनिया की क्या यही अनिवार्य नियति है कि वह पश्चिमीकरण के रास्ते पर ही तेजी से सफर करने के लिए बाध्य हो या उसके लिए सबसे बड़ी चुनौती और अवसर भी यही है कि वह पश्चिम के मॉडल का विकल्प तलाश करे जिसके कई पक्ष मानवजाति के लिए वरदान नहीं, अभिशाप सिद्ध हुए हैं ? इस प्रश्न से जूझने के पूर्व हम पहले भारत की विकास-प्रक्रिया की जटिलताओं पर विचार करेंगे।

I

भारत की आजादी के बाद के पाँच दशकों का इतिहास अनेक जटिल, बहुआयामी और परस्पर विरोधी प्रक्रियाओं और परिवर्तनों से भरा है, जिनकी हमें न अभी पर्याप्त जानकारी है, न हमारे पास उनके विस्तार (स्वीप) और गहराई को समग्रता में 'एनकंपास' करने में समर्थ दृष्टि है। प्रश्न उठता है कि इनमें कौन-सी ऐसी प्रक्रियाएँ हैं जो सतही हैं, जिनका महत्त्व किन्हीं वर्गों और समुदायों तक सीमित है और जो विशाल जनसाधारण के जीवन को छूते तक नहीं हैं ? क्या हम उन्हें इसीलिए विशेष रूप से प्रकाश में लाएँ क्योंकि वे वर्ग जो प्रभुत्ववान हैं, इन परिवर्तनों को अपनी संकीर्ण दृष्टि से और अपने संकुचित हित में महत्त्वपूर्ण समझते हैं ? इसके विपरीत असली सवाल यह है कि कौन-सी प्रक्रियाएँ ऐसी हैं, जिनमें भारतीय समाज और उसकी सभ्यता में तथा अधिकांश भारतीयों की जीवन-शैली में स्थायी, गंभीर और दूरगामी परिवर्तनों की संभावनाएँ निहित हैं ? मुझे लगता है कि कौन-से प्रश्न इस दौर के इतिहास के मूल्यांकन में अहम हैं,

प्राथमिक हैं और कौन-से प्रश्न गौण हैं, और क्या उन्हें केंद्रीय प्रश्न बनाना अनुचित होगा, इन विषयों पर अभी बुद्धिजीवियों का ध्यान कम ही गया है।

यह भी विचारणीय है कि इन दशकों के मूल्यांकन के लिए जो प्रतिमान अपनाए गए हैं, या अपनाए जा रहे हैं वे क्या उपयुक्त और कारगर प्रतिमान हैं ? अधिकतर मूल्यांकन अर्थशास्त्रियों ने अभी तक किए हैं लेकिन जिन प्रतिमानों से इस दौर की 'प्रगति' (या 'प्रगति' की कमी) को मापने के वे आदी हो गए हैं, वे उन्हीं स्थितियों का जायजा लेने के लिए उपयुक्त हैं, जो स्थूल आँकड़ों से या परिमेय सूचना (क्वांटिटेटिव इनफॉरमेशन) से नापी जा सकती हैं। लेकिन अधिकांश भारत और भारतवासी सामाजिक, आर्थिक और राजनीतिक दृष्टि से देश के संगठित क्षेत्र के बाहर है और जिस विशाल असंगठित, अनौपचारिक (इनफॉरमल) बिखरे और फैले हुए क्षेत्रों में जनसाधारण बसे हैं, उन क्षेत्रों की और उनकी यथार्थ जीवन स्थिति की पूरी और विश्वसनीय जानकारी न केंद्रीय राज्य, न क्षेत्रीय राज्यों और स्थानीय इकाइयों को है और न राज्य के बाहर बौद्धिक तथा स्वयंसेवी संस्थाओं को। ऐसी जटिल स्थिति में ऐसे आँकड़े और जानकारी अभी तक उपलब्ध नहीं है, जो देश की अधिकांश जनता की यथार्थ स्थिति का सही जायजा लेने के लिए आधार प्रस्तुत कर सकें।

सामाजिक परिवर्तन के ऐसे पहलू भी हैं, जो मानवीय स्थितियों, मानवीय रिश्तों और उनके अंतर्विरोधों तथा साधारण जन की बदलती मानसिकता से संबंध रखते हैं, जिनकी जटिलताओं और सूक्ष्मताओं को समझने के लिए बाहर से आयात किए गए प्रतिमान हमारे बोध में सहायक नहीं, अवरोधक ही सिद्ध होंगे। इसी के साथ कुछ ऐसे प्रश्न भी जुड़े हैं जिन्हें यदि हम अपने मूल्यांकन में शामिल न करें तो हमारे मूल्यांकन अत्यंत भ्रामक होंगे। समय के जिस दौर की हम बात कर रहे हैं, उस दौर से हमारा गहरा वैचारिक और भावनात्मक लगाव है। हम उस दौर के इतिहास के तटस्थ द्रष्टा नहीं, मानसिक रूप से उस इतिहास से हम जुड़े हुए हैं। विशिष्ट वर्ग से लेकर जन साधारण तक सभी अपने चेतन, उपचेतन और अवचेतन से उस युग से उलझे हुए हैं। हमारे सपने, हमारी आकांक्षाएँ, हमारे नेताओं के वादों द्वारा जगाई गई हमारी अपेक्षाएँ और कालांतर में राष्ट्रीय नेताओं से, राष्ट्रीय राज्य से, पार्टियों से हमारा आशा भंग, स्वप्न भंग, मोह भंग, हमारी घुटन और हताशा, हमारा आक्रोश और विद्रोह की भावना, व्यवस्था से हमारा परायापन (एलियनेशन)–ये सब इस दौर के इतिहास की 'सब्जैक्टिव साइड' है, उसकी आंतरिक अनुभूति, जनमानस के मंथन पर आधारित अमूर्त सत्य है, जिसको आत्मसात् किए बिना कोई भी मूल्यांकन जीवंत नहीं, मृतप्राय मूल्यांकन ही होगा। इस 'सब्जैक्टिव साइड' को मूल्यांकन में कैसे शामिल करें, इसके लिए एक वैज्ञानिक 'एप्रोच' ही नहीं, वैज्ञानिक निरीक्षण की वस्तुनिष्ठता और निष्पक्षता ('आब्जैक्टिविटी') ही नहीं, एक साहित्यकार की संवेदना, तरफदारी और सहभागिता की भी जरूरत है। यह एक ऐसी संक्रमण काल की गतिशील स्थिति है, जिसमें क्षेत्र, वर्ग, जाति, लिंग और आयु विभाजित समाज में एक ही यथार्थ के प्रति भिन्न-भिन्न क्षेत्रों,

वर्गों, जातियों, पुरुषों और नारियों, युवाओं और वृद्ध नागरिकों की प्रतिक्रियाएँ, अनुभूतियाँ और मूल्यांकन परस्पर विरोधी हो सकते हैं, क्योंकि बदलती परिस्थितियाँ उन पर भिन्न ही नहीं, परस्पर विरोधी प्रभाव डालती हैं।

कुछ उदाहरणों द्वारा मैं अपना विचार स्पष्ट करूँगा। मैंने पहली बार जब 1955 के आसपास बंगाल के एक गाँव में प्रवेश कर जोतदार परिवार के एक विशिष्ट व्यक्ति से पूछा था कि इस गाँव में कितने परिवार हैं तो उत्तर मिला—यही 20-25 परिवार होंगे। गाँव पर विहंगम दृष्टि डालने पर ही यह कथन असत्य लगा। मेरे यह कहने पर कि गाँव में तो इससे कई गुना अधिक परिवार नजर आते हैं, उन सज्जन ने तुरंत टिप्पणी की, "अरे, आप उन *इत्यादियों* की बात कर रहे हैं। उनकी तो गाँव में कोई हैसियत है ही नहीं।" मतलब यह कि गाँव क्या है, इसकी परिभाषा ही विशिष्ट वर्ग और उत्पीड़ित जनों की एकदम भिन्न और परस्पर विरोधी थी। विशिष्ट जन निम्न वर्ग और जातियों के लोगों को गाँव का हिस्सा मानने को भी तैयार नहीं थे। वे इस बात को लेकर भी असंतुष्ट थे कि राज्यसत्ता वामपंथियों के दबाव में उनकी ही 'प्रजा' को उनके विरोध में खड़ा कर रही थी और उनके बीच वैमनस्य और अलगाव पैदा कर रही थी। संपन्न वर्गों ने संगठित होकर राज्य की निम्न वर्ग और जातियों के हित की योजनाओं को विफल बनाने के लिए प्रतिरक्षात्मक रणनीति बनाने की जोरदार कोशिश शुरू कर दी थी।

यह तो सुधारों के पहले दौर की बात थी जब जमींदारी-उन्मूलन कानून लागू हो चुका था, लेकिन उसका कारगर कार्यान्वयन नहीं हुआ था। लोगों से पूछने पर कि आजादी के बाद आपकी स्थिति में सुधार हुआ कि नहीं, जोतदारों और उनके बरगादारों की प्रतिक्रिया एकदम भिन्न थी। जोतदारों ने कहा, "गाँव तो क्रांति के प्रभाव में है। परिवर्तनों की जो आँधी गाँव में आई है वह हमें हमारी पुश्तैनी संपत्ति से वंचित करने में कोई कसर बाकी नहीं रखेगी। वह हमारी प्रजा को हमारे प्रभाव से मुक्त करने के लिए कटिबद्ध है। हमारी संपत्ति को खतरा तो है ही, उससे बड़ा खतरा है ग्राम समाज पर हमारे पुश्तैनी आधिपत्य को; हमारे समग्र वर्चस्व को, हमारी हैसियत, हमारी प्रतिष्ठा, मान-मर्यादा और हमारे रुतबे पर जबर्दस्त आघात हुआ है। अब तक जो हमारी प्रजा थी, हमारा हुक्म मानती थी, आज हमसे बराबरी का दावा करती है और हर क्षेत्र में हमारे प्रभुत्व को चुनौती देती है। हमारे लिए सब कुछ उलट-पुलट हो गया है !"

यदि संपन्न वर्गों का परिवर्तनों का मूल्यांकन इस बात पर जोर देता था कि परिवर्तनों की प्रक्रिया उनके लिए विघटनकारी सिद्ध हुई है, तो निम्न वर्गों की प्रतिक्रिया इसके विपरीत थी। निम्न वर्ग के मानसिक जगत के भीतर गंभीर परिवर्तन हो चुका था। वे अन्याय और विषमता को, गरीबी और अभाव को अब कर्मों का फल या ईश्वर की इच्छा मानकर स्वीकार करने में असमर्थ थे। उनके लिए अब यह ईश्वर प्रदत्त नहीं था, संपन्न वर्गों की विपन्नों पर लादी हुई अन्यायी व्यवस्था का परिणाम था। लेकिन इस व्यवस्था के बदलने के लिए वह राज्य और शासकों पर आशा लगाए थे। व्यवस्था-

परिवर्तन में अपनी निर्णायक भूमिका की चेतना अभी उनमें नहीं थी। राज्य से मोह भंग, स्वप्न भंग की स्थिति तक ही वह पहुँच पाए थे। उनमें स्वाभिमान और आत्मगौरव की भावना तो जाग्रत हुई थी, लेकिन स्वयं अपने को परिवर्तन की प्रेरक शक्ति के रूप में नए रूप से पहचानने का अहसास नहीं था। उम्मीदों और यथास्थिति का द्वंद्व उनके अंदर आक्रोश को जन्म दे रहा था।

इसी आक्रोश और अवरुद्ध चेतना को परिवर्तन की रचनात्मक शक्ति के रूप में 'टैप' करने का कदम बंगाल में वामपंथी नेतृत्व ने अगले दौर में उठाया था।

अब मैं परिवर्तनों के दूसरे दौर की बात कर रहा हूँ, जब बंगाल में 'ऑपरेशन बर्गा और पंचायती राज' द्वारा भूमि-व्यवस्था और ग्राम स्थित सत्ता के संतुलन में महत परिवर्तनों की योजना ज्योति बसु की वामपंथी सरकार द्वारा कार्यान्वित की गई थी। इन योजनाओं ने ग्राम-स्तर पर संपन्न और विपन्न वर्गों की दो समानांतर व्यवस्थाओं की रचना की थी, जिनके बीच 'सहयोग' और 'संघर्ष' दोनों जारी थे। यह ग्रामीण बंगाल में एक विचित्र स्थिति थी, जिसमें राज्य-सत्ता के बल पर विपन्न इस स्थिति पर पहुँचे थे कि वे स्वाभिमानी और स्वावलंबी बन सकें और अपनी शर्तों पर भूमिपतियों, साहूकारों और व्यापारियों से लेन-देन कर सकें, मजूरी की दर, अनौपचारिक काश्त के लगान की दर, कर्ज की दर तथा अपने माल के क्रय के मूल्य तय करने में अपने हितों की रक्षा कर सकें और पंचायत समिति में संपन्न वर्गों के प्रतिनिधियों के साथ बैठकर बराबरी के आधार पर ग्राम के मसलों को हल करने में अपना स्वतंत्र योगदान दे सकें। यह एक ऐसी स्थिति थी जो उस पहले दौर से भिन्न थी, जब संपन्न विपन्नों को ग्राम समाज में शामिल नहीं करते थे और 'इत्यादि' समझकर उन्हें हाशिए पर रखते थे।

सवाल उठता है कि जो बंगाल में हुआ, क्या वह स्थायी परिवर्तन है या इसमें अभी प्रतिगमन की गुंजाइश है। क्या बंगाल अन्य प्रदेशों के लिए उनके भविष्य के ग्राम समाज की छवि (मॉडल) प्रस्तुत कर रहा है ? ये प्रश्न विचारणीय हैं। क्या बंगाल में ग्राम का और शहर का विशिष्ट वर्ग इस स्थिति से मानसिक रूप से समझौता कर चुका है या अभी वह उस अवसर की ताक में है, जब इस संतुलन को फिर से उलटा-पुलटा जा सकता है और पहले की स्थिति फिर से बहाल की जा सकती है ? इन प्रश्नों के लिए गहरी जाँच-पड़ताल जरूरी है।

यदि बंगाल में पुरानी व्यवस्था को कमजोर करने और श्रमजीवियों में अपने अधिकारों की भावना जगाने में राजनीतिक आइडियोलॉजी और आर्थिक कार्यक्रम की महत् भूमिका थी, तो पंजाब के श्रमजीवियों में अधिकारों की चेतना और अपनी मानवीय डिगनिटी की भावना जगाने में हरित क्रांति से उत्पन्न हुए आजीविका के नए अवसर, इंदिरा गाँधी सरकार द्वारा बँधुआ मजदूरों की मुक्ति और गरीबी-उन्मूलन के कार्यक्रमों का प्रभाव अधिक निर्णायक रहा था। पंजाब के एक गाँव में सातवें दशक के दौरान एक खेत मजूर का कथन मुझे आज भी याद है। हमने उस मजूर से पूछा था कि न उसे अभी जमीन मिली है, न गरीबी और अभाव से मुक्ति, तो उसे इस नए दौर में

कौन सी उपलब्धि हुई है। उसने दो टूक उत्तर दिया—**"इज्जत, मुझे इज्जत मिली है।** वो देखो, हमारा मालिक सामने से जा रहा है, और हम अपनी खटिया में बैठे उसी के सामने हुक्का गुड़गुड़ा रहे हैं, उसकी बंदगी के लिए खटिया से उठे भी नहीं हैं। पहले ऐसा होता तो वह हमारी हड्डी-पसली एक कर देता। आज वह दाँत पीसकर सामने से चला जाता है, कुछ कर नहीं पाता है। पहले हमारी स्थिति बैल से भी बदतर थी। मालिक बैल का ज्यादा खयाल रखता था। बैल मर जाए तो सैकड़ों का नुकसान होता था। मजूर मर जाए तो दूसरा आ जाता था। आज यह पूर्वस्थिति बदल चुकी है। आज मालिक हमें काम न दे तो कोई फर्क नहीं पड़ता, काम-धंधे के अवसर बहुत बढ़ गए हैं।"

'इज्जत' की उपलब्धि भी नए परिवर्तनों की ही देन है, यही मजूर ने अपने अनुभव से हमें समझा दिया, जिसका सरकारी सर्वेक्षणों या बुद्धिजीवियों के किताबी ज्ञान से हमें बोध न हो सका था। ग्रामीण भारत में यह कितना गंभीर परिवर्तन है, इसका अहसास उसी को हो सकता है, जो पुराने और नए के द्वंद्व को कानून और व्यवस्था के लिए संकट की स्थिति नहीं, बल्कि नई समाज-रचना की शक्ति के उभार के रूप में देख सकता है।

अब हम उस हिंदीभाषी विशाल भूभाग की स्थिति का जायजा लें, जिसमें उत्तर प्रदेश, बिहार, राजस्थान, मध्य प्रदेश शामिल हैं। उत्तरी भारत के इस विशाल भाग में भूमि-व्यवस्था, राजसत्ता, जाति-प्रथा, नैतिक व्यवस्था एक संक्रमण की अनिश्चित स्थिति में है। ब्राह्मण, ठाकुर, बनिया, कायस्थ आदि उच्च जातियों को भूमि तथा अर्थ- तंत्र के अन्य निर्णायक बिंदुओं से तथा राज्यतंत्र पर एकाधिकार से हटना पड़ा है और उनके स्थान पर पिछड़ी एवं मध्यम जातियों से उभरे हुए नए वर्ग अपना अधिकार स्थापित करने में सफल हुए हैं। उच्च वर्गों के प्रतिरक्षात्मक संघर्ष और दलित वर्गों के जागरण और आक्रोश के द्वंद्व में उत्तरोत्तर आक्रामक रुख और तेवर दिखानेवाले दर्मियानी वर्ग और जातियाँ इस समय इस विशाल भूभाग की राजनीति में एक निर्णायक शक्ति बनकर उभरे हैं। ये एक उच्च जाति-विरोधी और उच्च वर्ग-विरोधी नया आर्थिक, सामाजिक और राजनीतिक एजेंडा लाई हैं और साथ ही लाई हैं—एक नया राजनीतिक मुहावरा, कार्यशैली, 'जिसकी लाठी उसकी भैंस' की मानसिकता और 'सत्ता की राजनीति में सब कुछ जायज है' की नई नैतिकता की परिभाषा। इसी परिभाषा ने राजनीति को अपराधीकरण से जोड़ने के लिए भूमि तैयार की है। इस नई राजनीति में खासकर उच्चवर्ग, मध्यम वर्ग और पिछड़े वर्ग तथा उच्च, मध्यम और दलित जातियों के टकराव यानी 'कान्फ्रंटेशन' ने हिंसा को भी नई राजनीति के अस्त्र के रूप में वैधता दी है। राज्य अधिकतर इस जाति और वर्ग-संघर्ष का एक मूक दर्शक है या उभरते हुए नए सत्ता-लोलुप तत्त्वों के हाथ का नया हथियार बन चुका है। राज्य इस प्रकार तेजी से बदलते संदर्भ में एक निर्णायक भूमिका निभानेवाली सवैधानिक सिद्धांतों की संरक्षात्मक शक्ति नहीं है।

यह एक अजीब विरोधाभास है कि वर्ग-संघर्ष पर विश्वास करनेवाली वामपंथी सरकार के नेतृत्व में बंगाल और केरल का ग्राम समाज जातीय और वर्गीय हितों के टकराव के शांतिपूर्ण समाधान का 'मॉडल' प्रस्तुत करता है, तो किसी जमाने में गाँधीवाद-नेहरूवाद की अहिंसात्मक परिवर्तन की प्रयोग भूमि उत्तरी भारत में अनियंत्रित परिवर्तनों की प्रक्रिया हिंसा और रक्तपात से मुक्त नहीं है और यह भूभाग भारत का 'हिंसा' और नरसंहार का क्षेत्र बन चुका है।

भारत के इस हृदय-प्रदेश को भारत के *अंधकारग्रस्त प्रदेश* के रूप में पारिभाषित करने की प्रवृत्ति इस विशाल भूभाग की समस्याओं से गंभीरता से जूझने की नहीं, उससे पलायन की प्रवृत्ति की सूचक है। असल में भारत के विकास और नवनिर्माण के वे सभी अंतर्विरोध और अवरोध जो भारत को स्वयं अपने मध्ययुगीन और औपनिवेशिक इतिहासों से विरासत के रूप में मिले हैं, इसी क्षेत्र में केंद्रीभूत हैं। यदि इस भूभाग की जटिल समस्याएँ भारत के विकास और नवनिर्माण की सबसे कठिन और पेचीदा समस्याएँ प्रस्तुत करती हैं तो प्राकृतिक संसाधनों, मानवीय प्रतिभा और ज्ञान तथा बुद्ध, कबीर आदि की कर्मभूमि तथा भारत के ऐतिहासिक गौरव का तथा स्वाधीनता-संघर्ष का केंद्र यह भूभाग नव-इतिहास के निर्माण के लिए संभावनाएँ, चुनौतियाँ और अवसर प्रचुर रूप में प्रस्तुत करता है।

यहाँ सामाजिक और आर्थिक गतिशीलता में गतिरोध और अवरोध ऐसी तीन व्यवस्थाओं के गठजोड़ द्वारा होता है, जिन व्यवस्थाओं का मूल भारत के अपने इतिहास की गतिरोध की परिस्थितियों में था, लेकिन जिन्हें उपनिवेशवाद ने जघन्य, विकराल और तीव्र रूप में पुनर्गठित किया, जिस रूप में वह हमारे आज के विकास को भी अवरुद्ध और कुंठित करते हैं :

(1) सर्वप्रथम एक जड़ीभूत भूमि और अर्थव्यवस्था है, जो न पारंपरिक ही है और न आधुनिक, बल्कि दोनों का भ्रष्ट और विकृत रूप है और उत्पादक वर्गों और उत्पादन व्यवस्था पर हावी है।

(2) सामाजिक उत्पीड़न और विषमता के विचित्र भारतीय रूप को परिलक्षित करनेवाली जाति और वर्ग के गठजोड़ की समाज व्यवस्था, जो जाति और वर्ग-संघर्ष की ऊर्जा का प्रेरणा-स्रोत नहीं, आंतरिक रूप से उसे अक्षम और जर्जर करने का कारण बनती है।

(3) एक ऐसी सांस्कृतिक वर्चस्व की व्यवस्था जो प्रभुतावान और प्रभुताहीन दोनों वर्गों को परस्पर आत्म-विनाशक द्वंद्व और भाग्यवादिता और परजीविता के दुष्चक्र में फँसाए रखती है और उन्हें किसी प्रकार की रचनात्मक भूमिका और नेतृत्व के लिए अक्षम बना देती है।

देश के बुद्धिजीवियों के सामने सबसे बड़ी बौद्धिक चुनौती है—इन व्यवस्थाओं के गठजोड़ में हुए उन परिवर्तनों या इसमें परिवर्तन न कर पाने के कारणों को उजागर करना जो पिछले पाँच दशकों में इस क्षेत्र में हुए हैं या नहीं हो पाए हैं। पर मानना

पड़ेगा कि इस विशाल भूभाग से बुद्धिजीवियों के बड़े पैमाने पर पलायन ने इस क्षेत्र में एक बौद्धिक शून्य को भी जन्म दिया है जिससे इस क्षेत्र की समस्या और भी जटिल हो गई है। यह क्षेत्र इस स्थिति से कैसे निकल पाएगा, यह समझना आज सबसे बड़ा विकट प्रश्न है।

समस्त भारत के संदर्भ में विचार करें तो पुराने ग्राम समाज के विघटन और संक्रमण काल की अनिश्चितता और असुरक्षा, नैतिक अनुशासन की व्यवस्था का ध्वस्त होना, सदियों से चले आते हुए पारस्परिक रिश्तों पर प्रश्नचिह्न—ये आजादी के बाद के दशकों के गतिशील परिदृश्य के ऐसे पहलू हैं, जिनको पकड़ पाना और समझ पाना राजकीय सर्वेक्षणों के बस की बात नहीं। लेकिन इनकी परख और इनका बोध गैर-राजकीय और प्रगतिशील तथा परिवर्तनकामी समाजशास्त्रीय और अर्थशास्त्रीय सर्वेक्षणों और अनुसंधानों द्वारा भी पर्याप्त रूप में नहीं हो पाया है। शायद रचनात्मक साहित्य से ही कभी-कभार ऐसी दुर्लभ अंतर्दृष्टियाँ उपलब्ध हुई हैं, जिनसे हमें बदलते समाज के अंदरूनी द्वंद्व और गतिशीलता की अनुभूति होती है। बंगला और उड़िया उपन्यास साहित्य में यदि इस दृष्टि से ताराशंकर वंद्योपाध्याय (गण देवता) तथा गोपीनाथ मोहंती (माटी मटाल) उल्लेखनीय हैं, तो हिंदी प्रदेश के लिए किसी माने में श्रीलाल शुक्ल का 'रागदरबारी', राही मासूम रजा का 'आधा गाँव', रेणु का 'मैला आँचल' और 'परती परिकथा' बदलते ग्रामीण परिप्रेक्ष्य की पैनी परख प्रस्तुत करते हैं।

आजादी के बाद के दशकों के परिवर्तनों की 'सब्जैक्टिव साइड' को समझने का मैंने जो प्रश्न उठाया है, उसको पूरे विस्तार और गहराई में परिभाषित करने की जरूरत है। उसमें सबसे कठिन है इस बात की छानबीन कि स्वप्न और यथार्थ के बीच बढ़ती हुई खाई किस प्रकार के मानसिक द्वंद्वों, विश्वास और आस्था के संकट, प्रतिगमन (रिग्रेशन) की मनःस्थिति, और अंत में एक प्रकार के नैतिक शून्य या नैतिक मूल्यों के प्रति विराग (एमोरेलिटी) की मानसिकता को जन्म देती है। जिसे हम स्वप्नों का टूटना कहते हैं, वह महज स्वप्नों का टूटना ही नहीं, उसके साथ स्वप्नकारों और स्वप्नद्रष्टाओं, स्वप्न-दृष्टि (यूरोपिया) और भविष्य-निर्माण की कल्पना के प्रति अविश्वास जैसी प्रक्रियाएँ भी जुड़ी हैं। और 'विजन' रचनाकारों का अवमूल्यन और मूल्यों और नैतिकता की अवधारणाओं का नकार भी सपनों के टूटने की प्रक्रियाओं से अभिन्न रूप से जुड़ा है।

इन सबका 'लॉजिकल' परिणाम है जनमानस में प्रतिष्ठित कई दशकों की सम्मानित और पूज्य विभूतियों का नकार और अस्वीकार। यानी दीर्घकाल से आराध्य और श्रद्धा-भाजन बनी हुई मूर्तियों के भंजन का उन्माद। हम अपने ही जीवनकाल में रूस की महाक्रांति के महानायक लेनिन और स्टालिन, चीन के मुक्ति-संघर्ष के महानायक माओ का और भारत के स्वाधीनता-संग्राम के महानायक महात्मा गाँधी और नेहरू और उनके बाद इंदिरा गाँधी के देवीकरण (डीफिकेशन) और मूर्ति-पूजन के साक्षी रहे हैं और अब एक के बाद एक इन सबके अवमूल्यन और मूर्तिभंजन के भी प्रत्यक्षदर्शी बन रहे हैं। इसी नाटक की पुनरावृत्ति क्षेत्रीय और स्थानीय स्तर पर लघु नायकों को लेकर हुई है।

कौन महानायक है और कौन खलनायक, लगता है जैसे इसकी कोई स्थायी परिभाषा नहीं है। कल के महानायकों का आज के प्रतिनायकों (एंटीहीरोज) में रूपांतरण क्या बदलती सत्ताओं से जुड़े विचारकों द्वारा इतिहास का मिथकीकरण मात्र है ? या यह इतिहास को जिस रूप में हमने जाना है, उसका विखंडीकरण है ? इसमें कल के विचारकों द्वारा फिर से संशोधन की संभावना से इन्कार नहीं किया जा सकता। ये सभी प्रश्न इन पाँच दशकों के मूल्यांकन के लिए कठिन चुनौती प्रस्तुत करते हैं।

संक्षेप में, यह बदलता परिदृश्य हमारे समाज के अंतर्जगत और उसके मानस के उद्वेलनों, मानसिक तूफानों और भूकंपों का, मानवीय त्रासदियों का इतिहास है। इस इतिहास के साथ वही न्याय कर सकते हैं, जिनमें एक साथ एक समाज-वैज्ञानिक की पैनी निरीक्षण-क्षमता, साहित्यकार की गहरी संवेदना, इतिहासकार की समग्र दृष्टि और मनोवैज्ञानिक की मानसिक जगत के सूक्ष्म में प्रवेश कर सकने की सामर्थ्य हो। लेकिन इतिहास की व्याख्या यदि मुख्य रूप से नकारात्मक हो, मानवद्वेषी हो और मानव के भविष्य के प्रति आशा और उत्साह नहीं, संशय, हताशा और पराजय की भावना ही पैदा करती हो, जन के मनोबल को कुंठित और ध्वस्त करती हो तो ऐसी व्याख्या इतिहास की मूल प्रवृत्ति के साथ पूरी तरह न्याय नहीं करती। इतिहास का मुख्य सबक तो मार्क्स के शब्दों में यही है कि "मनुष्यजाति अपने समक्ष कभी भी ऐसी समस्याएँ प्रस्तुत नहीं करती जिन पर विजय पाने की उसमें क्षमता न हो।" इस दृष्टि से संक्रमण काल में हमेशा ऐसे देश और जन के लिए प्रतिबद्ध और दायित्ववान विचारकों की अपेक्षा रहेगी जो बीते इतिहास से सकारात्मक सबक लेकर उसे भविष्य के लिए नए सपनों की रचना की सामग्री के रूप में इस्तेमाल करने का साहस और विवेक रखते हैं।

हमें यह न भूल जाना चाहिए कि भारत के नवजागरण और स्वतंत्रता-संग्राम की सबसे बड़ी देन थी 'मेरे सपनों का भारत' की अवधारणा। पिछले पाँच दशकों के अनुभवों के आधार पर इस अवधारणा में और इसे कार्यान्वित करने की रणनीति और कर्ताओं में संशोधन अवश्य हो सकता है, लेकिन यदि पुराने सपनों के टूटने के साथ नए सपनों के रचने का मनोबल ही टूट जाता है तो यह देश, जन और मानवता के साथ विश्वासघात होगा।

विरासत के रूप में जो 'मेरे सपनों का भारत' की कल्पना हमें मिली थी, उसे आज अपनी समग्रता में फिर से याद करने की जरूरत है। वह ऐसे भारत की कल्पना थी जिसमें सुखी और संपन्न जीवन के अवसर सिर्फ शहर और ग्राम के संपन्न और शक्तिशाली वर्गों और जातियों तथा पुरुषप्रधान समाज को ही सुलभ नहीं होंगे, बल्कि विशाल जनसाधारण के लिए ऐसा स्वराज होगा जो उन्हें गरीबी और अभाव, निरक्षता और अशिक्षा, सामाजिक अन्याय और शोषण और राजनीतिक सत्ता से अलगाव से मुक्त करेगा। लेकिन आज का तेजी से निर्णायक भूमिका में उभरता हुआ गाँव और शहर का नव-मध्यम वर्ग नए भारत के सपने की ऐसी परिभाषा प्रस्तुत कर रहा है, जिसमें इस वर्ग के 20-25 करोड़ भारतीयों की सुख-समृद्धि की कल्पना तो है लेकिन अधिकांश

75 करोड़ भारतवासी उस कल्पना के दायरे के बाहर हैं। यही पाँच दशकों के परिवर्तनों के फलस्वरूप उभरे नए भारत की संरचना का गंभीर आंतरिक संकट है। इन परिवर्तनों ने 75 करोड़ भारतवासियों में अपने हितों की, अपने अधिकारों की, अपने समाज द्वारा बार-बार प्रवंचित और वंचित किए जाने की चेतना और आक्रोश जगाया है, लेकिन उन्हें अभी तक इस स्तर तक नहीं उठाया है कि वे देश के भविष्य के संवाद में सहभागी बन सकें और अपने भविष्य के स्वयं निर्णायक बन सकें। अपनी अशिक्षित, असंगठित और बिखरी स्थिति के कारण वे वास्तव में बहुसंख्यक होते हुए अल्पसंख्यक सशक्त वर्गों के वर्चस्व को चुनौती देने में असमर्थ हैं।

वे अभी तक विकास के बलिपशु रहे हैं, विकास के फलों के हकदार नहीं। परजीवी संपन्न वर्गों ने अपने लिए इस धरती को स्वर्ग में तब्दील करने के लिए श्रमजीवी विपन्नों के लिए इस धरती को नरक बना दिया है। अभी वे आजादी के पचास वर्षों के बाद स्वप्न भंग की स्थिति में हैं, ऐसा 'स्वप्न भंग' जो आक्रोश को जन्म देता है। उन्हें इस स्थिति तक ले जाना कि वे नए सपनों की रचना कर सकें, ऐसे सपने जो नए समाज को रचने की सर्जनात्मक ऊर्जा को जन्म देते हैं, जनसंवेदी बुद्धिजीवियों का दायित्व है। भारतीय समाज के इसी मूल अंतर्विरोध या आंतरिक विभाजन को अपने प्रसिद्ध उपन्यास 'धातृ देवता' में ताराशंकर वंद्योपाध्याय ने निम्न शब्दों में उजागर किया था। वे शब्द आज भी उतने ही प्रासंगिक हैं, जितने राजनीतिक गुलामी के अंत और स्वतंत्रता के आरंभ के वर्षों के संधिकाल में थे, जब यह उपन्यास लिखा गया था। नए उत्साही युवा से वरिष्ठ बुजुर्ग प्रश्न करता है :

''अच्छा, हमारी बात का जवाब दो। देश जब आजाद हो जाएगा, तब शासन कौन सँभालेगा ? बिगड़ मत जाना, सोचने की बात है। तब इस शासन की बागडोर होगी इस भद्र संप्रदाय, शिक्षित संप्रदाय के हाथों। देश में जो उच्च वर्ग के लोग हैं, वही शासन करेंगे, जो धनी हैं वही करेंगे। लेकिन असली आजादी तो यह नहीं है। स्वाधीनता के माने मैं क्या समझता हूँ, जानते हो ? **जनता द्वारा स्थापित जनता की सरकार।** न कि जनता के लिए स्थापित सरकार। किसी की कृपा नहीं। किसी का दान नहीं, **जिस पर तैंतीस करोड़ लोगों का समान हक है, उसको पाने के लिए स्वयं छियासठ करोड़ हाथों का आगे बढ़ जाना जरूरी है।...**

''इस इलाके के चारों ओर आदिम जाति के लोग फैले हुए हैं। मैं भारत के एक छोर से दूसरे छोर तक घूम आया हूँ। मैंने अपनी आँखों देखा है—ब्राह्मण धर्म को जन्म देनेवाली, आर्य सभ्यता की गौरवशालिनी भारतभूमि में तमाम शूद्र ही शूद्र, अनार्य ही अनार्य भरे पड़े हैं। हजारों वर्ष बीत गए। अवस्था आज भी वही है। यही कारण है कि भारत बार-बार विदेशियों से मुँह की खाता रहा है। अब इन तैंतीस करोड़ आदमियों के अधिकार को दबाकर रख सके, ऐसी शक्ति किसी की न होगी।''

दबे हुओं की मुक्ति का वह स्वप्न आज भी स्वप्न ही है, एक अधूरा स्वप्न जिसके बिना भारत की स्वतंत्रता भी अधूरी है। पिछले पाँच दशकों ने उत्पीड़ितों के इस भारत

को झकझोरा अवश्य है, लेकिन आनेवाले दशकों में उन्हें अपनी मुक्ति की प्रेरक शक्ति स्वयं बनना है। आज नए मिथकों की रचना द्वारा मुक्ति की चेतना को कमजोर करने की साजिश जारी है। इसी संदर्भ में लेख के आरंभ में शहीद कवि पाश की दी गई पंक्तियाँ अत्यंत प्रासंगिक हैं :

सबसे खतरनाक होता है
हमारे सपनों का मर जाना

नए समाज के स्वप्नों और स्वप्नकारों का अवमूल्यन आज के संदर्भ में उत्पीड़ितों और उनके संघर्ष के विरुद्ध सबसे बड़ी साजिश है।

स्वप्न और यथार्थ के बीच : पथ खोजता भारत

मैं अनेक नई चीजें लिखना चाहता हूँ, लेकिन उन्हें केवल भारत की तख्ती पर ही लिखा जाना चाहिए।
—महात्मा गाँधी

I

हमारे पिछले विवेचनों से यह बात स्पष्ट होती है कि सामाजिक प्रक्रियाओं के फलस्वरूप जिस संक्रमण से भारत आज गुजर रहा है, उसकी मुख्य प्रेरक शक्ति नव-मध्यम वर्ग के 'मेरे नए सपनों के भारत' में भारत के अधिकांश उत्पीड़ित, दलित और शोषितों का कोई भविष्य नहीं है। गाँव के उत्पीड़ित, दलित और शोषितों को बड़े शहरों की झुग्गी-झोंपड़ियों की असुरक्षाओं में बड़े पैमाने में धकेलना इस नव-आधुनिकीकरण की मार्क्स के शब्दों में मुख्य नियमबद्ध प्रक्रिया ('लॉ ऑफ मोशन') है। स्मरण रहे चाहे वह अठारहवीं, उन्नीसवीं या बीसवीं सदी के पूर्वार्द्ध का पुराना उपनिवेशवादी पूँजीवाद हो या बीसवीं सदी के उत्तरार्द्ध का 'स्वदेशी' या नव-उदारवादी वैश्विक पूँजीवाद—पूँजीवाद के सभी रूपों में दुनिया के गरीबों की एक ही नियति है। इतिहास बताता है कि पश्चिमी पूँजीवाद ने अपने प्रथम उत्कर्ष-काल में एशियाई देशों का उपनिवेशों के रूप में शोषण तो किया ही था। उसने स्वयं अपने 'ग्राम' और 'ग्राम के गरीबों' का भी आंतरिक उपनिवेश के रूप में भयावह शोषण किया था। कार्ल मार्क्स ने अपने 'पूँजी' नामक ग्रंथ में इस शोषण की त्रासदी को जिन शब्दों में परिभाषित किया था, वे आज भी उल्लेखनीय हैं। मार्क्स ने कहा था :

"यदि 'द्रव्य' (मनी) जन्म से यानी प्रसूति के क्षण से ही अपने रक्त-रंजित मुँह से अपने आगमन की सूचना देता है तो 'पूँजी' (कैपिटल) आरंभ से ही सिर से पैर तक (विस्थापित शोषितों के) रक्त से लथपथ रूप में ही प्रकट होती है।"

इतिहासकार ई. पी. थामसन ने भी अपने महान शोधग्रंथ 'द मेकिंग ऑफ द वर्किंग क्लास' में इस बात पर प्रकाश डाला है कि पूँजीवादी प्रथम औद्योगिक क्रांति के बलिपशु श्रमजीवियों की त्रासदी की गाथा पर आज भी परदा पड़ा हुआ है, वह पूरी तरह प्रकाश

में नहीं आई है। उन्होंने इतिहासकारों को अपने दायित्व के प्रति सचेत करते हुए कहा था कि इतिहास केवल उन लोगों की विजय-गाथा नहीं है, जो इतिहास के मंच पर विजयी होकर छा गए हैं। यह उन पराजित वर्गों की त्रासदी की भी गाथा है, जो प्रभुत्ववान वर्गों के घटनाचक्र के तले पिस गए थे, पराजित होकर भुला दिए गए थे। वे पददलित, मर्दित, पराजित वर्ग विश्व के अन्य भूभागों के उन शोषित और उत्पीड़ित वर्गों के लिए कुछ अधूरे प्रश्न और अपूर्ण चुनौतियाँ छोड़ गए हैं, आगे आनेवाले युगों में जिनकी नियति का निर्णय होना अभी शेष है। क्या विश्व-भर को अपनी लपेट में खींचती हुई पश्चिमीकरण की प्रक्रिया के फलस्वरूप एशियाई शोषितों और उत्पीड़ितों की नियति भी विकास के बलिपशु की ही है या उनके लिए लिखा जानेवाला नया इतिहास विकल्प की संभावना प्रस्तुत करता है ?

ई. पी. थामसन ने इतिहासकारों के इस नए दायित्व को उजागर किया था कि उनकी पुराने इतिहास की व्याख्या में आनेवाले युग में लिखे जानेवाले इतिहास को नई दिशा, नया मोड़ देने की संभावनाएँ निहित हैं। इस नई दिशा की संभावनाओं को प्रकाश में लाकर ही और आनेवाले युगों में शोषितों की नियति को नया मोड़ देकर ही इतिहासकार कल के पराजित शोषितों के साथ समुचित न्याय कर सकता है। आनेवाले युग में शोषितों की विजय द्वारा ही पिछले युगों में पदमर्दित शोषितों की पराजय की त्रासदी के इतिहास को नकारा जा सकता है। थामसन के उल्लेखनीय शब्दों में :

"जो उद्देश्य और लक्ष्य (उस युग के) इंग्लिस्तान में पराजित हुए थे, उनकी (आनेवाले समय में) एशिया और अफ्रीका में अवश्य विजय हो सकती है" (पृष्ठ 12)।

संक्षेप में, आज की इसी विजय द्वारा कल की पराजय को सार्थक बनाया जा सकता है।

यह भी भुलाया नहीं जा सकता कि पश्चिम में 'ग्राम', 'किसान' और 'दस्तकार' के प्राग-औद्योगिक सभ्यता के प्रतीक के रूप में जो भी सांस्कृतिक और आर्थिक अवशेष बचे थे, आधुनिकीकरण या उत्तर-आधुनिकीकरण की तेज होती हुई प्रक्रिया इन प्रतीकों का आमूल विघटन और विनाश करने में कामयाब हुई है। नामी इतिहासकार एरिक हाब्सबौम ने अपनी पुस्तक 'द एज ऑफ इक्स्ट्रीम्स, द शार्ट ट्वेंटीयथ सेंच्युरी (1914-1991)' में, जिसकी चर्चा हम पहले कर चुके हैं, विश्व को दो हिस्सों में इसी दृष्टि से विभाजित किया है। एक ओर हैं पश्चिम के वे उन्नत और संपन्न देश जहाँ पुरानी भूमि और कृषि पर आधारित किसानी अर्थ-व्यवस्था और सभ्यता का आमूल विनाश हो चुका है और दूसरी ओर विश्व के वे देश जिनमें एशियाई देश भारत और चीन आदि मुख्य हैं, जहाँ 'ग्राम' और 'किसान' पर आधारित अर्थव्यवस्था और सभ्यता जीवंत है चाहे उसमें परिवर्तन की प्रक्रियाएँ निरंतर आघात और प्रहार कर उनके विघटन के लिए सक्रिय हैं। हाब्सबौम के ही शब्दों में :

"इस शताब्दी का सबसे प्रभावशाली और उल्लेखनीय परिवर्तन जो पुरानी दुनिया से संपूर्ण संबंध विच्छेद का परिचायक है, वह है **किसान की मौत**। इस घटना ने चरम

औद्योगिकीकरण के पश्चिमी देशों में मार्क्स की उस भविष्यवाणी को सत्य सिद्ध किया है जिसके अनुसार तेज औद्योगिक विकास के परिणामस्वरूप प्राग-औद्योगिक सभ्यता के स्तंभ, किसान का विनाश अनिवार्य है। इसके विपरीत हैं दुनिया के तीन ऐसे विशाल भूभाग जहाँ अब भी गाँवों, खेतों और खेतिहर किसानों का प्राधान्य है। वे क्षेत्र हैं —सब सहारा अफ्रीका, दक्खिन और दक्खिन-पूर्व के एशियाई महाद्वीप और चीन जहाँ किसान अब भी उनकी अर्थव्यवस्था और सभ्यता के केंद्र में है, हाशिए पर नहीं। सदी के अंतकाल में विश्व के इस विशाल भूभाग में आधी से लेकर दो-तिहाई मानवता अब भी ग्राम और किसान प्रधान है। इस विशाल भूभाग में परिवर्तन की प्रक्रियाएँ कई सदियों के औपनिवेशी और उत्तर-औपनिवेशी हस्तक्षेप के बावजूद इस भूभाग की बुनियादी चारित्रिक विशेषता को बदलने में असफल हुई हैं।"

II

प्रश्न उठता है आनेवाले दशकों में इस ग्राम और किसान प्रधान अर्थव्यवस्था और सभ्यता में परिवर्तन और विकास की दिशा क्या है ? क्या एशियाई और अफ्रीकी ग्राम और किसान-केंद्रित देशों में विकास का एक नया, पश्चिमी मॉडल से भिन्न, मॉडल विकास की संभाव्य नई दिशा है जैसा एशियाई देशों में राष्ट्रीय जागरण के नेताओं (गाँधी, माओ, होचीमिन्ह आदि) का सपना था, या उनकी नियति भी पश्चिमी देशों की तरह किसान और ग्राम के विघटन, विनाश और विलोप की अनिवार्यता की नियति है, जो नवउदारवादी विकास-दर्शन और व्यवहार का आधारभूत विचार है। आज के संदर्भ में यही प्रश्न समस्त आर्थिक चिंतन और व्यवहार का केंद्रीय प्रश्न बन गया है।

किसान को नवनिर्माण की मुख्य प्रेरक शक्ति बनाने के उद्‌देश्य से प्रेरित एक विकल्प की तलाश का विचार भारत के राष्ट्रीय नवजागरण और स्वाधीनता-संग्राम की सभी मुख्य चिंतन-धाराओं का आधारभूत विचार रहा है। स्वतंत्रता प्राप्ति के आरंभ काल में राष्ट्रीय संघर्ष से उपजी तीन चिंतन-धाराओं को विरासत माननेवाली तीन भिन्न राजनीतिक संरचनाओं—भारतीय राष्ट्रीय कांग्रेस, संयुक्त कम्युनिस्ट पार्टी और गाँधीवाद से प्रेरित सर्वोदय संगठन—ने जो तीन ग्राम और भूमिसंबंधी कार्यक्रम प्रस्तुत किए थे, उनकी मूलभूत प्रेरणा पश्चिमी पूँजीवादी विकास दिशा की नहीं, इसके विकल्प की दिशा की खोज की थी। कांग्रेस द्वारा मनोनीत 'एग्रेरियन रिफार्म्स कमेटी' द्वारा भूमिसुधार, सहकारिता और पंचायती राज के त्रिमुखी कार्यक्रम द्वारा 'ग्रामीण स्वराज' की योजना; संयुक्त कम्युनिस्ट पार्टी द्वारा किसान को जमीन का स्वामित्व प्रदान कर सामंती महाजनी शोषण से मुक्ति का कार्यक्रम; और सर्वोदय के नेताओं द्वारा 'सबै भूमि गोपाल की' विचार से प्रेरित भूदान और ग्राम दान द्वारा 'ग्राम स्वराज' का अभियान—ये तीनों किसान समस्या के भारतीय विकल्प के ही ठोस कार्यक्रम प्रस्तुत करते थे। ये तीनों कार्यक्रम आजादी के दो दशकों के बाद तक जीवंत, सक्रिय और प्रासंगिक कार्यक्रमों

के रूप में राष्ट्रीय सहमति के आधार बने रहे, जिनके मूल में भारत के छोटे श्रमजीवी किसान को ही आर्थिक क्रांति का मुख्य कर्ता माना गया था।

इस सहमति को फोर्ड फाउंडेशन द्वारा बाहर से भारत पर थोपे गए 'हरित क्रांति' के कार्यक्रम ने भंग किया। इस कार्यक्रम ने छोटे किसानों को हरित क्रांति का माध्यम बनाने की राष्ट्रीय सहमति का व्यावहारिक और सैद्धांतिक दोनों स्तरों पर विरोध किया था और बड़ी जोतोंवाले परजीवी भूमिपतियों, बड़े जोतदारों और धनी किसानों को वैज्ञानिक कृषि के कार्यक्रम का मुख्य आधार बनाने की रणनीति को कार्यान्वित किया। इस कार्यक्रम द्वारा एक प्रकार से पश्चिम से संपूर्ण रूप से भिन्न भारतीय परिस्थितियों में, जहाँ श्रम की बहुलता और भूमि की दुर्लभता और अपर्याप्तता की स्थिति अर्थव्यवस्था की मुख्य विशेषता थी, इस व्यवस्था की अपनी जरूरतों और विशेषताओं के प्रतिकूल खेती के पश्चिमीकरण (यानी बड़ीजोतों पर केंद्रित विकास) का रास्ता भारत पर थोपा गया। इस कार्यक्रम ने अन्न के निरंतर अभाव की औपनिवेशिक युग की स्थिति में अन्न के, विशेषकर गेहूँ के उत्पादन में वृद्धि द्वारा सुधार अवश्य किया; लेकिन अर्थव्यवस्था में विकट क्षेत्रीय असंतुलन और द्वंद्व तथा वर्ग-विभाजन और तनाव को जन्म देने के साथ-साथ इसने गाँव के गरीबों को बड़े पैमाने पर भूमि से विस्थापित किया तथा उन्हें शहरों में धकेलकर शहर और ग्राम के असंतुलन और द्वंद्व को भी अप्रत्याशित रूप से तीव्र किया। इसने ऐसी स्थिति पैदा की कि अन्न के भंडार देश के पास होते हुए भी गाँव और शहर के गरीब क्रय-शक्ति के अभाव में इस अन्न को खरीदकर अपनी भूख मिटाने की स्थिति में नहीं थे। परिणामस्वरूप उनके लिए तो 'जल बिच मीन पियासी, मोहे सुनि-सुनि आवत हाँसी' की स्थिति पैदा होने लगी।

हरित क्रांति के उपरांत भारत में एक माने में श्रमजीवी गरीबों के लिए पश्चिम के उसी सामंतवाद से पूँजीवाद में संक्रमण के इतिहास की पुनरावृत्ति होने लगी, जिसको एरिक हाब्सबौम ने निम्न शब्दों में अभिव्यक्त किया था। हाब्सबौम के शब्दों में :

"उभरते पूँजीवाद के रास्ते में रुकावट बने उन गरीबों के लिए तीन संभावनाएँ खुली थीं जो अभी तक पारंपरिक समाज द्वारा पोषित आर्थिक व्यवस्था से स्वयं को सुरक्षित महसूस करते थे। पहली संभावना थी कि वह स्वयं पूँजीपति बनने की कोशिश करें; दूसरी, वह पूँजीवाद के तले पिस जाएँ; तीसरे, वे विद्रोह करें।" (एरिक हाब्सबौम, 'एज. आफ रिवौल्यूशन', 1962, पृ. 245)।

हाब्सबौम ने यह भी स्पष्ट किया था कि अधिकांश गरीबों को न पूँजीपति बनने का सौभाग्य प्राप्त हुआ था, न पूँजीवाद के विरुद्ध विद्रोही बनकर खड़े होने का। अधिकांश गरीब तो पूँजीवादी दमनचक्र के तले पिस ही गए थे। यही उनकी नियति थी। यही मार्क्स के शब्दों में पूँजीवाद के विकास की 'अटल अनिवार्यता' ('आयरन नेसेसिटी') थी।

भारत के कुछ ग्रामीण भागों में 'हरित क्रांति' के उभार के उपरांत भारत की कृषि-समस्या के नामी समीक्षक अर्थशास्त्री डेनियन थार्नर ने भी यही प्रश्न उठाया था

कि भारत के अधिकांश गरीब किसानों का पूँजीवादी व्यवस्था में क्या भविष्य है ? डेनियल थार्नर के ही शब्दों में :

"पहली बार अखिल भारतीय पैमाने पर पूँजीवादी कृषकों के एक वर्ग का जन्म हुआ है। निकट भविष्य में यही आसार नजर आते हैं कि इसका विकास होता रहेगा। मैं इस बात का निश्चित पूर्व संकेत देना नहीं चाहूँगा कि पूरी भारतीय कृषि की आगे दिशा क्या होगी। **लेकिन लघु किसानों के विशाल समुदाय का भविष्य अभी एकदम स्पष्ट नहीं है।** और किसी अन्य कारणवश नहीं तो उनकी संख्या के कारण ही उनमें से अधिकांश के लिए पूँजीवादी कृषकों की श्रेणी में शामिल होना नामुमकिन है। क्या वे उत्पादकता के निम्न स्तर पर और जीवनयापन के निम्नतम स्तरों पर सफल, उन्नतिशील और संपन्न पूँजीवादी कृषकों के साथ-साथ बने रहेंगे जैसे मैक्सिको में; या वे भी कृषि के आधुनिक तौर-तरीके अपनाने में और खेती के साथ खेती के बाहर के उद्योगों के रोजगार द्वारा आमदनी बढ़ाने में सफल होंगे, जैसे जापान में; या उनकी नियति इन सभी जाने-माने परिवर्तन और विकास के रास्तों से भिन्न होगी, (यह भविष्य ही बताएगा)।" (डेनियल थार्नर, **द शेपिंग ऑफ मॉडर्न इंडिया,** 1980, पृ. 253)।

डेनियल थार्नर ने उपर्युक्त समीक्षा सन् 1968 में प्रस्तुत की थी। इसी विषय पर एक अन्य लेख में जो उन्होंने सन् 1967 में लिखा था, पूँजीवादी कृषकों को ग्रामीण भारत के सबसे प्रभावशाली और प्रभुतावान तत्त्व के रूप में परिभाषित किया था। उनकी राय में "इस तत्त्व के कारण होनेवाले परिवर्तन न सिर्फ आर्थिक स्तर पर दूरगामी होंगे, बल्कि समाज की संरचना और राजनीति की भविष्य की दिशा के लिए इस तत्त्व की भूमिका निर्णायक होगी।" (डेनियल थार्नर, **द शेपिंग ऑफ मॉडर्न इंडिया,** 1980, पृ. 237)।

डेनियल थार्नर ने विकास की दिशा के प्रश्न को खुला छोड़ा था और इस पर कोई संकेत नहीं दिया था। लेकिन एक नई अवधारणा जो उनकी समीक्षा में निहित थी, वह थी पूँजीवाद के ही अनेक रूपों में विकास की संभावना। उन्होंने पूँजीवाद के पश्चिम यूरोपीय स्वरूपों के अलावा मेक्सिकन पूँजीवाद तथा जापानी पूँजीवाद को रेखांकित कर भारत में भी नए और विविध स्वरूपों की संभावना को खुला रखा था। यानी उनके विचार में विकल्प केवल **पूँजीवाद बनाम गैर-पूँजीवाद** के बीच चुनाव का ही नहीं था, बल्कि **पूँजीवाद के पश्चिम-यूरोपीय बनाम जापानी और पूर्व-एशियाई पूँजीवाद** के बीच चुनाव का भी था। थार्नर की समीक्षा के बाद के दो दशकों में पश्चिमी यूरोपीय और अमरीकी पूँजीवादी स्वरूपों के विकल्प के रूप में **जापान, दक्खिन कोरिया, ताइवान** आदि देशों ने पूँजीवाद के एशियाई स्वरूपों को प्रस्तुत किया है, जो भारत जैसे श्रम बहुल और भूमि की कमी वाले एशियाई देशों के लिए अधिक प्रासंगिक हैं और उनकी स्थिति के अधिक अनुकूल हैं।

अनेक वर्ष पूर्व प्रसिद्ध जापानी अर्थशास्त्री इशिकावा ने जापानी आर्थिक विकास प्रक्रिया को पश्चिमी विकास प्रक्रिया की महज पुनरावृत्ति नहीं, एक नए एशियाई विकास

मॉडल के रूप में परिभाषित किया था जिससे एशियाई देश महत्त्वपूर्ण सबक ले सकते हैं। विशेषकर कृषि-विकास की रणनीति की व्याख्या करते हुए उन्होंने इस बात को रेखांकित किया था कि जापान के कृषि विकास में 'बाजार सिद्धांत' (मार्केट प्रिंसिपल) तथा 'सामुदायिकता के सिद्धांत' (कम्युनिटी प्रिंसिपल) का एक ऐसा मौलिक सम्मिश्रण है जिसने विकास-प्रक्रियाओं को उसकी यूरोपीय विशेषताओं और सीमाओं के परे एक एशियाई चरित्र प्रदान किया है। इसी से सबक लेकर भिन्न-भिन्न एशियाई देश अपनी-अपनी परिस्थितियों और जरूरतों के अनुकूल अपने-अपने रास्ते तलाश कर सकते हैं। इस प्रकार जापान **सांस्थानिक** (इंस्टीट्यूशनल), **प्राविधिक** (टेक्नालॉजिकल) तथा **अभिप्रेरणा** (मोटिवेशनल) आदि तीनों क्षेत्रों में पश्चिम की नकल करने की ओर नहीं, मौलिक और रचनात्मक दिशा में सक्रिय और सचेष्ट रहा है और उसने एशियाई देशों के लिए सफल वैकल्पिक चिंतन और व्यवहार की मिसाल पेश की है।

भारत जैसे देशों में राजनैतिक उपनिवेशवाद के अंत के बावजूद आर्थिक और सांस्कृतिक मसलों पर औपनिवेशिक मानसिकता कितनी प्रबल और सशक्त रही है, इसकी मिसाल इस बात से मिलती है कि स्वतंत्रता-प्राप्ति के बाद भी भारत बौद्धिक रूप से तथा वैज्ञानिक शोध और विचार की दृष्टि से अमेरिकी तथा यूरोपीय प्रभाव क्षेत्र में रहा है और इसके फलस्वरूप आर्थिक नीति-निर्धारण के मुद्दों पर अमेरिकी तथा यूरोपीय आर्थिक शोध केंद्रों तथा नीति-निर्धारण ऐजेंसियों के असर में ही भारत अपनी नीतियाँ निर्धारित करता रहा है। इस बात का सबसे ज्वलंत प्रमाण यह भी है कि विशेषकर कृषि से संबंधित सभी क्षेत्रों में जो भूमि सुधार नीति, साख नीति, जल और सिंचाई की नीति, खेती की उन्नति के आधुनिक उपकरणों की नीति, जैसे—बीज, खाद, सिंचाई और खेती के औजारों की नीति तथा खेती के मूल्य तथा खेती संबंधी इंश्यूरेंस तथा खेती को उद्योगों से ग्रामीण स्तर पर जोड़कर ग्रामीण अर्थव्यवस्था के विस्तार की नीतियों के क्षेत्र में भारत अपने एशियाई पड़ोसी देशों के मौलिक और अधिक प्रासंगिक प्रयोगों से साधारणतः अनभिज्ञ रहा है और उनसे कोई भी सबक नहीं सीख पाया है।

भारत के शोध संस्थानों पर पाश्चात्य शोध संस्थानों का और उसके नीति-निर्धारण केंद्रों पर सशक्त पाश्चात्य एजेंसियों का वर्चस्व रहा है। इन्हीं के प्रभाव में भारत की कृषि नीति अन्न उत्पादन में बड़ी जोतों को तथा मछली, फल, दूध, पनीर आदि के उत्पादन में तथा भोज्य पदार्थों के प्रोसेसिंग में, जंगलात के शोषण में एक कार्पोरेट सेक्टर को प्रोत्साहन देने के लिए कटिबद्ध है। इस प्रकार वह भारत के लिए पूँजीवाद के प्रासंगिक स्वरूपों को प्रोत्साहित करने के बदले विदेशी कंपनियों और अंदर के 'कंप्रेडोर' (समझौतापरस्त और परजीवी) वर्गों के गठजोड़ द्वारा एक ऐसे पूँजीवादी स्वरूप को वर्चस्व की स्थिति में सुदृढ़ करने की ओर बढ़ रहा है, जो ग्राम स्वराज और आर्थिक स्वायत्तता के पूरे सपने को इस विकास प्रक्रिया द्वारा खतरे में डालता है। इस विकास प्रक्रिया को महज पूँजीवादी विकास के भारतीय संस्करण के रूप में परिभाषित करना समीक्षात्मक दृष्टि से अपूर्ण या त्रुटिपूर्ण ही नहीं, पोलीटिकल-इकोनॉमिक दृष्टि से भ्रामक

भी होगा। *पूँजीवादी विकास की यह दिशा नव-उपनिवेशवाद की दिशा है,* इस अप्रिय सत्य को स्वीकार किए बिना हम इस घटनाक्रम को उसकी समग्रता में नहीं अभिव्यक्त कर सकेंगे। वह नव-उपनिवेशवाद अधिकांश ग्रामीण और शहरी गरीब जनता के हितों और आकांक्षाओं पर ही आघात नहीं करता, बल्कि राष्ट्रीय आर्थिक आत्मनिर्भरता तथा राजनीतिक स्वायत्तता से भी हमें लक्ष्य-भ्रष्ट करता है।

कृषि के क्षेत्र में वृहत पूँजी के प्रवेश में बहुराष्ट्रीय कंपनियों के प्रत्यक्ष या परोक्ष हस्तक्षेप की 'हरित-क्रांति' के बाद के ग्रामीण भारत में निर्णायक भूमिका रही है। ग्रामीण भारत के कल के परजीवी एवं उच्च भूमिपति वर्गों और जातियों को इस पूँजी-प्रवेश का मुख्य माध्यम बनाया गया है। साथ ही धनी किसानों की श्रेणी को भी इस पूँजी-प्रवेश में सहयोगी बनाया गया है। इस वृहत पूँजी-प्रवेश द्वारा पूर्व सामंती और महाजनी भूमि संबंधों की आधारशिला पर पूँजीवादी विकास की जो प्रक्रिया पिछले दो-तीन दशकों से तेज हुई है, उसने नव-उपनिवेशवाद के खतरे को ही गंभीर बनाया है, और इस प्रकार राष्ट्रीय स्वायत्तता के आधार को दो दिशाओं से कमजोर किया है। खतरे की पहली दिशा है कि कृषि का विशाल क्षेत्र जो अभी तक बाहरी पूँजी और उसकी एजेंसियों के प्रत्यक्ष हस्तक्षेप से मुक्त था, अब उनके सीधे हस्तक्षेप द्वारा उनका प्रभाव क्षेत्र बनता जा रहा है या बन गया है। कृषि क्षेत्र संबंधी निर्णयों में आई. एम. एफ. और विश्वबैंक का तेजी से बढ़ता हुआ प्रभाव तथा भारत की बासमती जैसी पारंपरिक उपज में अमेरिकी एजेंसियों द्वारा पेटेंट प्राप्त करने में सफल होना इस तेजी से बढ़ते बाहरी प्रभाव के ही नहीं, बाहरी प्रभुत्व का संकेत देते हैं। नव-उपनिवेशवादी खतरे की दूसरी दिशा है—स्वयं भारत के अंदर शहर और गाँव, और ग्राम के अंदर एक ओर नव सामंता एव नव-पूँजीवादी, नव-धनाढ्यों और दूसरी ओर उत्पीड़ित, शोषित, कम भूमिवाले या भूमिहीन श्रमजीवी गरीबों के विशाल जन समूह के बीच तेज होता आंतरिक विभाजन और दरार जो आंतरिक औपनिवेशीकरण की तीव्र होती एक नई प्रक्रिया का संकेत है।

खतरे का संकेत इस बात से भी मिलता है कि जल, जमीन, जंगल और प्राकृतिक साधनों पर मुनाफे के लोलुप, आक्रामक नए वर्गों का हस्तक्षेप प्रकृति और मानव समुदायों के पारंपरिक संबंधों को भी विघटित करता है, प्राकृतिक साधनों के असंयमित और अनियंत्रित शोषण के कारण अधिकांश जन का आजीविका का संकट समस्त मानवजाति के पर्यावरण के संकट में भी तब्दील होता जा रहा है। संक्षेप में निजीकरण, मशीनीकरण और बाजारीकरण के विकास की अनियंत्रित प्रक्रियाओं ने—जो वृहत पूँजी प्रवेश और कारपोरेट सेक्टर के कृषि क्षेत्र में हस्तक्षेप से जुड़ी हैं—एक ऐसे संदर्भ, ऐसी पृष्ठभूमि को जन्म दिया है, जो एक नितांत भिन्न और परिवर्तित संदर्भ है, जो एक नए युग का आगमन का संकेत देता है, जिसमें तीव्र अंतर्विरोध और संघर्ष निहित हैं। इस नव-उपनिवेशवादी, नव सामंती परिप्रेक्ष्य के विरोध में राष्ट्रीय स्वायत्तता और आर्थिक स्वराज के नए अभियान की वृहत संभावनाएँ निहित हैं।

इन प्राकृतिक संसाधनों की विनाशकारी और जनअहितकारी प्रक्रिया का प्रतिरोध,

जिसे हमने भारत के या नव-विकासशील देशों के नव-औपनिवेशीकरण के रूप में परिभाषित किया है, एक राष्ट्रीय दायित्व ही नहीं, बल्कि विश्व स्तर पर विकास की नई दिशा की खोज के साथ भी अभिन्न रूप से जुड़ा है। यह एक विचित्र स्थिति है कि हमारा देश ऐसे ऐतिहासिक क्षण में आधुनिकीकरण और विकास के उसी रास्ते, उसी दिशा को अपना रहा है, जिसे अपने तजुर्बे के आधार पर कम-से-कम सिद्धांत रूप में पश्चिम के विवेकशील और दूरदर्शी चिंतक पश्चिम के लिए विनाशकारी और विघटनकारी मानकर अन्य क्षेत्रों में उसके विस्तार और प्रसार को मानवता के लिए अहितकारी घोषित करने के लिए विवश हुए हैं। यही नहीं, उन्नीसवीं सदी और बीसवीं सदी के पूर्वार्द्ध की विचारधारा प्राक्-औद्योगिक समाज में आमूल परिवर्तन को औद्योगीकरण की अनिवार्य शर्त मानकर चली थी और पश्चिमी देशों के इसी चिंतन के अनुसार भारत जैसे एशियाई देशों के पिछड़ेपन का मुख्य कारण उनके पारंपरिक समाज की संरचना और उनकी पारंपरिक मानसिकता को मानती थी, जो विकास-अवरोधक और परिवर्तन-विरोधी समझी गई थी। इसी चिंतन से प्रभावित होकर और पश्चिमी औद्योगिक देशों को अपना आदर्श मानकर एशियाई देशों के आर्थिक विचारक भी अपने समाज के संपूर्ण पश्चिमीकरण को अपने आधुनिक विकास की अनिवार्य शर्त मानने लगे थे।

इसी विचारधारा की उन्नीसवीं सदी के आरंभ से लेकर बीसवीं सदी के पूर्वार्द्ध तक व्यापक रूप से विकास की मुख्यधारा के रूप में स्वीकृति रही थी। इस विचारधारा के न केवल उदारवादी चिंतक मुख्य हिमायती थे, बल्कि उदारवाद की आलोचक प्रगतिशील विचारधारा भी इस नतीजे पर उदारवादियों के साथ एकमत थी कि यूरोप में ही नहीं एशियाई देशों में भी पारंपरिक समाज में आमूल परिवर्तन आधुनिक विकास की अनिवार्य शर्त है। इस दृष्टि से अग्रणी क्रांतिकारी विचारक कार्ल मार्क्स ने उदारवाद से प्रेरित पूँजीवाद द्वारा यूरोप के पारंपरिक समाज की संरचना और मानसिकता के विघटन और विखंडन को एक क्रांतिकारी योगदान बताया था जिसने यूरोप में औद्योगिक क्रांति और नए मुक्त समाज के विस्तार और प्रसार के लिए रास्ता साफ किया था। कार्ल मार्क्स ने तो इंग्लिस्तान द्वारा भारत जैसे एशियाई देशों में औपनिवेशिक राज्य के हस्तक्षेप द्वारा भारत की पारंपरिक अर्थव्यवस्था और मानसिकता के विघटन और विखंडन की भी एक ऐतिहासिक महत्त्व की प्रक्रिया के रूप में व्याख्या की थी। मार्क्स का यह कथन महत्त्वपूर्ण है कि भारत पर कब्जा करने के पीछे इंग्लिस्तान के इरादे कितने ही बुरे क्यों न रहे हों लेकिन अगर इंग्लिस्तान के भारत पर आधिपत्य का हम उसके नतीजों के आधार पर मूल्यांकन करें, तो यह स्पष्ट है कि इंग्लिस्तान ने ''इतिहास के एक अचेतन औजार के रूप में काम किया है और अपने आधिपत्य द्वारा पारंपरिक समाज को नष्ट कर और आधुनिक यूरोपीय समाज के मुख्य तत्त्वों का यहाँ समावेश कर भारत में आधुनिक विकास की परिस्थितियों को पैदा किया है। पश्चिम और पूरब की टकराहट इस दृष्टि से पूरब के आधुनिक विकास में सहायक हुई।'' यह मार्क्स का महत्त्वपूर्ण कथन था।

यह बात उल्लेखनीय है कि बीसवीं सदी के ढलान के वर्षों में उन्नीसवीं सदी और बीसवीं सदी के पूर्वार्द्ध के इस उदारवादी और प्रगतिशील चिंतन की मूल अवधारणाओं पर ही प्रश्नचिह्न लग गया और इन अवधारणाओं पर बुनियादी पुनर्विचार की शुरुआत हुई। प्रसिद्ध मार्क्सवादी इतिहासकार एरिक हाब्सबौम का नया ग्रंथ 'एज ऑफ एक्सट्रीम्स, द शार्ट ट्वेंटीयथ सेंचुरी 1914-1991' इस पुनर्विचार के स्पष्ट संकेत देता है। एरिक हाब्सबौम ने इस बात पर रोशनी डाली है कि आधुनिक विकास के विशेषज्ञों को इस बात का कतई बोध नहीं था कि पश्चिम की औद्योगिक अर्थव्यवस्था को एक जीवंत (वाएबल) व्यवस्था के रूप में उभारने और कायम रखने में उस प्राक्-औद्योगिक और प्राक्-आधुनिक यानी पारंपरिक सामाजिक संरचना और मूल्यों का कितना बड़ा योगदान था, जिसे ये विशेषज्ञ विकास-अवरोधक मानते आए थे। इस बात का बोध इन विशेषज्ञों को बीसवीं सदी के ढलान के वर्षों में तब होने लगा, जब वह पारंपरिक संरचना और मूल्य व्यक्तिवाद के तीव्र विस्फोट के कारण नष्टप्राय हो गए और पश्चिमी समाज के अंदर एक नैतिक शून्य या गहरे नैतिक संकट की स्थिति पैदा हो गई, जिसके परिणामस्वरूप पारंपरिक नैतिक आधार से वंचित होकर अर्थव्यवस्था चरमराने लगी थी।

एरिक हाब्सबौम के ही शब्दों में :

"जिस प्रकार हम उस हवा को स्वाभाविक मानकर चलते हैं, जो हमारी साँसों के अंदर हमें जीवित रखती है और जिसके कारण हमारी गतिविधियाँ संभव हैं और हमें इसकी जीवनदायी शक्ति का अहसास तभी होता है, जब वह हवा हमसे छीन ली जाती है, उसी प्रकार पूँजीवाद भी उस माहौल को स्वाभाविक मानने लगा था जो उसे पारंपरिक समाज से विरासत में मिला था और जिसके कारण पूँजीवादी व्यवस्था चलती थी। वह पारंपरिक समाज से विरासत में मिला माहौल कितना जरूरी था, उसे उसका अहसास तब हुआ जब उस माहौल को ही खतरा पैदा हो गया। दूसरे शब्दों में, पूँजीवाद इसीलिए कामयाब हुआ कि वह सिर्फ पूँजीवाद पर निर्भर नहीं था। मुनाफे को और पूँजी-संचय को उच्चतम सीमा तक बढ़ाना पूँजीवाद की कामयाबी के लिए जरूरी थे, लेकिन काफी नहीं। बीसवीं सदी के ढलान के वर्षों में पूँजीवाद को विरासत में मिली नैतिक संपत्ति का जब ह्रास होने लगा तब इस बात का अहसास हुआ कि इस विरासत के बिना पूँजीवादी व्यवस्था को बनाए रखना कितना कठिन है। यह एक विचित्र स्थिति थी। 1970 और 1980 के बीच जब यह अहसास पूँजीवादी व्यवस्था को चलाने के लिए जिम्मेदार वर्ग में सबसे तीव्र था, व्यवहार से कटे हुए अर्थशास्त्र के विशेषज्ञ इसी समय राज्य नियोजन पर बाजार की विजय के नए सिद्धांत—नव-उदारवाद का जोर-जोर से प्रचार करने में लगे थे।"

एरिक हाब्सबौम के ही शब्दों में इंग्लिस्तान में नव-उदारवाद की दिशा में राज्य नीति के स्तर पर पहल करनेवाली इंग्लिस्तान की प्रधानमंत्री मार्गरेट थैचर ने ही पश्चिम के व्यापक नैतिक संकट को सबसे सशक्त शब्दों में यह कहकर वाणी दी थी :

"अब समाज नहीं, केवल व्यक्ति है।"

दूसरे शब्दों में, व्यक्ति के लिए समाज को जीवंत रूप देनेवाली सभी संरचनाओं, जैसे—परिवार, पड़ोस, धार्मिक संगठन (चर्च) के कमजोर पड़ने के कारण व्यक्ति, विशेषकर अपार समृद्धि के बीच भी दरिद्र, नया 'अंडर क्लास', पारंपरिक संस्थाओं द्वारा दी गई सामाजिक और मानसिक सुरक्षाओं का अभाव तीव्र रूप से महसूस करने लगा। अर्थव्यवस्था भी उस अनुशासन के अभाव के परिणामों को महसूस करने लगी, जो अनुशासन राज्य द्वारा नहीं, पारंपरिक सामाजिक संगठनों और मूल्यों द्वारा स्थापित होता था या स्वशासन के रूप में समाज के सदस्य खुद अपने ऊपर लागू करते थे। इस अनुशासन के कमजोर पड़ने से आर्थिक क्षेत्र में काम की नैतिकता (वर्क एथिक), आज्ञाकारिता और वफादारी, व्यावसायिक और व्यापारिक मामलों और लेन-देन में पारस्परिक विश्वास की भावना और तात्कालिक तुष्टि के स्थान पर दीर्घकालीन फलों को प्राथमिकता देने के लिए सब्र, धैर्य तथा निष्ठा के साथ कर्म करने की प्रवृत्ति, लंबे अरसे में फलनेवाले विनियोग में दिलचस्पी, जिस पर निरंतर विकाशील अर्थव्यवस्था की जीवंतता निर्भर करती थी—इन सब पर जबर्दस्त आघात लगा। सच तो यह है कि पारंपरिक समाज और संस्कृति ने विरासत में औद्योगिक समाज को जो 'नैतिक व्यवस्था' प्रदान की थी, उसका होना औद्योगिक समाज के लिए कितना शक्तिप्रद और सामर्थ्यदायी था, इसका अहसास तब हुआ जब इस नैतिक व्यवस्था को नई सांस्कृतिक प्रक्रियाओं ने नष्टप्राय कर दिया था।

एरिक हाब्सबौम इस बात को भी रेखांकित करते हैं कि बीसवीं सदी के उत्तरार्द्ध के वर्षों से ही पश्चिम के विकसित समाजों में (अमेरिका में 1960 के आसपास) 'अस्मिता' के प्रश्न पर आधारित राजनीतिक आंदोलनों का हठात् विस्फोट-सा होने लगा जो उस गुजरे हुए युग के मिथकीकरण पर आधारित था, जिसमें न असुरक्षा थी और न अराजकता, वरन् समाज सुगठित और सुव्यस्थित और संवेदी तथा अन्योन्याश्रित था। एरिक हाब्सबौम के ही शब्दों में, इस अतीत के मिथकीकरण के पीछे वर्तमान में उभरते समाज की अराजकता और अमानवीकरण के विरुद्ध प्रतिरोध की भावना तो थी ही, एक मानवीय भाईचारे, संवेदना और सहानुभूति को पुनः जगानेवाले समुदाय (कम्युनिटी) की पुनर्स्थापना की अदम्य इच्छा और अनिवार्यता भी अभिव्यक्त होती थी। एक ऐसा 'समुदाय' जिसके साथ जुड़े रहने की भावना उत्तर-औद्योगिक समाज के सदस्य को 'एनोमी' से जूझने की शक्ति देती है, जो एक सामाजिक विखंडन और अलगाव के बीच पारिवारिक संबंधों की हार्दिकता और स्नेहमयता का बोध कराती है और जो वर्तमान समाज में रहने का एक हिंसक पशुओं से भरे जंगल में रहने की विभीषिका से मुक्ति देने का आश्वासन भी देती है। एरिक हाब्सबौम ने उत्तर आधुनिक समाज में अपराधीकरण और अनुशासनहीनता की प्रवृत्ति के विस्तार की जड़ में भी समाज के नैतिक संकट को रेखांकित किया है, जो पारंपरिक समाज के नैतिक संसाधनों के अवमूल्यन के साथ-साथ अधिक गंभीर हुआ है।

यह एक महज संयोग नहीं है कि बीसवीं सदी के ढलान के वर्षों के विचारकों के

चिंतन में 'समुदाय' की अवधारणा एक बुनियादी अवधारणा बनकर उभरी है और जन-जीवन के अनुभव, आस्था और आकांक्षा को वाणी देते हुए *समुदाय की वापसी पर आधारित नए समाज के सपने* (यूटोपिया) रचने की प्रक्रिया भी आज की मुख्य प्रक्रिया बनकर उभरी है। इस प्रक्रिया में एक तरफ उन्नीसवीं और बीसवीं सदी के पूर्वार्द्ध के स्वप्नों से मोह भंग और उस दौर में रचे गए 'यूटोपिया' का निराकरण है, तो दूसरी ओर नए सपनों की रचना, नए 'यूटोपिया' की तलाश का सशक्त आग्रह भी है।

यह अजीब विरोधाभास है कि पश्चिम के विकसित देशों में इस सामुदायिकता की तलाश का एक सशक्त, नई सांस्कृतिक लहर के रूप में उसी क्षण जबर्दस्त उभार हो रहा है, जब पश्चिम के ही विचारकों और प्रचारकों द्वारा नव-उदारवाद के उस विचार और व्यवहार को, जो खुले बाजार को और अनियंत्रित व्यक्तिवाद को महिमामंडित करता है और राज्य तथा अन्य सामाजिक एजेंसियों द्वारा आर्थिक क्षेत्र में हस्तक्षेप का अवमूल्यन करता है, तथाकथित 'दूसरी और तीसरी दुनिया' पर थोपने का अभियान जोरों पर है और यहाँ के शासक वर्ग को नव-उदारवाद के प्रभावक्षेत्र में लाने की पश्चिमी विशिष्ट वर्गों की कोशिश सफल होती नजर आती है। पश्चिम के शक्ति केंद्रों द्वारा भारत जैसे एशियाई देशों के ऊपर अपनी नीतियों में नव-उदारवादी दिशा में परिवर्तन करने का दबाव उसी समय जबर्दस्त जोर पकड़ चुका है, जिस समय पश्चिम के ही अग्रणी चिंतक जैसे एलेन टाफलर अपने नए चिंतन के आधार पर इस नतीजे पर पहुँचे हैं :

"कल की विकास-रणनीतियों का सर्जनात्मक केंद्र न वाशिंगटन होगा, न मास्को, न पेरिस न जेनेवा। इस नए सृजनात्मक चिंतन के केंद्र होंगे—अफ्रीका, एशिया और लेटिन अमरीका। ये नई रणनीतियाँ देशज होंगी, जिनका स्थानीय साधनों और स्थितियों से तालमेल होगा। ये रणनीतियाँ आर्थिक पहलू को इतना अधिक महत्त्व नहीं देंगी कि जिससे पर्यावरण, संस्कृति, धर्म, पारिवारिक संरचना, या मानव-जीवन के मनोवैज्ञानिक आयामों की उपेक्षा हो। ये बाहर से आयात किए गए किसी मॉडल की नकल नहीं करेंगी।"

वास्तविक स्थिति यह है कि पश्चिमी देशों के अंदर जो पश्चिमी विकास 'मॉडल' के आत्मपरीक्षण की लहर जोर पकड़ चुकी है, जो विकास-प्रक्रिया को उन्नीसवीं सदी और बीसवीं सदी की स्थापित अवधारणाओं और नीतियों की अंधी गली से उबारने की इच्छुक है, जो उसे नए सामाजिक, सांस्कृतिक लक्ष्यों और उद्‌देश्यों से जोड़ने के लिए सक्रिय है, उस नए चिंतन का न पश्चिमी शासकों के व्यवहार पर अभी कोई असर है और न इस चिंतन ने विकासशील देशों के शासकों पर ही कोई प्रभाव डाला है।

भारत जैसे देश पश्चिमी उपनिवेशवाद के कटु अनुभव से तो गुजर चुके हैं, लेकिन आज भी इस देश के प्रभुत्वशाली वर्ग अपनी राजनीतिक स्वतंत्रता को मानसिक स्वायत्तता और स्वायत्त चिंतन की क्षमता में बदलने के लिए तैयार नहीं हैं। वस्तुस्थिति तो यह है कि दक्खिनी एशिया के देश जैसे भारत आज यूरो-अमेरिकी नव-उदारवादी

आर्थिक और सांस्कृतिक लहर के प्रभाव क्षेत्र में पूरी तरह आ चुके हैं। भारत जैसे देश पश्चिमी देशों में आत्मपरीक्षण का प्रतिनिधित्व करनेवाले ऐसे चिंतकों, जैसे—चौम्स्की, गेलब्रेथ, एलेन टाफलर आदि के चिंतन की नई लहर से अनजान तो हैं ही, वे स्वयं उन पूर्वी एशियाई और दक्खिन-पूर्वी एशियाई देशों के विकास के अनुभव से और उनकी अपनी मौलिक चिंतन-धाराओं से भी अनजान हैं जिन्होंने पश्चिमी मॉडल के विकल्प के रूप में विकास का एक एशियाई 'मॉडल' ईजाद करने की पहल की थी और जिनके विकास में पश्चिमी 'व्यक्तिवाद' नहीं बल्कि एशियाई 'समुदाय' (या 'सामुदायिकता' की भावना) मुख्य प्रेरक शक्ति रहे हैं। भारत जैसे देश के शासक वर्ग ने अभी भी जापान, दक्खिनी कोरिया, ताइवान आदि के विकास अनुभवों को पूरी तरह आत्मसात् नहीं किया है और इसी कारण नियोजन के स्थान पर खुले बाजार को सिद्धांत रूप से नए आर्थिक सुधारों के निर्णायक तत्त्व के रूप में स्वीकार किया है।

यह नया पूर्व एशियाई 'मॉडल' व्यावहारिक स्तर पर पश्चिम के मॉडल के विकल्प के रूप में एक नया प्रयोग बनकर उभरा है। यह प्रयोग सैद्धांतिक स्तर पर आधुनिक विकास-दर्शन की उस स्थापना को भी चुनौती देता है जिसके अनुसार एशियाई समाज का पश्चिमीकरण यानी इस समाज में व्यक्तिवाद की विजय और सामुदायिकता का ह्रास आधुनिक विकास की एक अनिवार्य शर्त है। सैद्धांतिक स्तर पर यह एशियाई नए मॉडल की अवधारणा राज्य के विकल्प के रूप में खुले बाजार की अवधारणा और व्यवहार को ही विकास की मुख्य प्रेरक शक्ति नहीं मानती। एशिया के प्रबुद्ध चिंतक राज्य और खुले बाजार दोनों के विकल्प के रूप में समुदाय पर आधारित और सामुदायिकता से प्रेरित विकास के नए 'विजन' और व्यवहार (प्रयोग को) को राज्य और खुले बाजार दोनों के विकल्प के रूप में देखते हैं। इस सामुदायिकता प्रेरित विकास के 'विजन' को विकास के नए दर्शन और चिंतन से तो बल मिला ही है, साथ ही धरातल के स्तर पर जन जीवन नई समस्याओं को सामने ला रहा है, जिनका हल न राज्य के हस्तक्षेप और न खुले बाजार के विस्तार में जनसाधारण को नजर आ रहा है। उन समस्याओं से जूझने के प्रयास सामूहिक हित की परंपरा के अनुकूल प्राकृतिक संसाधनों के जन-हित में उपयोग की एक नई सामुदायिकता को जन्म दे रहे हैं।

सामुदायिकता पर आधारित एक नई व्यवस्था की अवधारणा राज्य और खुले बाजार दोनों के विकल्प की संभावनाएँ प्रस्तुत करती है। इस सामुदायिकता में गाँधी और मार्क्स दोनों की मूल प्रेरणाओं को एक नया व्यावहारिक रूप और दिशा देने की संभावना निहित है। यह सामुदायिकता प्रकृति और मानव, मानव और मानव एवं मानव और मानवी के नए रिश्ते खोजने की नई प्रेरणाओं से भी अनुप्राणित है। इसमें मानव के एक नए भविष्य की आशा का भी स्पष्ट संकेत है।

आधी सदी : संक्रमण की त्रासदी या 'चरैवेति' की चुनौती

भारत की आजादी की आधी सदी भारत के नव-निर्माण और विकास की आधी सदी के साथ-साथ मेरे सक्रिय जीवन, मेरे प्रयासों और प्रयोगों, मेरे अनुभवों और मेरी खोजों की भी आधी सदी है। इस विषय पर लिखना मेरे लिए गौरव की बात है, पाँच दशकों के सर्वेक्षण के साथ ही यह नई सोच और नई दृष्टि की खोज के लिए उत्तेजन भी है। मैं कोशिश करूँगा कि मेरा वक्तव्य न आत्मकेंद्रित हो, न तत्काल-केंद्रित। मैं चाहता हूँ कि मैं आधी सदी द्वारा उठाए गए उन प्रश्नों और आग्रहों पर रोशनी डाल सकूँ जो मुझे तथा मेरे देश और जन को उद्वेलित करते रहे हैं और जिन्हें समझने और जिनसे बौद्धिक तथा व्यावहारिक स्तर पर जूझने में मेरे और मेरे अर्द्धशताब्दी से अधिक समय के चरित्र और चेतना की रचना हुई है। मेरा प्रयास होगा कि मैं उन उभरते, बदलते, टूटते और फिर बनते नजरियों, दृष्टियों और अवधारणाओं तथा अपने देश और काल की आधारभूत वैचारिक और सैद्धांतिक टकराहटों का भी संकेत दे सकूँ, जिनसे मेरे और मेरे देश-काल के निरंतर गतिशील व्यक्तित्व पर रोशनी पड़े।

मुझे इस आधी सदी को बीसवीं सदी के संदर्भ में लंबे 'संक्रमण काल' के रूप में देखाा है। पंडित नेहरू ने अपनी आत्मकथा में मैथ्यू आर्नल्ड की कविता की पंक्तियों द्वारा यह विचार व्यक्त किया था कि उनका समय दो दुनियाओं के द्वंद्व का समय है, एक दुनिया जो मृतप्राय हो गई है और दूसरी दुनिया जो जन्म लेने में अभी अक्षम है। मैं भी अपने समय को पुरानी दुनिया से नई दुनिया के संक्रमण काल के रूप में परिभाषित करना चाहूँगा। पंडित नेहरू के विचार को विस्तार देकर मैं कहना चाहूँगा कि पुरानी दुनिया से नई दुनिया में संक्रमण एक छलाँग में संभव नहीं। इस संक्रमण प्रक्रिया ने अनेक संक्रमण प्रयोगों को जन्म दिया है, जिसमें असफल प्रयोगों के विखंडन और सफल प्रयोगों की तलाश की बहुमुखी संभावनाएँ निहित रही हैं। अगर पिछली सदी को मैं संक्रमणों की त्रासदियों का ही नहीं, 'चरैवेति-चरैवेति' की चुनौतियों से प्रेरित निरंतर नए क्षितिजों की तलाश की सदी कहूँ, तो इस बीसवीं सदी की गतिशीलता सार्थक और सकारात्मक रूप से व्यक्त हो पाएगी। इस सदी ने मरणोन्मुख या मरणासन्न पुरानी दुनिया के प्रति मोह, 'नौस्टेल्जिया' और पुरानी सुरक्षाओं से विच्छेद के कारण पैदा परंपरावादी अतीतोन्मुखी प्रवृत्तियों को ही जन्म नहीं दिया है, उसमें आगे बढ़ने का

जोखिम उठानेवाली, मानव की भविष्योन्मुखी, सर्जनात्मक, साहसिक प्रवृत्ति के लिए अनंत संभावनाएँ और वृहत् कार्यक्षेत्र भी प्रस्तुत किया है।

मानव की इसी साहसिक प्रवृत्ति का गुणगान करते हुए पंडित नेहरू ने 'भारत की खोज' में कहा था कि मानव की जोखिम उठाने की, साहसिक कार्य करने की प्रवृत्ति कितनी अदम्य और महान् है, हमारी सदी इसकी प्रत्यक्ष साक्षी है—ऐसा मानव जिसने दुर्जेय समझी जानेवाली प्राकृतिक शक्तियों को काबू में करने का साहस दिखाया है। उसने युगों से स्थापित, सशक्त और पुरोहितों द्वारा अपरिवर्तनीय मानी जानेवाली सामाजिक संरचनाओं और व्यवस्थाओं और सत्ता के दुर्गों को ध्वस्त किया है। साथ ही मानव के सपने को साकार करनेवाली नई संरचनाओं और व्यवस्थाओं की दिशा में निरंतर प्रयोग करने का साहस प्रदर्शित किया है। समाज-परिवर्तन की अप्रत्याशित तेज रफ्तार से ही हमारी सदी की पुराने समयों से एकदम भिन्न पहचान बनी है। लेकिन परिवर्तन की इस अभूतपूर्व तेज रफ्तार ने जनसाधारण के लिए जो संकट पैदा किए हैं, उन्हीं की प्रतिक्रियास्वरूप भविष्योन्मुखी प्रवृत्ति के स्थान पर भविष्य से अतीत की ओर पुनरावर्तन की प्रकृति भी प्रबल हुई। भविष्योन्मुखी और अतीतोन्मुखी प्रवृत्तियों की जबरदस्त टकराहट इक्कीसवीं सदी की पूर्व संध्या की मुख्य पहचान बनकर उभर रही है।

इन अंतर्विरोधी प्रवृत्तियों के प्रमाणस्वरूप मैं रूस के बदलते परिदृश्य की ओर इशारा करना चाहता हूँ, जिसकी कुछ दशक पूर्व हमने कल्पना भी नहीं की थी। हमने रूसी क्रांति के प्रतीक ब्लादिमिर इलिच लेनिन की मूर्तियों को सोवियत संघ के और पूर्वी यूरोप के देशों में प्रतिष्ठित होते देखा था, तो आज प्रतिरोधी शक्तियों के पुनरुत्थान के प्रतीक के रूप में लेनिन की मूर्तियों का अवमूल्यन और भंजन भी देखा है तथा जारशाही के अंतिम प्रतिनिधि और उसके परिवार के पार्थिव अवशेषों को क्रेमलिन की भूमि पर पुनः संपूर्ण राजकीय प्रतिष्ठा और गौरव के साथ दफन होते हुए भी देखा है। हमारी सदी के आंतरिक अंतर्विरोधी चरित्र पर प्रकाश डालने का प्रयास मैं इस लेख में कर रहा हूँ। यदि अपने युवाकाल में मैंने समय की कल्पना उत्तरोत्तर प्रगति की दिशा में एक सीधी रेखा (स्ट्रेट लाइन) पर चलती हुई शक्ति के रूप में की थी तो अपनी प्रौढ़ावस्था में इस अवधारणा को बदलना पड़ा है और समय को आगे और पीछे दोनों दिशाओं में चलते हुए देखा है। उपर्युक्त संदर्भ में मैं अपने समय को फिर से समझने और परिभाषित करने को विवश हुआ हूँ।

मेरा समय महत परिवर्तनों और युगांतरकारी उथल-पुथल और घटनाओं का युग रहा है, इस युग में आधुनिक जगत के महत् विचारकों, यथास्थिति-विरोधी स्वप्नद्रष्टाओं के सिद्धांतों पर आधारित 'यूटोपिया' को अमल में लाया गया। अपने चरमोत्कर्ष पर पहुँचने में यदि इन सामाजिक प्रयोगों को कई दशक लगे तो ध्वस्त होने में इन्हें कुछ ही वर्ष लगे, मेरे समय में कुछ सदियों, कई दशकों का रचा इतिहास कुछ ही वर्षों में मिट गया और नया इतिहास रचा गया। कभी दुर्जेय समझी जानेवाली विश्वव्यापी

पूँजीवादी साम्राज्यी व्यवस्था का सर्वप्रथम रूसी समाजवादी क्रांति और फिर गुलाम देशों में स्वाधीनता-संग्राम के उभार के फलस्वरूप नाटकीय ढंग से विखंडन और ह्रास; 1930 के दशक के सांघातिक आंतरिक संकट से ग्रस्त और मृतप्राय माने जानेवाले पूँजीवाद के विकल्प के रूप में रूस तथा पूर्वी यूरोप में लेनिनवादी समाजवाद का अभ्युदय और पश्चिमी यूरोप, अमेरिका आदि में 'न्यूडील' तथा फेबियन विचार-पद्धति से प्रेरित लोकतंत्रीय समाजवादी प्रयोग; महा शक्तिशाली सोवियत संघ और उसके संरक्षण में सुरक्षित लगनेवाली 'दूसरी दुनिया' का उदय और उत्कर्ष; युगांतरकारी साम्राज्य-विरोधी स्वतंत्रता-आंदोलनों के फलस्वरूप एशिया, अफ्रीका, लेटिन अमेरिका में नवोदित राष्ट्रीय राज्यों का निर्माण और पुराने गुलाम और पिछड़े भूभाग में नवजाग्रत स्वाभिमान की प्रतीक 'तीसरी दुनिया' का अभ्युदय—कितने युगांतरकारी परिवर्तनों के साथ मैं बाल्यकाल से युवाकाल में पहुँचा।

यदि बीसवीं सदी का पूर्वार्द्ध और मेरे जीवन का युवाकाल इन महत् परिवर्तनों से उद्वेलित रहा तो उसके पूर्वार्द्ध का अंत और नई अर्द्धशताब्दी का आरंभ जब मैं युवाकाल से प्रौढ़ावस्था तक पहुँचा तो मोहभंग करनेवाली वैचारिक और राजनीतिक प्रतिक्रांतियों से हुआ। भूकंप की भाँति हुए परिवर्तनों के साथ जैसे इतिहास की प्रक्रिया ही उलटी चलने लगी। महा शक्तिशाली सोवियत यूनियन और उसके द्वारा संरक्षित 'दूसरी दुनिया' का ध्वस्त होना; बर्लिन की दीवार का टूटना; 'आयरन कर्टेन' के भीतर जी रहे देशों में तथाकथित 'खुले समाज' का विस्तार; 'वारसा पैक्ट' के विघटन के साथ-साथ वैचारिक स्तर पर रूस आदि अन्य राष्ट्रों में लेनिन का सूर्यास्त तथा पहले गोर्बाचोफ और फिर येल्तसिन द्वारा लेनिन की परंपरा से संपूर्ण संबंध-विच्छेद; चीन में माओवाद का अंत और डेंगवाद की प्रतिष्ठा—ये सब महज राजनीतिक व्यवस्थाओं और वैचारिक पद्धतियों में कायापलट के ही प्रतीक नहीं थे। इनके अवसान के साथ ही पश्चिम के वर्चस्व को चुनौती देनेवाले एक 'विजन', एक विकल्प की कल्पना, एक विकल्प की अर्थव्यवस्था और संस्कृति का स्वप्न, जिसके आधार पर पश्चिम के कई प्रबुद्ध उदार विचारक रूसी समाजवाद को एक नए आर्थिक, राजनीतिक और सांस्कृतिक महत्त्व के प्रयोग के रूप में समर्थन देने को प्रेरित हुए थे, उन सबका जैसे अवसान हो गया।

लगा जैसे रूसी समाजवाद की पराजय द्वारा इतिहास ने मार्क्स की भविष्यवाणी के विपरीत पूँजीवाद को आखिरी अट्टहास का मौका दिया। तीस के दशक का मृतप्राय पूँजीवाद द्वितीय महायुद्ध के बाद जैसे पुनर्जीवित होकर बीसवीं सदी के उत्तरार्द्ध में समस्त विश्व पर अपना वर्चस्व स्थापित करने में सफल हुआ। इस प्रकार क्रांति के गढ़—रूस और चीन—के ढहने के बाद क्रांति के उत्तरोत्तर विस्तार का क्रांतिकारी विचारकों का स्वप्न जैसे इतिहास के गर्भ में विलीन हो गया, ऐतिहासिक भूल बनकर रह गया।

ऐसा लगा, जैसे समय ने मार्क्सवादी, लेनिनवादी, माओवादी स्वप्नों को ही नहीं, बल्कि पश्चिमी यूरोप के 'फेबियन' या जनतांत्रिक समाजवाद के विचार और कार्यक्रम

को भी रीगन और थैचर के माध्यम से नकारते हुए इतिहास के कूड़ेदान में फेंक दिया।

इनके साथ ही पूँजी, बाजार आदि को खुली छूट देने और राज्य को केंद्र से हाशिए पर लाने की अवधारणाएँ, जो कुछ ही वर्ष पूर्व एक अल्पमत की अवधारणाएँ बन गई थीं, मुख्यधारा की अवधारणाओं में तब्दील होती नजर आईं। समाजवादी प्रयोग की पराजय की घोषणा में अब पूँजीवाद के विचारक नहीं, बल्कि समाजवादी देशों के नए नेता स्वयं ही अग्रणी थे, जिन्हें 'समाजवाद' से मोहभंग ने 'खुले बाजार' और 'पूँजी' का जबर्दस्त समर्थक बना दिया। एक विचित्र स्थिति मेरे समय ने पैदा की, जब पूँजीवादी देशों के प्रबुद्ध विचारक (जैसे गेलब्रेथ, चौम्स्की, टाफ्लर आदि) अंतर्राष्ट्रीय मंच पर बाजार की असफलताओं की बात करते थे और रूस तथा पूर्व समाजवादी देशों के प्रतिनिधि राज्य के हस्तेक्षप की नाकामयाबी की।

स्पष्ट था कि पलड़ा अब पूँजीवाद का भारी पड़ गया। अमेरिका, यूरोप, पूर्वी एशिया में जहाँ एक-डेढ़ शताब्दी से कम्यूनिज्म का भय लोगों के दिलो-दिमाग पर छाया था, वहाँ 'खुले बाजार', 'खुली पूँजी' और तकनीकी संचरण तथा खुली अर्थव्यवस्था की अवधारणाएँ लोगों के दिलो-दिमाग पर फिर प्रभावशाली बन गईं और उन्होंने मार्क्स और कीन्स का भूत जैसे सदा के लिए भगा दिया। अब मार्क्स, कीन्स, शुंपीटर, मिर्डाल, गैलब्रेथ, सार्त्र आदि विचार-विनिमय, विवाद-संवाद के विषय नहीं रहे। अब तो हायेक, मिल्टन फ्रीडमैन, फुकुयामा तथा विश्वबैंक और अंतर्राष्ट्रीय द्रव्य-कोष के दस्तावेज सर्वत्र चर्चा का विषय बनते गए। विशेषकर उन देशों में जहाँ समाजवादी प्रयोग को विफल करार दिया गया। इन नई लहरों की लपेट में आनेवाले देशों में भारत भी शामिल हुआ, जहाँ नेहरूवादी आर्थिक 'विजन' कुछ ही वर्ष पूर्व राष्ट्रीय-अंतर्राष्ट्रीय स्तर पर चर्चा का विषय था और आर्थिक सुधार, उदारीकरण और बाजारीकरण की लहर अब जोर पकड़ गई।

बाजार-हितैषी दिशा में आर्थिक सुधार, राज्य के न्यूनतम हस्तक्षेप की अवधारणा, राज्य द्वारा नियंत्रण और नियोजन की अवमानना, पूँजी, टेक्नालॉजी, स्किल्ड वर्कफोर्स और प्रोफेशनल वर्गों के एक देश से दूसरे देश में संचरण पर बंदिशों को हटाने का अभियान, बहुराष्ट्रीय कंपनियों द्वारा राष्ट्रीय राज्य के प्रभुत्व को नकारकर अपने प्रभुत्व को स्थापित करने का अभियान—इन सबने संयुक्त रूप से पुराने आर्थिक तंत्र के सभी स्तंभों को एक के बाद एक ध्वस्त करते हुए एक नई खुली वैश्विक अर्थव्यवस्था की घोषणा की। आर्थिक विकास और उसकी प्रेरक शक्तियों की पुरानी अवधारणाएँ और उनका प्रसार करनेवाली सभी पाठ्य-पुस्तकें जैसे अप्रासंगिक हो गईं और अर्थशास्त्र के नए सिलेबस और नई पॉलिसी के एजेंडा से ही हट गईं।

शताब्दी के अंत तक यह तथ्य प्रखर रूप से उजागर हो गया कि आधुनिक से उत्तर-आधुनिक मानसिकता में अब दुनिया प्रवेश कर चुकी है, जब वह दो-तीन सदियों के स्थापित मानकों और वाहकों को ही नकार रही है। पश्चिम के उन्नत देशों में आधुनिक औद्योगिक क्रांति के प्रेरक 'प्यूरिटन' मध्यम वर्ग का अंत हो चुका है और

उसका स्थान निर्बंध भोगवाद का हिमायती नव-मध्यम वर्ग ले चुका है। इस भोगलिप्सु नए मध्यम वर्ग का विस्फोट एक युगांतरकारी घटना और प्रक्रिया है। इसके समानांतर दूसरी युगांतरकारी घटना है—पश्चिम के उन्नत देशों में 'उस किसान की मौत' जो अभी तक किसी माने में प्राक्-आधुनिक युग को आधुनिक युग से जोड़ता था और पुरानी और नई शहरी और ग्रामीण संस्कृति के बीच सेतु बना हुआ था। बीसवीं सदी के उत्तरार्द्ध में किसान की मौत को प्रसिद्ध इतिहासकार एरिक हाब्सबौम ने पश्चिमी देशों के इतिहास को एक और नया मोड़ देनेवाली घटना माना है।

इस परिवर्तन-चक्र ने विश्व-भर में एक ऐसी बौद्धिक और नैतिक शून्य की स्थिति पैदा की है और संरक्षणात्मक प्रतिक्रिया के रूप में दो परस्पर विरोधी रुखों को जन्म दिया है जो हमारी मानसिकता को खंडित और विभाजित कर दो विपरीत दिशाओं में हमें खींचना चाहते हैं। एक ओर उग्र, आक्रामक, रूढ़िवादिता का रुख उभरा है जिसकी अभिव्यक्ति 'हमारी स्थिरता खतरे में है' नारे में बुलंद हो रही है। दूसरी ओर है एक नग्न भौतिकवाद (भोगवाद) का विस्फोट, जिसे उत्तर-आधुनिक संप्रेषण क्रांति और अधिक उग्र और व्यापक रूप में भड़काने का काम कर रही है।

यह तेजी से बदलता हुआ संदर्भ भारत के लिए कठिन दुविधाएँ प्रस्तुत करता है, जिसका यहाँ संकेत ही दिया जा सकता है। यह नए प्रश्न प्रस्तुत कर रहा है, जिनको स्वीकार न करने से और जिनसे कतराने से दुविधाएँ और तीव्र और कठिन हो जाती हैं। नए संदर्भ में 'श्रेष्ठ जीवन' की हमारी परिभाषा क्या है ? क्या राष्ट्रीय आंदोलन के 'सादा जीवन और उच्च्य चिंतन' की गाँधीजी की रची हुई 'श्रेष्ठ जीवन' की परिभाषा अब भी प्रासंगिक है, जब विज्ञान और टेकनालॉजी भौतिक सुख-सुविधाओं और उपभोग की नई-नई और मनोहारी संभावनाएँ पैदा कर रहे हैं ? क्या नव मध्यम वर्ग के लिए गाँधीजी की स्वेच्छा से स्वीकार की हुई गरीबी (वौलेंटरी पावर्टी), उपभोग में संयम और त्याग का वह लक्ष्य और जीवन-शैली अभी भी प्रासंगिक है, जिसे अपनाकर पुराने मध्यम वर्ग ने जनसाधारण से अपना अलगाव दूर किया था और अपने जीवन को धन्य समझा था ? क्या गाँधीजी जो 'प्यूरिटन एथिक' के भारतीय संस्करण ('वरजन') के जन्मदाता थे, इस भोगवाद के उभार के उत्तर-आधुनिक युग के लिए अब भी प्रासंगिक हैं ? या जैसे चीन ने 'एसेटिक समाजवाद' के प्रतीक माओ को हटाकर डेंग को भौतिक उन्नति के नए दौर के प्रतीक के रूप में स्वीकार किया, उसी तरह भारत को भी भोगवाद के युग के एक नए युगपुरुष की तलाश है, जो इस युग का प्रतिनिधित्व कर सके और भोगवाद की नैतिक और बौद्धिक वैधता स्थापित कर सके ? क्या जिस प्रकार रोनाल्ड रीगन ने 'न्यूडील' की अर्थनीति के विरोध में प्रतिक्रांति का नेतृत्व किया और मैगी थेचर ने 'फेबियन' समाजवादी विचारधारा पर आधारित कल्याणकारी राज्य ('वैलफेयर स्टेट') के विरोध में जबर्दस्त मुहिम का नेतृत्व किया, उसी प्रकार भारत को भी गाँधी-नेहरू परंपरा के विरोध में नई मुहिम का नेतृत्व करनेवाले नए प्रतिनिधि विचारकों और राजनीतिज्ञों की तलाश है, जो इसी दिशा में भारत को बिना मानसिक संशय और दुविधा

के ले जा सकें ?

इसी के साथ यह प्रश्न भी जुड़ा है कि नए 'विजन', नए कार्यक्रम और नए अभियान में 'किसान' और 'ग्राम' का क्या स्थान है ? क्या हमारी विकास-प्रक्रिया किसान और ग्राम को हाशिए पर ले जाने पर जोर देगी, जो पश्चिमी देशों के आर्थिक विकास की अनिवार्य शर्त थी ? क्या नव-मध्यम वर्ग किसान-विमुख और ग्राम-विमुख होकर ही अपनी ऐतिहासिक भूमिका निभा सकता है ? *या वह पश्चिमी देशों के विकासक्रम की नकल का मोह छोड़कर मध्यम वर्ग और जनसाधारण के हितों के बीच, नगर और ग्राम के बीच तथा उपभोग और संयम के बीच संतुलन की तलाश द्वारा विकास के नए 'मॉडल' या रास्ते की खोज में लगेगा, जिससे भारत की अपनी अस्मिता का वह स्वप्न जो गाँधी, रवि ठाकुर, जवाहरलाल आदि ने देखा था, वह साकार होगा ?*

आज का नव-मध्यम वर्ग एक नए वैश्विक संदर्भ में इन प्रश्नों के हल खोज रहा है जो पुराने, आजादी के संघर्ष के संदर्भ से एकदम भिन्न हैं। वह संघर्ष का युग था जो त्याग, बलिदान, संयम, अनुशासन, जनसेवा, स्वदेश प्रेम के भाव स्वाभाविक रूप से जगाता था। उस समय का पूँजीवाद भी 'प्यूरिटन एथिक' से अनुप्राणित पूँजीवाद था, जो भोगवाद को नकारता था। आज का संदर्भ उत्तर-आधुनिक युग का संदर्भ है, जब पश्चिम की 'एफ्लूएंट सोसाइटी' का प्रदर्शन-प्रभाव ('डिमोंस्ट्रेशन इफेक्ट') विश्वव्यापी संप्रेषण-उपकरणों के माध्यम से दुनिया के हर देश में, विशेषकर अभावग्रस्त देशों में, भौतिक सुख-सुविधा, आनंद की संभावनाओं को अतिरंजित और अतिमोहक रूप में पेश करता है और नव-मध्यम वर्ग के ही नहीं, जहाँ-जहाँ इन उपकरणों की पहुँच है, वहाँ जनसाधारण के दिलो-दिमाग से भी 'सादे जीवन' और 'संतोष' के आदर्शीकरण के संस्कार करीब-करीब मिटा चुका है। जब तक नई टेक्नालॉजी और नए अर्थतंत्र के चमत्कार द्वारा भोग और सुख-विलास की संभावनाएँ सामने न थीं, तब तक जनमानस पर 'संतोष', 'संयम' और 'सादगी' की वाणी असर करती थी। आज बदली हुई स्थिति भोगवाद की नई मानसिकता के लिए अधिक हितकर है, भोगवाद पर संयम की मानसिकता के लिए नहीं। मैथिलीशरण गुप्त की भाषा में नव-मध्यम वर्ग की आज की दुविधा बड़े प्रभावशाली ढंग से व्यक्त हुई है :

अब तक जो तेरा निग्रह था
वह अभाव के कारण वह था
लाभ न था जब लोभ न यह था
सुन अब स्वागत-भेरी
रे मन आज परीक्षा तेरी।

स्पष्ट है कि आज के वैश्विक संदर्भ में भारत दोराहे पर खड़ा है। प्रश्न है कि क्या मध्यम वर्ग का गाँधी द्वारा रचा हुआ निग्रह टूट चुका है और भारत द्वारा 'उत्तर-आधुनिक' युग के भोगवादी मॉडल के स्वीकार के लिए जमीन तैयार हो चुकी है ? या गाँधी की परंपरा पश्चिम से आती हुई आँधी को रोकने में अभी भी सक्षम है और यह आँधी हमें

अपनी जड़ों से नहीं उखाड़ पाएगी ?

मेरा अपना विश्वास है कि मेरे समय के इस ऐतिहासिक क्षण में गाँधी का भारत भौतिक उन्नति और आत्मिक (स्पिरिच्युएल) उन्नति में समन्वय के एक महत् प्रयोग की प्रयोगशाला बनने में पूरी तरह सक्षम और समर्थ है। इस विषय पर विस्तृत विवेचना मैंने अपनी नई पुस्तक 'महात्मा गाँधी : द न्यू इकोनॉमिक एजेंडा' (हरआनंद पब्लिशर्स, नई दिल्ली, 1996) में की है। इस प्रयोग को सफल बनाने के लिए अनिवार्य शर्त है कि हम नवयुग के आग्रहों के अनुकूल 'श्रेष्ठ जीवन' को नए प्रकार से परिभाषित करें। आजादी के संघर्ष के युग में यदि गरीबी और सादगी, त्याग और आत्म-निग्रह 'श्रेष्ठ जीवन' के मुख्य तत्त्व बने, तो यह जरूरी नहीं कि आर्थिक उन्नति के नए युग में ये श्रेष्ठ जीवन के मुख्य तत्त्व बने रहें और इनसे कोई 'डेवियेशन' अनैतिक माना जाए। आज गरीबी का आदर्शीकरण एक अनैतिहासिक प्रयास होगा, समय के रुख के विपरीत चलना होगा। नई आर्थिक संभावनाओं के युग में अपनी मेहनत से अपने जीवन को सुख-सुविधा-संपन्न बनाने के प्रयास को नई नैतिकता के मानक के रूप में स्वीकार करना इतिहास-क्रम के अनुकूल है और भारतीय परंपरा की मूल प्रेरणाओं के अनुकूल भी। भारतीय परंपरा अपने स्वस्थ रूप में न निर्बंध भोग की अनुमति देती है, न बिना मतलब इच्छाओं के दमन की। वह न देह को नकारती है, न आत्मा को, बल्कि उन दोनों आग्रहों के बीच संतुलन की तलाश करती है। उसमें यदि धर्म और मोक्ष के लिए स्थान है तो 'अर्थ' और 'काम' के लिए भी। गाँधीजी ने स्वयं तापसी जीवन स्वीकार करते हुए भी तापस जीवन को ही सर्वसाधारण के लिए नीति-सम्मत कभी नहीं माना। यदि हमें नव-मध्यम वर्ग के उभार को एक रचनात्मक दिशा देनी है तो उसकी एक अनिवार्य शर्त होगी कि उसे पुराने खाँचे में बाँधने की कोशिश न हो और उसकी नई ऊर्जा को 'श्रेष्ठ जीवन' की नई परिभाषा के माध्यम से नई दिशा में मोड़ने के प्रयास हों। हमारी परंपरा की 'बहुजन हिताय', 'मध्यम मार्ग' और 'सम्यक' की अवधारणाओं में इस नई लहर को 'एकोमोडेट' करने की काफी गुंजाइश है।

जरूरत इस बात की है कि उपर्युक्त संदर्भ में हम श्रेष्ठ जीवन की गाँधी युग की परिभाषा पर पुनर्विचार करें। मेरी राय में इस बात का निर्णय कि भारत के विकास का 'मॉडल' भोगवाद के स्वच्छंद उभार का होगा या संयमित उपभोग का, उसे केवल नव-मध्यम वर्ग के अंदर के उग्र भोगवाद के समर्थक तत्त्वों के हाथ में नहीं छोड़ा जाना चाहिए। उसमें प्रबुद्ध तत्त्वों की भूमिका प्रमुख होनी चाहिए। साथ ही इस निर्णय में स्वयं विशाल जनसाधारण की भागीदारी भी अनिवार्य है जो इस 'मॉडल' के चरित्र पर अपनी छाप निश्चित रूप से छोड़ेंगे। साथ ही इस निर्णय में भोगवाद के केंद्र स्वयं अमेरिका और यूरोप के अंदर जो नई चेतना उभर रही है, उसकी भी महत् भूमिका होगी। इस 'पहली दुनिया' के लोग भोगवाद के भुक्तभोगी हैं और उसके हितकारी-अहितकारी दोनों फलों को चख चुके हैं और उससे भविष्य के लिए सबक ले रहे हैं। उनके प्रबुद्ध विचारकों का चिंतन हमारी अपनी निर्णय-प्रक्रिया को अवश्य प्रभावित करेगा। आज स्वच्छंद

भोगवाद की विचारधारा पर सबसे बड़ा प्रश्नचिह्न अमेरिका और यूरोप के चिंतक लगा रहे हैं, जो अनियंत्रित भोगवाद द्वारा प्रकृति के असंतुलन और विनाश, परिवार और सामाजिक रिश्तों के विघटन और स्वयं अपने समाज के 'अंडरक्लास' की असुरक्षा तथा भौतिक और आत्मिक उन्नति की बढ़ती हुई खाई के कटु अनुभवों से प्रेरणा लेकर 'नए विजन' की स्वयं तलाश में हैं। वहाँ के प्रबुद्ध तत्त्व भारत से यह उम्मीद रखते हैं कि वह पश्चिम की नकल नहीं करेगा, बल्कि पश्चिम के अनुभव का फायदा उठाकर संयमित उपभोग और भौतिक और आत्मिक विकास में समन्वय के एक नए मॉडल की प्रयोगशाला बनेगा। प्रसिद्ध चिंतक एलेन टाफलर ने तो अपनी प्रसिद्ध कृति 'द थर्ड वेभ' में बड़ा जोर देकर कहा है कि आनेवाले वर्षों के नए आर्थिक और सांस्कृतिक प्रयोगों का केंद्र वाशिंगटन, लंदन, टोकियो, बर्लिन आदि नहीं बल्कि तथाकथित तीसरी दुनिया के शहर और ग्राम होंगे। उन्होंने तो यह भी कहा है कि आज के नए वैज्ञानिक तकनीकी आविष्कार गाँधी के विचारों को अमल में लाने की संभावनाएँ उत्पन्न कर रहे हैं।

मेरे समय में समाजवाद के विघटन और तथाकथित दूसरी दुनिया के देशों में 'खुले बाजार' के विस्तार का मैं जिक्र कर चुका हूँ। लेकिन यह भी विचारणीय है कि इस कल की 'दूसरी दुनिया' को इस कम समय में ही 'खुले बाजार' और 'खुली अर्थव्यवस्था' का जो कटु अनुभव हुआ है और उनका जो मोहभंग हुआ है, जो संक्रमण की यंत्रणा उन्होंने भोगी है और भोग रहे हैं, इसके फलस्वरूप उन देशों में बाजार के वर्चस्व को लेकर पुनर्विचार आरंभ हुआ है और निजी क्षेत्र और सार्वजनिक क्षेत्र, राज्य और बाजार के बीच तथा मध्यम वर्ग के उपभोग और बहुजन की जरूरतों के बीच एक नए संतुलन की तलाश फिर से शुरू हुई है। साथ ही पुराने समाजवाद के उन जनहितकारी तत्त्वों को वापस लौटाने का प्रयास भी हो रहा है, जिन्होंने कई दशकों तक जनसाधारण को सुरक्षा प्रदान की थी। वास्तव में समाजवादी व्यवस्था का नीर-क्षीर परीक्षण अब शुरू हुआ है। इस सबका नतीजा है—पुरानी 'दूसरी दुनिया' के सभी देशों में पश्चिमी 'उत्तर-आधुनिक मॉडल' से कुछ ही वर्षों में मोहभंग और अपने लिए प्रासंगिक नए 'मॉडल' की तलाश, जिसमें पुराने समाजवाद और पूँजीवाद से परे नए चिंतन, नए प्रयोगों का समावेश हो।

यह भी आकस्मिक घटना नहीं है कि प्रथम औद्योगिक क्रांति के केंद्र स्वयं इंग्लिस्तान में आर्थिक चमत्कार की स्रष्टा कनजरवेटिव पार्टी के विरोध ने आँधी का रूप लेकर लेबर पार्टी को, उसके नए कार्यक्रम को और एक ऊर्जावान युवा नेता टॉनी ब्लेयर को स्वीकृति देकर अठारह वर्षों के कनजरवेटिव शासन के बाद सत्ता पर प्रतिष्ठित किया है। 'लेबर' की इस अभूतपूर्व विजय के मूल में राज्य और बाजार दोनों को सिविल सोसाइटी द्वारा नियंत्रित करने तथा नई टेक्नालॉजिकल क्रांति को शिक्षा, चिकित्सा और पर्यावरण-सुरक्षा-व्यवस्थाओं और पद्धतियों में गंभीर परिवर्तन लाकर जनहितकारी दिशा देने की प्रेरणा है तथा सामाजिक दायित्व और उद्यम की स्वतंत्रता में नया संतुलन स्थापित कर बेरोजगारी को मिटाने और आर्थिक उन्नति को व्यापक आधार तथा गति

प्रदान करने के नए प्रभावशाली आग्रह हैं। पश्चिमी और पूर्वी यूरोप के देशों में जो नव-उदारवाद के केंद्र थे, आज एक नई लहर व्याप्त हो रही है जो बाजार के विकल्प के रूप में नए प्रयोग के लिए सक्रिय लोकतांत्रिक समाजवाद की नई परिभाषा और नए कार्यक्रम प्रस्तुत कर रही है। फ्रांस, जर्मनी, रूमानिया, चेकोस्लोवाकिया आदि इस नई लहर के प्रभावक्षेत्र बन रहे हैं। हमारे ही एशियाई भूभाग में जापान, ताइवान, दक्षिण कोरिया और सिंगापुर की अभूतपूर्व समझी जानेवाली सफलताएँ, जो कल तक केवल खुले बाजार के कार्यक्रम की चमत्कारी सफलताएँ मानी जा रही थीं, आज उनके मूल में जनशिक्षा के व्यापक प्रसार, स्वास्थ्य में राज्य की नीतियों और कार्यक्रमों द्वारा सुधार, नारी-समाज को बहुआयामी कार्यक्रमों द्वारा मुक्त करने, शिक्षित करने और रोजगार के अवसरों द्वारा प्रशिक्षित श्रमशक्ति और नई टेक्नालॉजी में सक्रिय बनाने के प्रयासों को माना जा रहा है, जिसमें राज्य और सार्वजनिक संगठनों की उल्लेखनीय भूमिका है।

साथ ही हाल में गंभीर वित्तीय संकट ने इन अर्थव्यवस्थाओं के कुछ कमजोर पक्षों को भी बेनकाब किया है, जिनसे सभी एशियाई देशों को सबक लेना है। प्रश्न उठता है ये 'एशियन टाइगर्स' किस हद तक एक असली, स्थायी और दीर्घकालीन आर्थिक प्रगति के तत्त्वों पर आधारित थे और किस हद तक बहुराष्ट्रीय कंपनियों और अमेरिकी वित्तीय संस्थानों के परजीवी थे ? यह भी प्रश्न उठता है कि किस हद तक यह एशियाई पूँजीवाद विश्व की वित्तीय संस्थाओं से पोषित सट्टेबाजी के विस्फोट पर आधारित अस्थायी प्रगति का वाहक था और किस हद तक वह उत्पादक ऊर्जा और शक्तियों के उभार पर आधारित स्थायी प्रगति का वाहक पूँजीवाद था ?

सच तो यह है कि स्वयं ये 'एशियन टाइगर्स' आज स्थायी समृद्धि का अपना एक नया मॉडल खोजने के लिए विवश हुए हैं। यह भी निर्विवाद है कि पिछले दशकों में इन देशों ने प्रशिक्षित और दक्ष जनशक्ति, वैज्ञानिक और तकनीकी नवीनीकरण (इनोवेशन) की क्षमता तथा श्रम के प्रति निष्ठा और अनुशासन तथा उद्यम और आर्थिक साहसिकता के रूप में जो भौतिक और मानवीय पूँजी-संचय किया है, आगामी दशकों में वह उन्हें प्रगति के नए पथ पर ले जाने में पूरी तरह सक्षम है। पिछले दशकों ने सचमुच में एशियाई देशों को परावलंबी (परजीवी) और स्वावलंबी, असली और नकली, सच्ची और मिथ्या, तत्काल केंद्रित और दीर्घकालीन आर्थिक प्रगति में भेद करने का सबक सिखाया है। भारत जैसे देशों के लिए एशियाई इतिहास का यह सबक यूरोपीय आर्थिक इतिहास के मुकाबले कहीं अधिक लाभदायी और मूल्यवान है।

वास्तव में हमारे नए संदर्भ को 'खुले बाजार' और 'पूँजी' की विजय के रूप में परिभाषित करना भूल होगी। मानववादी मूल्यों से प्रेरित विकास मॉडल, कार्यक्रम और उसके एजेंट्स की नई खोज के रूप में ही मेरे समय को इस ऐतिहासिक मोड़ पर परिभाषित करना अधिक उपयुक्त होगा। यह एक ऐसा युग है, जिसमें जन-जागृति का उभार और नए ज्ञान, नई टेक्नालॉजी का विस्फोट, नई संभावनाओं को लेकर आए हैं। यदि जन-जागृति के उभार ने न्याय, भागीदारी, समानता और गरीबी से मुक्ति तथा

प्रकृति से मैत्री के आग्रहों को व्यापक जन-अभियान बनाने की संभावनाएँ पैदा की हैं तो नई टेक्नालॉजिकल क्रांति ने इस संभावना को असलियत में बदलने और केवल नव-मध्यम वर्ग के सुख-विलास के लिए ही नहीं, समस्त जनसाधारण को अभाव के अभिशाप से मुक्त करने की संभावनाएँ पैदा की हैं, ताकि वे सारा समय आजीविका जुटाने में न लगाकर अधिक समय जीवन को सांस्कृतिक रूप से समृद्ध बनाने में लगा सकें।

प्रश्न उठता है कि इस संभावना को असलियत में बदलने में क्या रुकावटें हैं ? प्रश्न उठता है कि क्या नई टेक्नालॉजिकल क्रांति की प्रकृति में ही उस वैषम्य की प्रवृत्ति अंतर्निहित है, जिसे हम विश्व-स्तर और हर देश के भीतर देखते हैं। उदाहरण के लिए, हाल के एक सर्वेक्षण से पता चला है कि जब महानगरीय भारत के उच्च और मध्यम वर्ग को एस. टी. डी. तथा आई. एस. डी., फैक्स तथा ई-मेल की सुविधाएँ उपलब्ध हैं तो दूसरी ओर 4.58 लाख से अधिक गाँवों को पोस्ट ऑफिस की सुविधा भी उपलब्ध नहीं है और 2.26 लाख से अधिक गाँवों को लेटर-बॉक्स की सुविधा भी नहीं। उत्तर भारत की 'काउ बैल्ट' में स्थिति और भी दयनीय और भयावह है (देखिए, *हिंदू*, मार्च 5, 1997 में प्रकाशित टिप्पणी)। सच तो यह है कि जनसाधारण को इस तथ्य से अनजान रखा गया है कि नई टेक्नालॉजी का सही उपयोग हो तो वह उनकी शत्रु नहीं, मित्र बन सकती है। जनसाधरण के हितों के लिए लड़नेवाले लोग बहुधा स्वयं नई टेक्नालॉजी को जनहितकारी मोड़ देने की लड़ाई लड़ने की तरफ उदासीन रहे हैं। अगर नई टेक्नालॉजी का फल अभी तक नव मध्यय वर्ग को ही मिला है तो उसकी दोषी नई टेक्नालॉजी की प्रकृति नहीं है। वास्तव में वर्ग-विभाजित समाज में नई टेक्नालॉजी किस वर्ग का हित-साधन करेगी, इसका निर्णय विज्ञान और टेक्नालॉजी के दायरे के भीतर नहीं, बाहर होता है। यह निर्णय वैज्ञानिकों और टेक्नालॉजी विशेषज्ञों द्वारा नहीं, उस वर्ग द्वारा लिया जाता है, जिसका राजनीतिक सत्ता पर प्रभुत्व है या जो राजनीतिक प्रक्रिया और निर्णय के संस्थानों पर दबाव डालने में सक्षम है। अधिकांश जनसाधारण असंगठित हैं, वे 'आरटीक्यूलेट' और प्रभावशाली नहीं हैं और राजनीतिक प्रक्रिया पर दबाव डालने में असमर्थ हैं, इसलिए वैज्ञानिक और तकनीकी शोध-संस्थान उनके हितों के प्रति संवेदी और सचेत नहीं, सशक्त उच्च और नव-मध्यम वर्ग के ही प्रभावक्षेत्र में हैं।

क्या आज जनचेतना का अभूतपूर्व उभार विज्ञान और टेक्नालॉजी तथा उच्च तथा नव-मध्यम वर्ग के गठजोड़ को तोड़कर विज्ञान और टेक्नालॉजी को बहुजन के, जिसमें छोटे किसान, मजूर, दलित वर्ग, उपेक्षित नारी, उपेक्षित ग्रामीण भारत तथा केंद्र से दूर क्षेत्र शामिल है, हितों से जोड़ने में सक्षम है ? अपनी दृष्टि यदि हम भविष्य की संभावनाओं से आज की वास्तविक स्थिति पर केंद्रित करें तो देखेंगे कि नव-मध्यम वर्ग के अति संकुचित 'विजन', रुख और उसके द्वारा निर्धारित नीतियों और कार्यक्रमों और जनसाधारण के असली हितों, जरूरतों और आकांक्षाओं के बीच एक जबर्दस्त टकराहट,

एक तीव्र अंतर्विरोध है जो संभावना को वास्तविकता में बदलने नहीं देता। उभरता हुआ नव-मध्यम वर्ग बीच-बीच में कुछ लोक-लुभावन कदम जन-आक्रोश को थामने के लिए अवश्य उठाता है, लेकिन वह अपने हितों को जनहित से जोड़ने और स्वयं को संयमित करने के लिए कतई तैयार नहीं। ऐसी स्थिति में जनसाधारण अपने को ऐसे शून्य की स्थिति में पा रहे हैं, जो पुरानी व्यवस्थाओं और सुरक्षाओं के तेजी से विघटन और नई व्यवस्थाओं और सुरक्षाओं के अभाव से पैदा हुआ है। अधिकांश जनता उस पुराने के बीच जो टूट चुका है और उस नए के बीच जो अभी जन्म लेने में अक्षम है, त्रिशंकु की स्थिति में है। वह उसी तीव्र द्वंद्व से गुजर रही है जिसे पंडित नेहरू ने अंग्रेजी कवि मैथ्यू आर्नल्ड की निम्न पंक्तियों द्वारा प्रायः छह दशक पूर्व व्यक्त किया था :

पड़ा हूँ दो दुनियाओं के बीच
द्वंद्व में
एक दुनिया जो हो गई मृतप्राय
और दूसरी
जन्म लेने में अभी अक्षम
नहीं कोई ठौर
टिकाऊँ सिर जहाँ।

संक्रमण की यह त्रासदी भयंकर असंतोष और आक्रोश को जन्म दे रही है, जिसमें हिंसा और रक्तपात की भयावह संभावनाएँ अंतर्निहित हैं। लेकिन संक्रमण-काल के अंतर्विरोधों से पैदा हुआ जन-आक्रोश का उभार जनचेतना के उभार में रूपांतरित होने की संभावना भी पैदा कर रहा है। यह नए विचारों, नए आदर्शों, नए संकल्पों और सपनों के सृजन के लिए भी जमीन तैयार कर रहा है और नए समाज के 'विजन' और कार्यक्रम के लिए अभूतपूर्व ऊर्जा का स्रोत भी बन रहा है। दोनों प्रवृत्तियाँ—विनाशक और सर्जनात्मक—वर्तमान स्थिति में सक्रिय हैं। यह जनजागृति का उभार एक हिंसात्मक और 'सेल्फडिस्ट्रक्टिव' रूप लेगा या एक सर्जनात्मक और रचनात्मक रूप—इसमें नव-मध्यम वर्ग के उन प्रबुद्ध तत्त्वों की भूमिका निर्णायक रहेगी, जिनमें मध्यम वर्ग के संकुचित 'विजन' और वर्गहित से ऊपर उठने और जनजागृति को एक रचनात्मक जनचेतना में तब्दील करने का साहस है। जिस देश ने अभिजात वर्गों से ही बुद्ध जैसे युगांतरकारी मनीषियों और गाँधी सरीखे अनेक देशभक्तों और क्रांतिकारियों को पैदा किया था, वह देश अपने ही वर्ग से विद्रोह करनेवाले विचारकों के माध्यम से अभी भी नया इतिहास लिख सकेगा, ऐसा मेरा विश्वास है। 'मेरा समय' हताश, संशयालु, मानव-द्वेषी (सिनिकल) रुख की नहीं, मानव के भविष्य के प्रति आत्मविश्वासी और आशावान रुख की माँग करता है, यह गहरी मानव-संवेदना को उच्च स्तर की गंभीर बौद्धिकता से जोड़ने की भी अपेक्षा करता है। यह नए दौर के बुद्धिजीवियों, संस्कृतिकर्मियों और 'एक्टिविस्ट' समुदाय के लिए एक ऐतिहासिक चुनौती है, और अवसर भी।

प्रायः डेढ़ शताब्दी पूर्व कार्ल मार्क्स ने समय की परिभाषा इस प्रकार की थी कि

'समय मानवीय विकास का अवसर है' ('टाइम इज द रूम पर ह्यूमन डेवलेपमेंट')। मार्क्स ने अपने गहन शोध और अध्ययन से यह भी स्थापित किया था कि पूँजी ने 'समय' को संपन्न द्वारा सर्वहारा के शोषण के मौके में तब्दील कर मानव के लिए भयावह अभिशाप में बदल दिया है। मानव के लिए यह त्रासदी यदि पहली दुनिया में 'पूँजी' ने उत्पन्न की थी तो तथाकथित दूसरी दुनिया में यही त्रासदी 'पूँजी' और 'राज्य' ने संयुक्त रूप से उत्पन्न की। दोनों भूभागों में विज्ञान और टेकनालॉजी सशक्त वर्गों के हितों में बहुजन के शोषण का साधन बनी। किंतु आज का ऐतिहासिक क्षण, 'मेरा समय' नए विकल्प प्रस्तुत कर रहा है। ऐसी संभावनाएँ प्रस्तुत कर रहा है, जब जनचेतना के और नई टेक्नालॉजी के समानांतर विस्फोट से विज्ञान और नई टेक्नालॉजी वर्ग-हित की नहीं, जनहित की प्रेरक-शक्ति बने और इस प्रकार मार्क्स द्वारा की गई समय की परिभाषा सार्थक हो सके।

आज यह सचमुच संभाव्य है कि जनसाधारण 'समय' की नई परिभाषा समझे और अपने नए भविष्य के निर्माण के लिए स्वयं सजग और सक्रिय होकर पशु-तुल्य जीवन से मानवीय जीवन में प्रवेश कर सके। इसी बिंदु पर नव-वैज्ञानिक क्रांति और नवजागरण के आग्रहों का संगम है। इस संक्रमण की त्रासदी को 'चरैवेति-चरैवेति' की चुनौती में बदलने में प्रबुद्ध जनसंवेदी बुद्धिजीवियों की भूमिका निर्णायक होगी।

सांस्कृतिक परिदृश्य और परिप्रेक्ष्य

सांस्कृतिक जागरण अवरुद्ध क्यों ?

स्वतंत्रता-प्राप्ति के बाद पिछले पचास वर्षों में भारत की विकास प्रक्रिया में एक विसंगति रही है। एक ओर भारत का उल्लेखनीय भौतिक विकास हुआ है, लेकिन दूसरी ओर सांस्कृतिक विकास अवरुद्ध रहा है। ऐसा क्यों हुआ है कि साम्राज्यवाद द्वारा पैदा किए गए तमाम अवरोधों के बावजूद स्वातंत्र्य-पूर्व काल में भारतीय मेधा सांस्कृतिक जागरण के रूप में पल्लवित हुई थी ? इसके विपरीत आजादी के पचास वर्षों में सांस्कृतिक अभ्युदय नहीं, अपसंस्कृति का विस्फोट हुआ है। विकास-प्रक्रिया ने ऐसे नए मध्य वर्ग, नव धनाड्य वर्ग को जन्म क्यों दिया है, जो एक ऐसी बीमारी से ग्रस्त है जिसे मैथ्यू आर्नल्ड ने अपने समय के मध्य वर्ग की तीव्र आलोचना करते हुए मूल्यहीनता कहा था (मैथ्यू आर्नल्ड : 1932)। स्वतंत्र भारत में नव-मध्यम वर्ग के उदय के साथ एक ओर बेलगाम उपभोक्तावाद और मौज-मस्ती में गर्क रहने का सिद्धांत तथा दूसरी ओर धार्मिक और सामाजिक कट्टरपन का ज्वार क्यों आया है ? नई संस्कृति का कोमल पौधा उपभोक्तावाद अथवा कट्टरपन के झाड़-झंखाड़ में क्यों दब गया है ? ये कुछ ऐसे महत्त्वपूर्ण प्रश्न हैं, जो सभी क्षेत्रों के विचारशील और संवेदनशील व्यक्तियों को बेचैन कर रहे हैं।

यह सच्चाई है कि स्वातंत्र्योत्तर काल की अपेक्षा स्वातंत्र्य-पूर्व काल में समाज वैज्ञानिक और चिंतक सांस्कृतिक मुद्दों के प्रति अधिक जागरूक थे। स्वातंत्र्य-पूर्व काल में संस्कृति पर व्यापक बहस हुआ करती थी। लेकिन स्वतंत्रता के बाद पिछले पचास वर्षों में किसी बड़े सांस्कृतिक मुद्दे पर कोई बड़ी बहस नहीं हुई है। स्वतंत्रता के बाद शुरू के वर्षों में संस्कृति के आधारभूत ढाँचे के निर्माण की दिशा में थोड़ी-बहुत पहल जरूर हुई थी और नीति-निर्धारकों तथा संस्कृति-विशेषज्ञों के बीच संवाद बना था, लेकिन बाद के समय में संस्कृतिकर्मी अधिकाधिक राजनीति-विमुख होते गए और राजनीतिक नेतृत्व तथा कार्यकर्ता संस्कृति के प्रति असंवेदी होते गए। ये प्रवृत्तियाँ जैसे-जैसे जोर पकड़ती गईं, संस्कृति का व्यापक क्षेत्र उपेक्षित और वीरान होता गया। संस्कृति को न राज्य ने न नागरिक समाज ने हस्तक्षेप का मुद्दा बनाया, न योजना प्रक्रिया में सांस्कृतिक विकास के कार्यक्रमों को उचित स्थान मिला। योजनाओं के निर्माताओं ने संस्कृति के प्रति भारतीय दृष्टिकोण के विकास और भारतीय स्थितियों के अनुरूप सांस्कृतिक विकास का परिप्रेक्ष्य तैयार करने के प्रति कोई सरोकार नहीं दिखाया। विकासशील देश के संदर्भ में संस्कृति के महत्त्व और उसकी अहम भूमिका की

बात करनी तो दूर, पहली और दूसरी पंचवर्षीय योजना के दौरान 'संस्कृति' शब्द बिरले ही हमारे आयोजकों की जबान पर आता था। यह सही है कि तीसरी पंचवर्षीय योजना के बाद से योजना के हर दस्तावेज में शिक्षा पर अध्याय के अंतर्गत संस्कृति पर एक खंड अवश्य जोड़ा गया। लेकिन कुल मिलाकर योजना पर तकनीकवाद (टेकनौक्रेटिज्म) तथा अर्थवाद (इकोनॉमिज्म) हावी रहे। संक्षेप में, योजनाकारों की दृष्टि विकास के सांस्कृतिक पक्ष को समुचित महत्त्व देने में अक्षम रही। यही नहीं, योजनाओं में सांस्कृतिक विकास के आधार साक्षरता और प्राथमिक शिक्षा के कार्यक्रमों को भी महत्त्व नहीं दिया गया।

सांस्कृतिक प्रश्नों और राष्ट्र निर्माण की सांस्कृतिक संभावनाओं के प्रति संवेदनहीनता के दूरगामी परिणाम हुए हैं। एक ओर भारत की सांस्कृतिक धरोहर को नए आग्रहों से जोड़नेवाली पारंपरिक संस्थाएँ विघटित होती गई हैं। अनेकता के पोषक सामुदायिक जीवन के विघटन के साथ लोक-संस्कृतियों का भी तेजी से विघटन हुआ है। साथ ही भारत का खुला समाज पश्चिम के सांस्कृतिक आक्रमण का भी शिकार होता गया है। संचार और संप्रेषण क्रांतियों ने भारत को पश्चिम का सांस्कृतिक प्रभाव क्षेत्र बनाने में, यानी सांस्कृतिक नव औपनिवेशीकरण में ही मदद की है। ऐसी स्थिति में जो सांस्कृतिक शून्य की स्थिति भारत में पैदा हुई है, उसे भरने के लिए एक नया सांस्कृतिक अभियान आंतरिक प्रतिगामी शक्तियों द्वारा हुआ है। धार्मिक कट्टरता और बहुलता विरोधी, असहिष्णु और आक्रामक सांस्कृतिक राष्ट्रवाद का विस्फोट आज के संदर्भ में सांस्कृतिक नवजागरण की प्रक्रिया को नहीं सांस्कृतिक प्रतिगमन (रिग्रेशन) की प्रक्रिया को ही मजबूत करता है। यह 'सांस्कृतिक राष्ट्रवाद' का उभार सांस्कृतिक नव उपनिवेशवाद से जूझने में सहायक नहीं। 'सांस्कृतिक राष्ट्रवाद' के मूल में जो रूढ़िवादी चेतना का उभार है, वह नव-उपनिवेशवाद को ही बल देता है और स्वयं उससे शक्ति पाता है। वर्तमान सांस्कृतिक परिदृश्य का जायजा लेने और इसके आधार पर सांस्कृतिक परिप्रेक्ष्य की समझ प्राप्त करने के लिए जरूरी है कि हम आजादी के पचास वर्षों के सांस्कृतिक माहौल पर विहंगम दृष्टि डालें।

यदि स्वाधीनता-संग्राम के युग के सांस्कृतिक अभ्युदय में नागरिक समाज (सिविल सोसायटी) और भारतीय बुद्धिजीवी वर्ग (इंटेलिजेंटशिया) की पहल और भूमिका अत्यंत महत्त्वपूर्ण थी तो स्वाधीनता की प्राप्ति के बाद राष्ट्रीय राज्य की भूमिका संस्कृति के संरक्षक (पेट्रन) और संवर्द्धक (प्रमोटर) के रूप में अत्यंत महत्त्वपूर्ण हो गई। प्रश्न उठता है कि क्या राष्ट्रीय राज्य ने केंद्र, राज्य और जिला एवं तालुका और ग्राम-स्तर पर इस भूमिका को निभाया और बुद्धिजीवी समाज, संस्कृतिकर्मियों और जनसाधारण की सांस्कृतिक जरूरतों तथा आग्रहों के प्रति संवेदनापूर्ण रुख अपनाया। स्मरण रहे कि राष्ट्रीय राज्य में उच्चस्तरीय ओहदों पर ऐसे व्यक्ति थे, जो स्वयं भारतीय नवजागरण से गंभीर रूप से प्रभावित थे और उन्होंने इस नवजागरण पर अपने चिंतन और कृतित्व द्वारा अमिट छाप छोड़ी थी। केंद्र पर जवाहरलाल नेहरू ने प्रधानमंत्री के रूप में और मौलाना अबुल कलाम आजाद ने शिक्षा और संस्कृति मंत्री के रूप में सांस्कृतिक विकास

को संगीत नाटक अकादमी ललित कला अकादमी, साहित्य अकादमी, की स्थापना द्वारा एक ठोस सांस्थानिक और संगठनात्मक आधार प्रदान किया। इन तीनों अकादमियों ने संस्कृति के संरक्षक के रूप में उस शून्य को भरने की कोशिश की, जो सामंती समाज के विघटन से पैदा हुआ था। ऐसा सामंती समाज जो अपने उत्कर्ष के दिनों में कला, साहित्य, संस्कृति की प्रतिभाओं (नवरत्नों) का पोषण और संरक्षण करता था। इसी तरह की सांस्कृतिक संस्थाओं की स्थापना राज्य-स्तर पर भी हुई। कला, साहित्य, संस्कृति को एक ओर राज्य द्वारा संरक्षण और प्रोत्साहन मिलने से सांस्कृतिक गतिविधियों के विस्तार और प्रसार की संभावना पैदा हुई तो राज्य के सांस्कृतिक क्षेत्र में प्रवेश और सक्रिय हस्तक्षेप के अप्रत्याशित परिणाम भी हुए। संस्कृति सत्तारूढ़ राजनेताओं और नौकरशाही के प्रभाव-क्षेत्र में आती गई और संस्कृतिकर्मी यह महसूस करने लगे कि राजकीय अनुदान पर अधिकाधिक आश्रित होने के कारण उनके कार्यक्षेत्र की स्वायत्तता का दायरा संकुचित होता गया। देखते-देखते राजनेता-नौकरशाह वर्ग से जुड़े संस्कृतिकर्मियों का एक ऐसा समुदाय पैदा हुआ जो सचमुच स्वायत्त, स्वाभिमानी, संस्कृति के मूल्यों के प्रति सजग, कला और संस्कृतिकर्मियों को हाशिए में लाने में सफल हुआ और ऐसे संस्कृतिकर्मी जो अपनी महत्ता अपने कृतित्व और व्यक्तित्व की श्रेष्ठता से नहीं, शासक वर्ग से अपने सामीप्य से प्राप्त करते थे, संस्कृति के क्षेत्र में हावी होने लगे। नए सांस्कृतिक माहौल में पुरस्कारों के वितरण में राजनेताओं और नौकरशाहों की अहम भूमिका ने सांस्कृतिक क्षेत्र में पुरस्कारों के लिए ऐसी होड़ को जन्म दिया, जिसका नतीजा था एक ऐसे संस्कृतिकर्मी समुदाय की रचना, जो राज्य-व्यवस्था की 'दास' (कैप्टिव) बनकर उभरी। इस सबके परिणामस्वरूप 'संतन कहा सीकरी सों काम' की समस्त मर्यादा और परंपरा ही विघटित हो गई। संस्कृतिकर्मी अपनी सर्जनात्मकता की सार्थकता पुरस्कारों और राज्य द्वारा प्रदत्त ओहदों में समझने लगे, जनसाधारण से अपने लगाव में नहीं। यदि राज्य द्वारा संस्कृति में हस्तक्षेप के पहले दौर में इस पहल के सकारात्मक परिणाम ही नजर आए, नकारात्मक नहीं तो इसका श्रेय पहली पीढ़ी के राजनीतिक नेतृत्व को और पहली पीढ़ी के प्रतिष्ठित सांस्कृतिक नेतृत्व को जाता है। यदि पहली पीढ़ी के राजनेताओं ने जो स्वयं संस्कृति के क्षेत्र में भी दखल रखते थे, संस्कृति की गरिमा और स्वायत्तता का पूरा-पूरा खयाल रखा था तो तपे हुए और समर्पित संस्कृतिकर्मियों ने नए दौर को स्वायत्तता और सामाजिक दायित्व में समन्वय के अवसर और चुनौतियों के रूप में स्वीकार किया था।

पहला दौर समाप्त होने पर न वो राजनेता रहे, जो स्वाधीनता-संघर्ष की अग्नि परीक्षा से तपे हुए निकले थे, न वो संस्कृतिकर्मी रहे, जो प्रतिष्ठित घरानों और गुरुओं के मार्गदर्शन और अनुशासन में निखरकर उभरे थे। वह पीढ़ी जो कला, साहित्य, संस्कृति को एक व्यवसाय नहीं, अपना जातिधर्म मानती थी, उसका स्थान एक ऐसी पीढ़ी ने लिया जिसका लक्ष्य था जल्दी से शोहरत और समृद्धि हासिल करना। इस लक्ष्य की प्राप्ति के लिए राजनेता और नौकरशाह से संबंध अत्यंत सहायक था। साथ ही

राजनेता और नौकरशाह संस्कृति को अपने प्रभाव के विस्तार में सहायक मानने लगे। पोलैंड के एक समाजशास्त्री ने कहा था कि एक राजनेता बुद्धिजीवी वर्ग से उसी तरह की अपेक्षा करता है, जैसा एक शराबी लैंपपोस्ट से। उसको सहारे की जरूरत है, प्रकाश की नहीं। संस्कृति के राज्य से जुड़ने की यही नियमबद्ध परिणति है, जिसका ज्वलंत उदाहरण आजादी के कुछ दशकों के बाद का भारत है।

यदि सांस्कृतिक गतिविधियों का राज्य के प्रभाव-क्षेत्र में शामिल होना आजादी के बाद के सांस्कृतिक परिदृश्य का एक पहलू है, तो संस्कृति का एक ऐसे वृहत व्यवसाय और उद्योग के रूप में विस्तार इस परिदृश्य का दूसरा पहलू है। यानी एक ऐसा व्यवसाय और उद्योग जो संस्कृति की अपनी मूलभूत प्रेरणाओं और मूल्यों से कटता जाता है, जिस पर बाजार के नियम लागू होते चले जाते हैं, जहाँ संस्कृतिकर्मी और उसका 'माल' अन्य 'माल' और उसके उत्पादकों की तरह खरीद-फरोख्त, क्रय-विक्रय और आपूर्ति-माँग के नियमों से प्रभावित होता है। बाजार के तेजी से बढ़ते हुए प्रभाव और दबाव का ही परिणाम है कि उदात्त भावनाओं और प्रवृत्तियों को जाग्रत और सशक्त करनेवाली, आनंद के साथ-साथ शिक्षा देनेवाली संस्कृति के स्थान पर असंयमित भोग-विलास, वासना और कामोन्माद की निम्न प्रवृत्तियों को उभाड़नेवाली अपसंस्कृति संस्कृति की मुख्य धारा बन गई है।

संक्षेप में, पुरानी सांस्कृतिक व्यवस्था के विघटन से जो शून्य की स्थिति पैदा हुई थी, राज्य और बाजार के गठजोड़ ने इस शून्य का फायदा उठाया है और उसे भरने की भी कोशिश की है।

हाल के वर्षों में संचार तकनीक के तेजी से विकास के बाद, संस्कृति में परिवर्तन के लिए प्रेरणाशक्ति दृश्य शासक वर्ग और अदृश्य बाजार के गठजोड़ से मिलती है। विकास प्रक्रिया से उत्पन्न तथा विभाजित समाज के अपने अंतर्विरोधों से ग्रस्त नया मध्य वर्ग बडे पैमाने पर अभौतिक वस्तुओं और सेवाओं के उत्पादन को बढ़ावा देता है तथा इनके लिए तेजी से फैलता बाजार उपलब्ध कराता है।

सरकारी तथा निजी दोनों ही क्षेत्रों में संस्कृति की दिशा में की गई पहलकदमी इस तेजी से उभरते हुए नए मध्य वर्ग के असरदार दबाव से प्रेरित हो रही है। इस वर्ग की वृद्धि के फलस्वरूप अभौतिक और मानसिक वस्तुओं और सेवाओं का बड़े पैमाने पर उत्पादन शुरू हुआ है। तेजी से बढ़ती हुई तथा लोकतांत्रिक और व्यावसायिक मानदंडों से अप्रभावित नौकरशाही के माध्यम से सरकारी क्षेत्र में सांस्कृतिक उत्पादन के लिए राजनीतिक हस्तक्षेप भी इधर शुरू हुआ है। संस्कृति की नई राजनीति और संस्कृति के नए वाणिज्यवाद में एक गहरा रिश्ता कायम हो गया है। वाणिज्यवाद की शक्तिशाली ताक़तों ने संस्कृति के क्षेत्र में समानांतर विकास प्रारंभ कर दिया और इसमें उसने गहरी पैठ बना ली है। उनकी संगठित धनशक्ति तथा संचार क्षेत्र में आधुनिक तकनीक के नवोन्मेषों पर उनके आधिपत्य ने इस कार्य में उनकी मदद की है। अभी तक इस क्षेत्र पर अवाम का अधिकार था तथा अभौतिक वस्तुओं और सेवाओं के निर्माण में उनकी

पूरी भागीदारी थी। आधुनिकीकरण की प्रक्रिया में इन नई एजेंसियों और ताकतों ने अब इस क्षेत्र पर अपना कब्जा जमा लिया है।

इस प्रकार संस्कृति के क्षेत्र में भी 'ग्रेशम' का आर्थिक नियम लागू हो गया है, यानी नकली सिक्का असली सिक्के को चलन से हटा देता है। नए नकली सांस्कृतिक सिक्के खूब चल निकले हैं और अधिक प्रामाणिक व सही सांस्कृतिक सिक्कों को चलन से बाहर किए दे रहे हैं। निम्न तथा उच्च दोनों ही स्तरों पर यह नियम बड़ी निर्ममता से काम कर रहा है। संस्कृति और संस्कृतिनिर्माता दोनों ही बाजार में खरीद-फरोख्त की वस्तु बन गए हैं। जैसा कि पहले भी कहा जा चुका है कि भौतिक वस्तुओं और सेवाओं के वृहत उत्पादन (मास प्रौडक्शन) के नियम जो प्राथमिक संचय (प्रिमिटिव एक्युमुलेशन) के युग की विशेषता है, अभौतिक और मानसिक वस्तुओं के भी वृहत उत्पादन में लागू होने लगे हैं। इससे संस्कृति में जनसमूह की भागीदारी समाप्त हो गई है। भागीदारीवाली इस संस्कृति का स्थान अब समूह संस्कृति ने ले लिया है जो अवाम को हाशिए पर धकेल देती है और उन्हें बड़े पैमाने पर तैयारशुदा सांस्कृतिक संदेशों का उपभोक्ता तथा सांस्कृतिक उत्पादनों का खरीदार या प्राप्तकर्त्ता बना देती है। इस नए बदलते संदर्भ ने संस्कृति जगत को पूरी तरह बदल दिया है और सांस्कृतिक समस्याओं को समझने की परंपरागत प्रणालियों को पुराना कर दिया है। मेरे विचार में आज भारत की संस्कृति के विभिन्न पहलुओं को हमारे उस नए समाज के बुनियादी चरित्र और उसकी भीतरी गतिमयता को चीन्हे बगैर नहीं समझा जा सकता, जो साम्राज्यवादी और अर्द्धसामंती समाज के बाद अस्तित्व में आया है।

प्रायः पच्चीस वर्ष पूर्व 'कल्चरल डायमेंशन ऑफ इकोनॉमिक डिवेलपमेंट' विषय पर लिखे अपने एक लेख में मैंने कहा था कि भारत के नए मध्य वर्ग की मूल बीमारी *सामाजिक परजीवीपन* है। इस संदर्भ में मैंने सामाजिक विकास के प्रति और नए दृष्टिकोण और सांस्कृतिक विकास के प्रति नए दृष्टिकोण का मुद्दा उठाया था जिसमें कहा गया था कि किस तरह सामाजिक विकास के संसाधन के रूप में संस्कृति की महत् भूमिका है और सांस्कृतिक नव विकास के लिए सामाजिक विकास के नए परिप्रेक्ष्य का महत्त्व है। मैं इस मान्यता को लेकर चला था कि विकास प्रक्रिया में *मूल्यों* और स्वार्थों में समन्वय के इच्छुक समाज वैज्ञानिकों को भारतीय संस्कृति के समृद्ध संसाधनों और परंपराओं से सहायता लेनी चाहिए एवं समाज वैज्ञानिकों को सांस्कृतिक विकास के लिए भारतीय समाज द्वारा विभिन्न युगों में विकसित प्रक्रियाओं और तंत्रों की समझ विकसित करनी चाहिए। भारतीय इतिहास में प्राचीन ऋषियों और संतों के निरंतर प्रयासों के फलस्वरूप शताब्दियों तक भारतीय सांस्कृतिक मूल्यों और परंपराओं का नवीकरण और पुनरुद्धार होता रहा है। बाद में पाश्चात्य प्रभाव के अंतर्गत जब स्वतंत्रता-पूर्व भारतीय सांस्कृतिक नव जागरण शुरू हुआ तो उस समय भी नए संतों और महात्माओं ने उन्हीं भारतीय मूल्यों और परंपराओं की नए सिरे से खोज की और उनमें परिमार्जन किया। दूसरे शब्दों में, आज के संदर्भ में, उत्पादन की शक्तियों के विकास की खोज में लगे

अर्थशास्त्रियों को तथा संस्कृति के विकास के इच्छुक संस्कृति-विशेषज्ञों को एक दूसरे की सहायता की आवश्यकता है। अर्थशास्त्रियों को आर्थिक समस्या के प्रति सांस्कृतिक दृष्टिकोण विकसित करना चाहिए। इसके बदले में संस्कृति विशेषज्ञों को सांस्कृतिक समस्या को व्यापक सामाजिक और आर्थिक तथा राजनीतिक परिप्रेक्ष्य में देखना होगा। उन्हें सांस्कृतिक क्षेत्र की स्वायत्तंता के लिए खतरा बनी आर्थिक, राजनीतिक ताकतों के प्रभाव की छानबीन करनी पड़ेगी।

संस्कृति संबंधी सन् 1975 के अपने शोध-लेख के बाद मैंने सन् 1989 में छपी अपनी पुस्तक 'कल्चर, कम्युनिकेशन एंड सोशल चेंज' (अंग्रेजी) में इस बात को रेखांकित किया था कि किस तरह समाजविज्ञान के लिए संस्कृति एक केंद्रीय मुद्दा है। उसमें यह भी बताया था कि किस तरह अर्थव्यवस्था और राजनीति आज सांस्कृतिक नवजागरण के विकास में सहायक या बाधक बनते हैं।

संस्कृति को मैंने साम्राज्यवादी शासन के खात्मे के बाद नए युग में राष्ट्रीय नवनिर्माण की युगीन चुनौतियों के प्रति भारत के बहुस्तरीय राष्ट्रीय समाज की 'सुपरस्ट्रक्चर' के क्षेत्र में (यानी चेतना के क्षेत्र में) एक प्रतिक्रिया के रूप में परिभाषित किया है। इसे मैंने साम्राज्यवाद से मुक्ति के बाद देश के अवाम द्वारा राष्ट्रीय अस्मिता की खोज के संदर्भ में देखा है, जिसमें एक ऐसे नजरिए की खोज भी शामिल है जिससे उनके अतीत, वर्तमान और भविष्य की सही संदर्भों में व्याख्या हो सके, और उनमें एकजुटता कायम हो सके। यह नई खोज साम्राज्यवादी दौर में की गई खोज की ही अगली कड़ी है, जिसे मैथिलीशरण गुप्त ने 'भारत भारती' में लिखी अपनी इन पंक्तियों में सटीक ढंग से अभिव्यक्त किया था :

हम कौन थे, क्या हो गए हैं और क्या होंगे अभी।
आओ विचारें आज मिलकर ये समस्याएँ सभी।। (भारत भारती, पृ. 10)

मगर मैथिलीशरण गुप्त की राष्ट्रीय अस्मिता की अवधारणा भारतीय समाज और संस्कृति की अंदरूनी कमजोरियों को अनदेखा कर गई। राष्ट्रीय अस्मिता की नई अवधारणा इन सामाजिक और सांस्कृतिक सीमाओं के परे जाती है। नई संस्कृति की तलाश राष्ट्रीय समुदाय के बीच दलित और दबे-कुचले लोगों की जागृति से जुड़ी हुई है और नई राष्ट्रीय अस्मिता की तलाश के अभिन्न अंग के तौर पर न्यायमूलक समाज की तलाश भी इसी से जुड़ती है। नई संस्कृति की यह तलाश हमारे जैसे प्राचीन सभ्यतावाले देश में निरंतरता और बदलाव के बीच समन्वय खोजती है तथा गहरी जड़ों की ओर लौटने और मुक्त आकाश में पल्लवित होने के बीच भी रचनात्मक तनाव के कई आयाम और रूप ग्रहण कर लेती है।

इस सांस्कृतिक जटिलता को मैंने इस कृषि और भूमि आधारित (एग्रेरियन) सभ्यता के भीतरी संकटों और अंतर्विरोधों के रूप में देखा है, जिसकी उच्च और आधुनिक स्वरूप में तब्दीली को साम्राज्यवादी शासन ने अवरुद्ध किया। उपनिवेशवाद ने भौतिक और आध्यात्मिक जगत के उस स्वाभाविक संबंध को खंडित कर *भौतिक* और *आध्यात्मिक*

के बीच दरार पैदा कर दी थी। हमें सांस्कृतिक चुनौती को उन अवाम के संघर्षों के संदर्भ में देखना होगा जो उद्योगपूर्व सामाजिक, आर्थिक ढाँचों और जीवन-शैली से अभी भी गहरे जुड़े हुए हैं और जिन्हें विज्ञान और तकनीक के नए युग में राष्ट्र-निर्माण से अपेक्षाएँ हैं और जिन्हें सामाजिक न्याय तथा राजनीतिक लोकतंत्र के विचारों से पैदा हुई विशाल सामाजिक चेतना के जागरूक वाहक बनना है। इस परिप्रेक्ष्य में मैंने संस्कृति को राष्ट्रीय नवनिर्माण के बीज और फल दोनों रूपों में पहचानने का प्रयास किया है।

संस्कृति जड़ीभूत तथा पुराने रूढ़िग्रस्त सामाजिक ढाँचे से उत्पन्न बाधाओं तथा नए युग की संभावनाओं और आग्रहों के मध्य तनाव को दूर करती हैं। नवीकरण और परिवर्तन के लिए दृष्टि तथा अवधारणाएँ और मानवीय कर्ता सांस्कृतिक क्षेत्र (अर्थात् सामाजिक चेतना क्षेत्र) में खुद से सवाल करने की प्रक्रिया से पैदा होते और आकार लेते हैं। इससे पुराने और नए, अग्रगामी और पश्चगामी विचारों तथा लोगों के मन और आत्मा के आवेगों में नाटकीय संघर्ष छिड़ जाता है।

संस्कृति इस संघर्ष की सृजनात्मक अभिव्यक्ति है। वह इस संघर्ष के लिए उपकरण और साधन भी जुटाती है। संस्कृति के माध्यम से ही विभिन्न हित-साधक वर्गों के बीच की लड़ाई विचारों और मूल्यों के बीच की लड़ाई का रूप ले लेती है। पहले लोग अपने सपनों और आकांक्षाओं को शब्दों और बिंबों में उतारते हैं और उसके बाद उन्हें कर्म द्वारा साकार करते हैं, पहले वे अपने लक्ष्य तय करते हैं, अपने स्वप्नलोक (यूटोपिया) की रचना करते हैं और फिर उन्हें व्यवहार में हासिल करने का प्रयास करते हैं। संस्कृति में और संस्कृति के माध्यम से, सांस्कृतिक परंपराओं की पुनर्व्याख्या और सांस्कृतिक नवीकरण के माध्यम से, अपनी जड़ों तथा नए क्षितिजों की खोज के माध्यम से, नए पुराने के बीच उच्च स्तर पर संश्लेषण (सिंथेसिस) के द्वारा यह संभव हो पाता है। जवाहरलाल नेहरू के इस गंभीर वक्तव्य का भी यही आंतरिक अर्थ है कि 'भारत के सामने सबसे बड़ी समस्या नए और पुराने के बीच सामंजस्य खोजने की है।' (जवाहरलाल नेहरू, 1964, पृ. 455)।

उपर्युक्त सभी प्रक्रियाएँ नए सांस्कृतिक पुनर्जागरण की स्रोत हैं। ऐसे प्रत्येक जागरण के पीछे कुछ सृजनशील लोग होते हैं जो परंपरागत सामाजिक ढाँचे की बाधाओं से आगे निकलकर नए सामाजिक ढाँचे के लिए बौद्धिक दृष्टि और रूपरेखा प्रदान करते हैं। समाज का यही वर्ग संस्कृति को मिथकीकरण के बजाय ज्ञानोदय, गुलामी के बजाय आजादी, सृजनात्मक ऊर्जाओं के दमन के बजाय उनके स्फुरण के स्रोत के रूप में परिवर्तित कर सकता है। संस्कृति ही दमन के शिकार व्यक्तियों को सामाजिक आजादी के नए वाहकों और पुरानी व्यवस्था में हाशिए पर डाले गए व्यक्तियों को नई व्यवस्था के सृजनात्मक कर्ताओं में बदल देती है।

मेरी ऐसी मान्यता है कि मौजूदा परिस्थिति में दो परस्पर विरोधी संभावनाएँ मौजूद हैं—एक ओर नए सांस्कृतिक पुनर्जागरण की संभावना और दूसरी ओर सांस्कृतिक प्रतिक्रियावाद (अथवा सांस्कृतिक पश्चगामिता) की संभावना। मेरा मानना है कि राष्ट्रीय

अस्मिता की और न्यायपूर्ण समाज की निरंतर खोज ही नए सांस्कृतिक पुनर्जागरण की प्रेरक शक्ति बन सकती है। संभावनाएँ ऐसे सांस्कृतिक संश्लेषण की भी हैं, जिसमें बकौल ग्राम्शी 'राष्ट्रीय' और 'लोकप्रिय' ('नेशनल' और 'पॉप्युलर') का मेल हो सकता है (एंटोनियो ग्राम्शी, 1973, पृ. 418)। राष्ट्र और जन के बीच दरार से उत्पन्न तनाव के सृजनात्मक समाधान में नई सांस्कृतिक संभावनाएँ छिपी हैं। लेकिन राष्ट्र और जन के मध्य दरार से ग्रस्त वर्तमान स्थिति में प्रतिक्रियावादी सांस्कृतिक लहर अथवा पश्चगामिता के खतरे भी मौजूद हैं। जन (अर्थात् विशाल जनसमूह) को यदि राष्ट्र यानी राष्ट्र-निर्माण की प्रक्रिया से अलग-थलग कर दिया गया तो प्रतिक्रियावादी सांस्कृतिक लहर राजनीति में व्याप्त होकर एक खतरा बन जाएगी।

औद्योगिकीकरण के प्रारंभिक दौर से गुजर रहा भारत जैसे इंग्लिस्तान के आदिम औद्योगिकीकरण से पैदा हुई विकृतियों और विसंगतियों को दोहरा रहा है। इस अवसर पर हमें डिजरायली की उस बात को याद करना वाजिब लगता है जब उन्होंने अपने समकालीन अंग्रेजी राष्ट्र के बारे में कहा था कि **"इस राष्ट्र में ऐसे दो राष्ट्र समाहित हैं जिनका आपस में कोई लेना-देना नहीं है; कोई परस्पर सहानुभूति नहीं है; जो एक दूसरे की आदतों, विचारों और भावनाओं से इस तरह अनभिज्ञ हैं मानो वे अलग-अलग क्षेत्रों के रहनेवाले अथवा अलग-अलग ग्रहों के बाशिंदे हों, जिनकी अलग-अलग वंशबेलि हो; जिनका अलग-अलग तरह का खानपान हो, अलग-अलग तरह का आचार-व्यवहार हो, जिन पर समान कानून लागू नहीं होते हों। ये दो राष्ट्र हैं–अमीर और गरीब"** (बेंजामिन डिजरायली, 1945)।

यदि भारत ऐसी आधुनिक विकास प्रक्रिया अपनाता है जिसने डिजरायली के शब्दों में, अंग्रेजी राज्य को अमीर और गरीब दो राष्ट्रों में बाँट दिया था तो आशा-आकांक्षाओं के पूरे न होने और गरीबों के हाशिए पर चले जाने से **भारत में निश्चय ही प्रतिक्रियावादी सांस्कृतिक मुहिम का खतरा पैदा हो जाएगा।** भारतीय राष्ट्र ने अभी तक स्वयं में जन समूह को सम्मिलित नहीं किया है, इसलिए यह खतरा वास्तविक है। जनता की अवधारणा को राष्ट्र के समीप लाने की पहल गाँधीजी ने की थी। लेकिन इससे पहले कि राष्ट्र निर्माण-प्रक्रिया में जनता केंद्र में आती और पहले की 'प्रजा' नए 'नागरिकों' में परिवर्तित हो पाती, इस प्रक्रिया को निष्फल बना दिया गया। जन के प्रति संवेदनशील और जनोन्मुख राष्ट्र निर्माण के जरिए राष्ट्रीय क्रांति लाने के लिए जनमुक्ति एक आवश्यक शर्त है। दूसरे शब्दों में, यदि जनता राष्ट्र निर्माण-प्रक्रिया की कुंजी है तो पुराने सामाजिक ढाँचे और विश्वासों की व्यवस्था द्वारा उन्हें पंगु कर देनेवाली जो बाधाएँ हैं, उनसे जन-मस्तिष्क को मुक्त कराना अवाम की ऊर्जाओं को बंधनमुक्त करने की कुंजी है। **इस अर्थ में संस्कृति या तो उन बाधाओं को और मजबूत बनाने का साधन होती है या फिर उनके मन और आत्मा की मुक्ति का साधन बन सकती है।**

संक्षेप में, **'राष्ट्र बनाम जन' का प्रश्न नए सांस्कृतिक पुनर्जागरण के केंद्र में है।** जनता तक पहुँचकर और जनता को अपनाकर यदि राष्ट्र की अवधारणा को पूर्णतः

विकसित किया जाता है तो जनता भी राष्ट्र तक पहुँचकर, नए राष्ट्र और नए राष्ट्र-राज्य के निर्माण में अपनी भूमिका अदा करके संपूर्णता प्राप्त करेगी। **अपनी प्रामाणिकता और वास्तविक शक्ति स्रोत के लिए राष्ट्र को जनता की आवश्यकता है और संपूर्ण आत्मोपलब्धि के लिए जनता को राष्ट्र की आवश्यकता है। इस अर्थ में सांस्कृतिक समस्या 'राष्ट्र और जनता' के प्रश्न से जुड़ी हुई है।** राष्ट्र और जनता का प्रश्न उठते ही दो विरोधी ताकतें सक्रिय हो जाती हैं। सांस्कृतिक ज्ञानोदय बनाम प्रतिक्रियावादी सांस्कृतिक मुहिम में टकराव शुरू हो जाता है, राष्ट्रीय पुनर्रचना और राष्ट्रीय विखंडन की ताकतें सक्रिय हो जाती हैं। आधुनिक प्रौद्योगिकी युग में हमारे नाटकीय प्रवेश से ये अंतर्विरोध दूर नहीं हुए हैं, बल्कि तीव्र ही हुए हैं।

सामाजिक परिदृश्य में नकारात्मक प्रवृत्तियों को प्रबल होते देखकर कुछ समय के लिए मन मायूसी और निराशा की भावनाओं से भर जाता है। लेकिन यह निराशा अनुचित है, क्योंकि यह कमजोरी की निशानी है। इस संदर्भ में रवींद्रनाथ ठाकुर के दूरदर्शितापूर्ण इन शब्दों का स्मरण हो आता है, "निराशा की दासता सबसे बड़ी दासता है, क्योंकि इसके द्वारा लोगों का स्वयं पर से विश्वास उठ जाता है" (1950)। निराशा इसलिए भी अनावश्यक है क्योंकि वर्तमान समाज व्यवस्था में ही परिवर्तन को आगे बढ़ाने की सचेत सामाजिक कार्रवाई की नई संभावनाएँ और अवसर भी छिपे हैं। सांस्कृतिक प्रतिगामिता के खतरों को अनावश्यक महत्त्व देने और सांस्कृतिक नवजागरण की संभावनाओं को कम करके आँकने के मूल कारण हैं सामाजिक स्थितियों को देखने के पुराने दृष्टिकोण का आग्रह और चेतना निर्माण में सांस्कृतिक प्रक्रियाओं की भूमिका को न समझ पाना। मायूसी और निराशावाद सामाजिक चेतना के क्षेत्र में भाग्यवाद के आधुनिक रूप हैं और इन प्रवृत्तियों का मुकाबला करना वैज्ञानिकों और संस्कृति-विशेषज्ञों का मुख्य कर्त्तव्य है।

सामाजिक चेतना को प्रभावित करने में संस्कृति-विशेषज्ञों की सकारात्मक भूमिका रहती है तथा चेतना के सामाजिक मूल को उद्‌घाटित करने में समाज-वैज्ञानिक महत्त्वपूर्ण भूमिका अदा करते हैं। सामाजिक चेतना के विकास में जो व्यवस्थागत बाधाएँ हैं, उन्हें समझकर ही संस्कृति-विशेषज्ञ कारगर हो सकते हैं। इस अर्थ में संस्कृति (अर्थात् चेतना विकास) का विश्लेषण करनेवाले बुद्धिजीवी उन समाजशास्त्रियों से जो संस्कृति को समाज-रचना से जोड़कर देखते हैं, अंतर्दृष्टि और मार्गदर्शन प्राप्त कर सकते हैं। संस्कृति के समाजशास्त्रीय परिप्रेक्ष्य से हमें यह महत्त्वपूर्ण अंतर्दृष्टि मिलती है कि विकृत और विघटित चेतना मानसिक अथवा मनोवैज्ञानिक विचलन मात्र नहीं है, बल्कि समाज-रचना की विकृति का परिणाम है, अर्थात् आध्यात्मिक अथवा सांस्कृतिक रुग्णता का स्रोत सामाजिक अस्तित्व की भौतिक स्थितियों की विकृति में निहित है।

ब्रिटिश उपनिवेशवाद द्वारा भारत की जनता पर लादी गई महावंचना (ग्रेट डिनायल) के प्रत्युत्तर में भारत के पुनर्जागरण की ताकत और कमजोरी का ज्ञानवर्धक विश्लेषण धूर्जटि प्रसाद मुखर्जी की पुस्तक 'मॉडर्न इंडियन कल्चर' (1942) में किया गया था।

"पुनर्जागरण रूपी राष्ट्रीय चेतना सामाजिक अस्तित्व की उपनिवेशवादी स्थितियों के प्रतिरोध का परिणाम थी और वह इन्हीं स्थितियों को बदलने की भावना से प्रेरित ताकत के रूप में आई। साथ ही सामाजिक अस्तित्व की तत्कालीन स्थितियों ने पुनर्जागरण को एक सीमा में बाँधे रखा। इन स्थितियों ने पुनर्जागरण के कर्णधार यानी औपनिवेशिक बुद्धिजीवी वर्ग (औपनिवेशिक मध्यम वर्ग) के चरित्र और संभावनाओं को भी प्रभावित किया और उन्हीं के द्वारा पुनर्जागरण की सीमाएँ भी सामने आईं। दूसरे शब्दों में, **सामाजिक अस्तित्व की उपनिवेशी स्थितियों ने 'एक संपूर्ण पुनर्जागरण' की दिशा में बहुत बड़ा रोड़ा अटकाया"** (डी. पी. मुखर्जी : 1942)। या यों कहिए कि ऐसा पुनर्जागरण पूर्ण नहीं हो पाया, जिसमें नीर-क्षीर विवेक और सृजनशीलता पूरी तरह उजागर होती, और आलोचनात्मक सामाजिक विवेक, राष्ट्रीय चेतना के रूप में पूर्णतः पल्लवित होता। यही धूर्जटि प्रसाद मुखर्जी की इस गहन अंतर्दृष्टि का पूरा अर्थ है कि 'एक स्वतंत्र देश में रहनेवाला कोई व्यक्ति यह अनुमान नहीं लगा सकता कि महावंचना (अर्थात् उप-निवेशवाद) ने पुनर्जागरण के विभिन्न प्रयासों को कितना भयंकर आघात पहुँचाया (धूर्जटि प्रसाद मुखर्जी, 1940, पृ. 206)।

स्वातंत्र्य-पूर्व सांस्कृतिक नवजागरण की संभावनाओं और बाधाओं को समझते समय एक बात स्पष्ट होती है और वह है—उपनिवेशवादी शासन के 'एक सौ पचास वर्षों में सामाजिक परिवर्तन के सिलसिले के महत्त्वपूर्ण अंग के रूप में **एक कृत्रिम अभिजात वर्ग (एलीट) का उदय, विकास और पतन'** (धूर्जटि प्रसाद मुखर्जी, 1948 : पृ. 205)।

उपनिवेशवादी शासन के अंतर्गत पैदा हुए **'कृत्रिम मध्यवर्ग'** तथा इंग्लैंड के विक्टोरिया युग में औद्योगिक प्रक्रिया के दौरान पैदा हुए 'असली मध्यवर्ग' के बीच के भारी फर्क को धूर्जटि प्रसाद मुखर्जी ने निम्नलिखित शब्दों में बयान किया था : "कोई भी समाजशास्त्री इस बात को आसानी से रेखांकित कर सकता है कि भारत में पुराने मध्य वर्ग की समाप्ति हुई और उसकी जगह विदेशी शासन को सुदृढ़ करने के लिए नए जमींदार और व्यावसायिक वर्ग को अस्तित्व में लाया गया। इससे यहाँ की सामाजिक विकास की प्रक्रिया में रुकावट आई। इसके विपरीत यूरोप की सामंती तथा वाणिज्यिक प्रणाली से औद्योगिक मध्यवर्ग का बगैर किसी रुकावट के और स्वाभाविक रूप से उदय हुआ। आभिजात्य वर्ग के उदय के बारे में इस फर्क के परिणामस्वरूप आंग्ल-भारतीय संस्कृति में मूलभूत कमजोरी रही और विक्टोरिया युग की संस्कृति को एक सशक्त और स्वायत्त (एलीट) आधार मिला। भारतीय आभिजात्य वर्ग के उदय में आई इस विकृति ने ही आधुनिक भारतीय पुनर्जागरण की आंतरिक कमजोरियाँ, जैसे—नौस्टेलजिया, छिन्नमूलता, सदैव हीनता-बोध आदि कमजोरियों को जन्म दिया (धूर्जटि प्रसाद मुखर्जी, 1948, पृ. 82)।

अपनी निष्कर्षी टिप्पणियों में डी. पी. मुखर्जी ने यह दलील दी है कि मध्यवर्ग राष्ट्रीय नव निर्माण का वाहक केवल तब बन सकता है, जब भारतीय संस्कृति के निर्माण में वह स्वयं का नीचे के जनसमूह के साथ तादात्म्य स्थापित करे। उन्हीं के शब्दों में, "भारत

काफी समय से बाहरी ताकतों की दया पर निर्भर रहा है। समय आ गया है कि अब वह अपनी खुद की ऊर्जा से नव निर्माण करे। भारत की ऊर्जा उसकी सामाजिक गतिशीलता में निहित है। इन सौ वर्षों में एक नकली वर्ग खड़ा किया गया है, जिसने कभी एक सामाजिक भूमिका निभाई थी। आज वह भूमिका खत्म हो गई है अतः मध्यवर्ग को अब यह बात समझनी होगी कि इतिहास में उसकी भूमिका अब समाप्त हो गई है। अब उसकी भूमिका उन लोगों के साथ है, जिसकी उसने अनचाहे ही काफी समय से उपेक्षा की है। जन को फिर से भागीदार बनाकर भारतीय संस्कृति की रचना करनी होगी। इस सवाल का यही आदि, मध्य और अंत है'' (धूर्जटि प्रसाद मुखर्जी, 1918, पृ. 214)।

धूर्जटि प्रसाद मुखर्जी ने आगे यह स्पष्ट किया है कि भारतीय संदर्भ में नई संस्कृति की रचना में आम लोगों की भूमिका का विशेष महत्त्व क्यों है, ''जहाँ भी लोग आगे बढ़ रहे हैं, जहाँ भी उन्होंने अपने उन राजनीतिक, आर्थिक और सामाजिक मामलों पर विजय पा ली है जो कि संस्कृति के तथाकथित संवाहक और निर्माता हैं, वहीं पर भारतीय संस्कृति के हित निहित हैं। जैसा कि हम जानते हैं, पाश्चात्य संस्कृति एक वर्ग संस्कृति है और जिन्होंने इसे अपनाया है, उन्हें यह विश्वास दिला दिया गया है कि संस्कृति की प्रकृति यही है। लेकिन बहुत से लोगों ने दूसरी तरह सोचना आरंभ कर दिया है। वे हमारे मित्र हैं और सँभलने में वे हमारी मदद करेंगे। इस बारे में भारत को लाभ प्राप्त है। यहाँ आदमी अभी भी भरापूरा, सुसंस्कृत आदमी है। अंग्रेजी शिक्षित व्यक्तियों की बनिस्बत एक संपूर्ण आदमी, अविभाजित, अधिक मानवीय। उसका अपना एक रूप, ढाँचा और शैली है। पश्चिम में स्थिति भिन्न है। वहाँ आम आदमी मशीन का चाकर बनकर रह गया है और उसकी मानवता विभाजित है और वह खतरे में पड़ गई है। उसे संस्कृति के सस्ते विकल्पों पर पाला जा रहा है। इसलिए भविष्य में भारतीय लोगों की पटरी उन्हीं के साथ बैठेगी, जो दूसरों को वंचित रखनेवालों से अपने मनुष्य होने का हक छीन रहे हैं और इस प्रक्रिया में अपनी खुद की संस्कृति की रचना कर रहे हैं (धूर्जटि प्रसाद मुखर्जी, 1948, पृ. 216)।

धूर्जटि प्रसाद मुखर्जी के विचार में भारतीय संस्कृति की रचना में जनता की भूमिका का विशेष महत्त्व है। जनता के जरिए और जनता के मूल हितों के कार्यक्रमों के माध्यम से सांस्कृतिक पुनर्निमाण की कुंजी को यदि मध्यवर्ग पकड़ ले तो संक्रमणकालीन तथा बड़ी लगनेवाली समस्याएँ आसानी से हल हो जाएँगी। इस विषय में धूर्जटि बाबू के निम्नांकित विचार बहुत अनुबोधक और भविष्यसूचक हैं :

''पहले की आत्मपरक स्थिति और अंतिम वस्तुपरक स्थिति के बीच अन्य घटक हैं। भारत का विखंडीकरण, सांप्रदायिक झगड़े आदि संक्रमणकालीन हैं। संश्लेषण की परंपराएँ अभी भी सुदृढ़ और मूल्यवान हैं। पाकिस्तान और हिंदुस्तान में ऐसे अल्पसंख्यक रहेंगे जो जनगणना के अनुसार अल्पसंख्यक माने जाने के मुकाबले कुछ ज्यादा महत्त्व के होंगे। किसी भी स्थिति में भारतीय राज्य अपने दृष्टिकोण में भारतीय ही रहेंगे, जो हिस्से संश्लेषण में रचेंगे-पचेंगे नहीं वे कुछ समस्याएँ खड़ी करेंगे। वे स्वायत्तता की तलाश करेंगे। वे दूसरे संस्कृति रूपों से गठबंधन करने की कोशिश करेंगे। लेकिन अंततः भारत

का खिंचाव ही भारी पड़ेगा। फिलहाल नागरिकों को आपसी घृणा का खतरा ज्यादा है, क्योंकि राजनीतिक घृणा को इस तरह से ही मोड़ा जाएगा। **हिंदू-मुस्लिम पुनरुत्थानवाद बढ़ने की भी संभावना ज्यादा है।** लेकिन हिंदू और मुस्लिम नहीं, बल्कि जन के भौतिक हितों के कार्यक्रम चलाकर इसका मुकाबला किया जा सकता है। इस सृजनात्मक कार्य में ही भारतीय संस्कृति के पुनर्निर्माण और भारतीय हिस्सों के एकीकरण की आशा निहित है। ब्रिटिश शासन ने जिस तरह की एकता की कोशिश की, वह टिक नहीं सकती है और टिकनी भी नहीं चाहिए। लेकिन जनगण का मेल (यूनियन) हो सकता है और होना भी चाहिए'' (धूर्जटि प्रसाद मुखर्जी, 1948, पृ. 216)।

धूर्जटि प्रसाद मुखर्जी निम्नांकित शब्दों में भारतीय मध्य वर्ग का आह्वान करते हैं कि वे उस तरह ही उठ खड़े हों जैसे कि ऐसी ही स्थितियों में दूसरे देशों के लोग उठ खड़े हुए थे। ये शब्द आज भी उतने ही प्रेरणादायक हैं जितने कि भारत की आजादी के समय थे। उनका कहना है, ''फ्रांसीसियों ने 1789 में हिम्मत दिखाई थी, अंग्रेजों ने 1688 में, जर्मनों ने 1848 में और रूसियों ने 1917 में। वह सच्ची हिम्मत थी। कई शताब्दियों बाद भारत को हिम्मत दिखाने का अवसर मिला है'' (धूर्जटि प्रसाद मुखर्जी, 1958, पृ. 177)।

इस अवसर पर एक प्रश्न प्रासंगिक होगा। भारतीय मध्य वर्ग ने समय की पुकार क्यों नहीं सुनी और मुखर्जी साहब की कल्पना के अनुसार नए सांस्कृतिक जागरण का नेतृत्व क्यों नहीं किया ? उपनिवेशवादी शासन के बाद पूर्ण जागरण का पल्लवन क्यों नहीं हुआ ? यह सांस्कृतिक जागरण अवरुद्ध क्यों रहा ? इन सारे प्रश्नों पर आजादी के पचास साल बाद आज सभी को विचार करना होगा। 'आओ विचारें आज मिलकर ये समस्याएँ सभी।'

संदर्भ ग्रंथ

1. मैथ्यू आर्नल्ड, **कल्चर एंड अनार्की**, कैंब्रिज, एट दि यूनिवर्सिटी प्रेस।
2. पी. सी. जोशी 'कल्चरल डाइमेशंस ऑफ इकनोमिक डिवेलपमेंट' सतीश सबरवाल, **टुवर्ड्स ए कल्चरल पॉलिसी**, विकास, दिल्ली, 1975
3. **जवाहरलाल नेहरू के भाषण** (सितंबर 1957-अप्रैल 1964) पब्लिकेशन डिवीजन, भारत सरकार, नई दिल्ली, 1964
4. एंटोनियो ग्राम्शी, **सिलेक्शंस फ्राम द प्रिजन नोटबुक्स**, इंटरनेशनल पब्लिशर्स, न्यूयार्क, 1973
5. बैंजामिन डिजरायली, **सिविल**, जॉन लेन, लंदन, 1945
6. धूर्जटि प्रसाद मुखर्जी, **मॉडर्न इंडियन कल्चर**, हिंद किताब लि., मुंबई, 1942, 1948
7. धूर्जटि प्रसाद मुखर्जी **डाइवर्सिटीज**, पीपुल्स पब्लिशिंग हाउस, मुंबई, 1948
8. मैथिलीशरण गुप्त, **भारत भारती** साहित्य सदन, चिरगाँव, झाँसी।

प्रतिगामी सांस्कृतिक अभियान : प्रतिरोध की रणनीति

"मैं नहीं चाहता कि मेरा मकान चारों दिशाओं से प्राचीरों से घिरा हो और मेरी खिड़कियाँ बंद हों। मैं चाहता हूँ कि सभी देशों की सांस्कृतिक हवाएँ मेरे घर के अंदर मुक्त रूप से प्रवेश और विचरण करें। लेकिन मुझे यह कतई स्वीकार नहीं कि उनके प्रभाव में मेरे पैर ही अपनी धुरी से उखड़ जाएँ। मुझे दूसरों के घरों में घुसपैठिए, भिखारी या गुलाम की तरह रहना स्वीकार नहीं।"

—मोहनदास करमचंद गाँधी (1921)

"मानव इतिहास में शायद ही कभी एक संस्कृति द्वारा दूसरी संस्कृति पर इतने बड़े पैमाने पर और इतने प्रभावशाली ढंग से ताकत और विचारों का हस्तक्षेप हुआ है, जितना आज अमेरिका द्वारा शेष दुनिया पर हो रहा है। लेकिन यह भी सही है कि मुख्य रूप से हमने अपने को कभी भी शायद इतना विखंडित, तीक्ष्ण रूप से पराजित और पूर्ण रूप से इतना क्षुद्र महसूस नहीं किया जितना आज इस बात को लेकर करते हैं कि हमारी असली सांस्कृतिक अस्मिता क्या है।"

—एडवर्ड डब्ल्यू सईद, कल्चर एंड इंपीरिएलिज्म, 1993

"बीसवीं सदी के आखिरी वर्षों में नए इलैक्ट्रोनिक्स मीडिया से आजादी को खतरा पुराने उपनिवेशवाद के मुकाबले कई गुना ज्यादा है। इस नए मीडिया में पश्चिम की किसी भी पुरानी टेकनालॉजी से कहीं अधिक ग्राही ('रिसीविंग') संस्कृतियों के अंदर की गहराइयों में प्रवेश करने की अद्भुत क्षमता है। उसके परिणाम विकासशील देशों के आंतरिक अंतर्विरोधों को तीव्र कर अत्यंत विनाशकारी साबित हो सकते हैं।"

*—एन्थोनी स्मिथ, द जिओपोलिटिक्स ऑफ इन्फोरमेशन;
हाउ वैस्टर्न कल्चर डौमिनेट्स द वर्ल्ड,
ऑक्सफोर्ड यूनिवर्सिटी प्रेस, न्यूयार्क, 1980, पृ. 176.*

I

आजादी की अर्धशताब्दी भारत के लिए सांस्कृतिक नवोदय का संकेत है या एक नव-उपनिवेशवाद का—यह प्रश्न वर्तमान संदर्भ में एक मुख्य प्रश्न बनकर उभरा है। भारत के विचारशील नागरिकों के लिए यह गहरी चिंता का समय है और गहरे चिंतन तथा सच्चाई से आत्मपरीक्षण की चुनौती भी। इस अर्धशताब्दी का अंत यदि नई और अभूतपूर्व संभावनाओं और अवसरों को लेकर आया है तो अप्रत्याशित खतरों को लेकर भी। इन प्रश्नों की विवेचना के पूर्व जरूरी है कि हम संस्कृति के मूल और बदलते हुए अर्थों और परिभाषाओं तथा संस्कृति के सामाजिक उद्गम स्रोत और संदर्भों पर भी प्रकाश डालें। इस स्पष्टीकरण के बिना बदलते संदर्भ और बदलती परिस्थितियों में भारत के वर्तमान सांस्कृतिक परिदृश्य और सांस्कृतिक भविष्य को समझना अत्यंत कठिन है।

संस्कृति शब्द का प्रयोग अनेक और भिन्न अर्थों में होता आया है जिसमें तीन मुख्य हैं। आमतौर पर शिक्षित समाज में संस्कृति शब्द के प्रयोग से साहित्य, संगीत, नाटक, नृत्य, चित्र, स्थापत्य आदि कलाओं का सामूहिक रूप से बोध होता है। इस कला-समूह में मनुष्य-समाज की वे गतिविधियाँ और क्रिया-कलाप फलीभूत होते हैं जिनकी सार्थकता महज उनकी उपयोगिता ('यूटीलिटी') में नहीं, वह इस बात में भी है कि वे साथ-ही-साथ सौंदर्य ('ब्यूटी') के जीवंत रूप और आनंद के स्रोत भी हैं।

नृविज्ञान में संस्कृति शब्द का प्रयोग अत्यंत व्यापक अर्थ में होता है। प्रसिद्ध नृविज्ञानवेत्ता मैलिनौस्की के अनुसार, "मानव-जाति की समस्त 'सामाजिक विरासत' या मानव की समस्त संचित सृष्टि का नाम ही संस्कृति है।" इस अर्थ में संस्कृति में शामिल है वह स्थूल 'भौतिक वातावरण' जिसकी सृष्टि मानव ने अपने श्रम और उद्यम, कल्पना और कौशल, ज्ञान और विज्ञान द्वारा प्राकृतिक जगत में परिवर्तन लाकर की है और इन परिवर्तनों के फलस्वरूप मानव ने प्राकृतिक जगत के ऊपर एक कृत्रिम जगत स्थापित किया है। नृविज्ञान इसी मानव निर्मित कृत्रिम जगत को 'संस्कृति' नाम से परिभाषित करता है। इसी प्रकार संस्कृति में मूल्य, मान्यता, चेतना, विश्वास, विचार, भावना, रिवाज, भाषा, ज्ञान, धर्म, कर्म, जादू-टोना आदि वे सभी अमूर्त स्वरूप भी शामिल हैं, जिनसे मानव-सृजित कृत्रिम जगत सार्थकता और महत्ता पाता है। इसके अलावा संस्कृति में विज्ञान और टेक्नालॉजी तथा श्रम और उद्यम आदि के संयोग से रचे और ईजाद किये हुए भोजन, पोशाक, आवास और भौतिक जीवन को सुखकर और सुविधाजनक बनानेवाले नाना प्रकार के मूर्त और स्थूल स्वरूप भी शामिल हैं। यदि संस्कृति के अमूर्त स्वरूपों को नृ-विज्ञान आध्यात्मिक संस्कृति ('स्पिरिच्यूएल कल्चर') के नाम से परिभाषित करता है तो उसके मूर्त रूपों को 'भौतिक संस्कृति' ('मैटिरियल कल्चर') की संज्ञा देता है। 'भौतिक संस्कृति' और 'आध्यात्मिक संस्कृति' दोनों के संयुक्त विकास से ही मनुष्य पशु योनि से ऊपर उठकर वास्तव में मनुष्य कहलाने का अधिकारी बनता है। बहुधा संस्कृति के 'भौतिक' और 'आध्यात्मिक' पक्षों के विकास में असंतुलन और विसंगति

भयावह अंतर्विरोधों और संकटों को जन्म देती है।

संक्षेप में, संस्कृति की रचना के मूल में है मानव और प्रकृति का गतिशील संबंध, जिसमें सामंजस्य और द्वंद्व दोनों के तत्त्व और संभावनाएँ विद्यमान हैं। मानव बुनियादी रूप से प्रकृति का ही एक अभिन्न अंग है और विविध और व्यापक रूपों में प्रकृति पर ही आश्रित और निर्भर है। लेकिन प्रकृति का अभिन्न अंग होते हुए भी और उस पर आश्रित होते हुए भी प्रकृति से स्वायत्त होकर और अपने ज्ञान-विज्ञान तथा टेक्नालॉजी के आविष्कारों के बल पर अपनी क्षमता और दक्षता में निरंतर वृद्धि द्वारा प्रकृति की अपार संपदा का स्वामी बनने की महत्त्वाकांक्षा भी मानव के मन में निहित है। मनुष्य प्राकृतिक साधनों की निरंतर खोज और उपयोग के लिए विज्ञान और टेक्नालॉजी का सहारा लेता रहा है और इसी उद्‌देश्य से इनके निरंतर परिष्कार और प्रगति के लिए प्रयत्नशील रहा है। इन सबके फलस्वरूप मानव और प्रकृति के निरंतर गतिशील संबंध मानव और मानव एवं मानव और मानवी के निरंतर विकासवान और बदलते संबंधों में भी रूपांतरित होते रहे हैं। इसी से मानव के आर्थिक, राजनीतिक और सामाजिक विकास के इतिहास की सृष्टि हुई है। मानव और प्रकृति के गतिशील, विकासशील और परिवर्तनशील संबंधों में संस्कृति के भी बदलते परिप्रेक्ष्य, बदलती अवधारणाएँ, बदलती परिभाषाएँ निहित हैं। संस्कृति की अवधारणा और परिभाषा जो मानव की विकसित स्थिति के लिए प्रासंगिक है, वह उस आदिम स्थिति के लिए प्रासंगिक नहीं है जब मनुष्य का प्रकृति से तीव्र विभेदीकरण नहीं हुआ था और जब मनुष्य की प्रकृति से अभिन्नता संपूर्ण थी, खंडित या आंशिक नहीं।

इस दृष्टि से संस्कृति की संश्लिष्ट व्याख्या जो ऊपर दी गई है वह 'आदिम समाज' के संदर्भ में ही अधिक उपयुक्त है जहाँ उपयोगी और सुंदर, भौतिक और आध्यात्मिक, एक दूसरे से अभिन्न और एक दूसरे के पूरक हैं और जहाँ मानव समाज का आंतरिक विभेदीकरण तथा वर्गीकरण तथा मानव की गतिविधियाँ और क्रियाकलापों का विशिष्टीकरण अभी तीव्र नहीं हुआ है। इसके विपरीत 'आदिम समाज' की तुलना में 'विकसित समाज' में उपयोगिता और सुंदरता, श्रम और अवकाश, श्रमिक और संपत्तिशाली वर्गों में समाज का विभाजन तथा समाज के भौतिक आधार और गैर-भौतिक अधिरचना में विभेदीकरण तीव्र होता गया है। ऐसे समाज में 'संस्कृति' शब्द का उपयोग अधिकाधिक गैर-भौतिक (आध्यात्मिक) अधिरचना के लिए होता है और 'भौतिक आधार' संस्कृति की परिभाषा में शामिल नहीं होता। ''संस्कृति चित्त-भूमि की खेती है'' यह कथन संस्कृति को इस नए रूप में परिभाषित करने की प्रवृत्ति का ही परिचायक है।

इस प्रकार ऐतिहासिक विकास-क्रम के परिणामस्वरूप संस्कृति की परिभाषा व्यापक से संकुचित, संश्लिष्ट से विशिष्ट, समग्र से आंशिक होती जाती है। भौतिक और सांस्कृतिक क्षेत्र का तीव्र होता हुआ विभेदीकरण और तीव्रतर होता हुआ अंतर्विरोध ऐतिहासिक विकास-क्रम और परिवर्तन-प्रक्रिया की ही देन है। वर्ण, वर्ग और लिंग भेद की तीव्रता से मुक्त समाज की तुलना में वर्ण, वर्ग और लिंग विभाजित समाज और

विशेषकर तीव्र वर्ण, वर्ग और लिंग संघर्ष से ग्रस्त औद्योगिक समाज में भौतिक उत्पादन के साधनों और मानसिक और आध्यात्मिक उत्पादन के साधनों का विभेद और अंतर्विरोध तीव्रतर होता जाता है। आदिम समाज में इन दोनों प्रकार के उत्पादन-साधनों और उत्पादन-प्रक्रियाओं में पूरकता पाई जाती है, जिसे वर्ग, वर्ण और लिंग-विभाजन मिटा देता है। साथ ही, बाजारू अर्थव्यवस्था में प्राकृतिक अर्थव्यवस्था की तुलना में, संस्कृतिकर्मी और उसके समाज के बीच भी अलगाव तीव्र होता जाता है; और जनसाधारण आध्यात्मिक उत्पादन की प्रक्रिया में सहयोगी और भागीदार स्थिति से कटते जाते हैं और उसके निष्क्रिय दर्शक और उपभोक्ता मात्र बनकर रह जाते हैं। पूँजीवाद और उसके द्वारा व्यापक होती हुई बाजारीकरण की प्रक्रिया 'अर्थ' के सभी क्षेत्रों को ही नहीं, संस्कृति को भी अपने प्रभावक्षेत्र में समेट लेती है। संस्कृति के बाजार में संस्कृतिकर्मी भी बाजारू माल की खरीद-फरोख्त की वस्तु बनते चले जाते हैं, जो इस बात का प्रतीक है, प्रमाण है कि मूल रूप से बाजारू समाज में सांस्कृतिक व्यवस्था अर्थव्यवस्था की ही अधीनस्थ बना दी जाती है और उसकी स्वायत्तता का ह्रास हो जाता है। अर्थव्यवस्था पूँजीवाद के मातहत संस्कृति के व्यापक व्यवसायीकरण को तेज करती है और संस्कृति को भी आर्थिक शोषण और सत्ता प्राप्त करने और उसे कायम रखने के एक कारगर यंत्र में तब्दील करने में प्रयत्नशील रहती है। यथार्थ पर पर्दा डालने और मिथ्या चेतना के प्रसार के सशक्त माध्यम के रूप में उसका अधिकाधिक उपयोग होता है। पूँजीवादी समाज में 'कल्चर इंडस्ट्री' का फैलाव और प्रभाव इसी प्रक्रिया की चरम परिणति है। पूँजीवाद और उससे जुड़े बाजारीकरण ने जहाँ एक ओर विश्व स्तर पर 'आर्थिक उपनिवेशवाद' को जन्म दिया है, वहाँ इसी के जुड़वाँ भाई के रूप में 'सांस्कृतिक उपनिवेशवाद' को भी जन्म दिया है जो आर्थिक उपनिवेशवाद के लिए उपयोगी औपनिवेशिक मानसिकता की रचना करता है। वर्ण, वर्ग और लिंग विभाजित समाज में आंतरिक औपनिवेशीकरण हेतु आर्थिक-राजनीतिक प्रक्रियाओं को सुदृढ़ और सशक्त करने के लिए भी संस्कृति एक कारगर यंत्र का काम करती है। "इलेक्ट्रॉनिक मीडिया की संस्कृति जनता की अफीम है," यह कथन वर्ग, नस्ल और लिंग विभाजित पश्चिमी दुनिया के लिए ही नहीं—वर्ग, वर्ण और लिंग विभाजित भारत के लिए भी सौ फीसदी प्रासंगिक है।

ऐतिहासिक दृष्टि से देखें तो यूरोप में अठारहवीं और उन्नीसवीं सदी के पूँजीवादी, बाजारू आर्थिक विकास ने और उससे उपजी औद्योनिक क्रांति ने 'संस्कृति' और 'अर्थव्यवस्था' के आंतरिक संबंध में बुनियादी परिवर्तन लाकर अर्थव्यवस्था को समाज के निर्णायक आधार और संस्कृति को इस आधार की आश्रित अधिरचना में रूपांतरित कर दिया था। इस नए नियम के अनुकूल अर्थव्यवस्था 'निर्धारी शक्ति' ('डिटरमिनिंग फोर्स') और संस्कृति 'निर्धारित' ('डिटरमिंड' फैक्टर) घटक के रूप में उभरी थी। लेकिन बीसवीं सदी के युगांतरकारी परिवर्तनों ने निर्धारी-निर्धारित के इस संबंध को उलट-पुलट करने की संभावना पैदा की थी। इंग्लिस्तान की बूर्जुआ क्रांति के बाद विश्व में जितनी

क्रांतियाँ हुईं उन्होंने संस्कृति को एक स्वायत्त और मानव-विकास की निर्धारी शक्ति में रूपांतरित किया था। मानव विकास के इस नए नियम के प्रवर्तक रेडिकल चिंतकों के अनुसार संस्कृति एक 'निर्धारी' शक्ति बनी और अर्थव्यवस्था को 'निर्धारित' घटक माना गया। औपनिवेशिक देशों के सांस्कृतिक जागरण ने राजनीतिक और आर्थिक मुक्ति के आंदोलनों के लिए जमीन तैयार की थी और मानव-विकास के इस नए नियम की ही पुष्टि की थी। बीसवीं सदी के उत्तरार्ध में एक ओर विज्ञान और तकनीक और दूसरी ओर मानव चेतना के क्षेत्र में दूरगामी महत्त्व के क्रांतिकारी परिवर्तनों ने आज फिर इस प्रश्न को प्राथमिकता दी है कि संस्कृति, अर्थ और सत्ता के आंतरिक संबंध किस नियम से निर्धारित होंगे। इन परिवर्तनों में संप्रेषण क्रांति से उत्पन्न हुई अप्रत्याशित संभावनाएँ हैं, जिन्होंने 'कल्चरल स्पेस' का जबर्दस्त विस्तार किया है और क्षेत्र, देश और विश्व स्तरों पर सांस्कृतिक उपनिवेशवाद या सांस्कृतिक आदान-प्रदान के विकल्प एक साथ प्रस्तुत किये हैं। साथ ही यह विकल्प भी प्रस्तुत किया है कि संप्रेषण क्रांति की सहायता से सदियों के अज्ञान, अंधविश्वास और भ्रांतियों से मुक्त मानव-चेतना मानव-विकास की प्रेरक शक्ति बन सकेगी और मानव-मुक्ति और भाईचारे और विश्व-बंधुत्व के सपने को साकार करने में सहायक होगी ? या संप्रेषण क्रांति आर्थिक और राजनीतिक संकुचित स्वार्थों से प्रेरित शक्ति-केंद्रों के स्वहित-साधन का ही मुख्य यंत्र बनेगी ?

संप्रेषण क्रांति ऐसे संदर्भ में तेज हुई है जब लोकतंत्र सामाजिक न्याय, सामाजिक और आर्थिक समानता और आर्थिक विकास और राजनीतिक सत्ता में भागीदारी की अवधारणाओं का प्रभाव बुद्धिजीवियों तक ही सीमित नहीं है, बल्कि ये अवधारणाएँ जनसाधारण की सदियों की भाग्यवाद-जन्य निष्क्रियता और असहायता की भावना को झकझोरने में सफल हुई हैं और इनके बढ़ते प्रभाव और प्रेरणा ने व्यापक जनजागरण, अन्याय के प्रति आक्रोश और प्रतिरोध और अधिकारों की चेतना को जन्म दिया है। *संप्रेषण क्रांति किसके हित में इस्तेमाल होगी, यह आज का मुख्य प्रश्न है।* क्या इसका विश्व की अर्थ और सत्ता-व्यवस्था पर हावी शक्तियों के हित में इस्तेमाल होगा जो इसे एक नए मानसिक उपनिवेशवाद का कारगर यंत्र बनाने पर तुले हैं या इसका उपनिवेशवाद का प्रतिरोध कर रहे विशाल भूभाग के हित में उपयोग होगा, जो विश्व की बहुसंख्यक जनता है ? क्या नवोदित राष्ट्रों के भीतर भी इसका उपयोग नव जाग्रत मानवता यानी सामाजिक न्याय और आर्थिक विकास के फलों की नवाकांक्षी, सदियों से उपेक्षित बहुसंख्यक उत्पीड़ित जनता के हित में होगा, या नए राष्ट्रों के अर्थ और राजनीतिक तंत्र पर हावी नव-मध्यम वर्ग के हित में, जिसने पश्चिम के संपन्न देशों और वर्गों से होड़ को मुख्य लक्ष्य बनाया है ? ये प्रश्न भारत के और अन्य नए राष्ट्रों के आर्थिक भविष्य के लिए ऐतिहासिक महत्त्व के प्रश्न है। *आर्थिक भविष्य की दिशा को आज सांस्कृतिक भविष्य की दिशा तय करेगी, यह वर्तमान समय का अवसर और विकल्प है, जो पहले उपलब्ध न था।*

यह निर्विवाद है कि उन्नीसवीं सदी और बीसवीं सदी के पूर्वार्ध में जिन अवरोधों

से संस्कृति ग्रस्त थी और जिन सीमाओं के अंदर सांस्कृतिक परिवर्तन और विकास की प्रक्रियाएँ संकुचित थीं, बीसवीं सदी के उत्तरार्ध ने उन अवरोधों और सीमाओं से मुक्ति के द्वार खोले हैं। इस प्रकार बीसवीं सदी के उत्तरार्ध ने नई संभावनाएँ, अवसर और विकल्प प्रस्तुत किए हैं। उन्नीसवीं सदी के मध्य में मार्क्स द्वारा प्रतिपादित अर्थतंत्र और आर्थिक संबंधों द्वारा संस्कृति के निर्धारण ('इकोनॉमिक डिटरमिनिज्म ऑफ कल्चर') का सिद्धांत वर्तमान संदर्भ में क्या प्रासंगिक है या उस पर पुनर्विचार अनिवार्य है, यह आज के संस्कृतिकर्मियों और सामाजिक चिंतकों के लिए विचारणीय प्रश्न है। मेरे कहने का तात्पर्य यह है कि बीसवीं सदी के उत्तरार्ध में यह संभावना पैदा हुई है कि **संस्कृति 'अर्थ' के अधीनस्थ न रहकर तथा स्वायत्त और स्वतंत्र होकर स्वयं एक महत् परिवर्तन की प्रेरक-शक्ति के रूप में विकसित हो सकती है।** इस दृष्टि से आज के संदर्भ में संस्कृतिकर्मियों तथा अर्थ और समाज-वैज्ञानिकों के समक्ष कुछ नई वैचारिक चुनौतियाँ मुख्य और महत्त्वपूर्ण बनकर उभरी हैं।

पहला प्रश्न यह है कि क्या संस्कृति आज भी अर्थ की अधीनस्थ ही रहेगी, यद्यपि वे परिस्थितियाँ जिनके मातहत संस्कृति की अधीनस्थ स्थिति पैदा हुई थी, तेजी से बदल चुकी हैं या बदल रही हैं और ऐसी नई संभावना प्रस्तुत कर चुकी हैं जब संस्कृति अर्थ की आश्रित स्थिति से ऊपर उठकर स्वयं आर्थिक और राजनीतिक परिवर्तन को दिशा देने और उसके चरित्र को ढालने की सामर्थ्य रखती है। दूसरा प्रश्न है कि किस प्रकार हम संस्कृति को हाशिए से केंद्र में लाएँ, संस्कृति के स्वायत्त होने की प्रक्रिया को तीव्र करें तथा उसे नव-औपनिवेशिक मानसिकता और नव-सामंती (रूढ़िवादी) मानसिकता के प्रतिरोध के सशक्त माध्यम के रूप में विकसित करें। तीसरा प्रश्न यह है कि नव सांस्कृतिक जागरण की उभरती शक्तियों के सर्वांगीण विकास के मार्ग में वे कौन-से आर्थिक और राजनीतिक अवरोध हैं, जिन्हें समाप्त कर ही इस जागरण को एक रचनात्मक और सर्जनात्मक दिशा दी जा सकती है। इन प्रश्नों की आज एक नई प्रासंगिकता है जो हमें क्षेत्रीय (स्थानीय), राष्ट्रीय और अंतर्राष्ट्रीय तीनों स्तरों पर नए प्रकार से सोचने को विवश कर रही है।

आज यह अनिवार्य हो गया है कि संस्कृति की घिसी-पिटी परिभाषाओं में न फँसकर हम ऐतिहासिक दृष्टि से संस्कृति के बदलते हुए अर्थों और प्रश्नों पर अपना ध्यान केंद्रित करें। हमारे लिए जरूरी है कि हम भारत के स्वाधीनता-संघर्ष और भारत के स्वतंत्र राष्ट्र के रूप में अभ्युदय से जुड़े सांस्कृतिक परिदृश्य की गहराई से समीक्षा करें और आज की चुनौतियों को वर्तमान के आग्रहों और संभावनाओं के साथ-साथ कल के अनुभवों, उपलब्धियों, असफलताओं और उनसे लिए गए सबक और नतीजों के आधार पर समझें और उनसे प्रेरणा लेकर नई चुनौतियों और परिस्थितियों से जूझने की रणनीति और कार्यक्रम बनाएँ।

II

हमें यह नहीं भूलना चाहिए कि उपनिवेशवाद और उसके सर्वग्रासी अभिशापों से ग्रस्त भारत सांस्कृतिक पुनर्जागरण द्वारा अपनी आर्थिक सीमाओं और अवरोधों से उत्पन्न हताशा और पराजय की भावना पर विजय पाने में सफल हुआ था और उज्ज्वल भविष्य के सपनों की रचना की दिशा में सक्रिय हुआ था। सांस्कृतिक पुनर्जागरण ने उस नए दौर की घोषणा की थी जब मार्क्स की यह अवधारणा कि "हमारी चेतना हमारे सामाजिक अस्तित्व का निर्धारण नहीं करती वरन् हमारा सामाजिक अस्तित्व हमारी चेतना का निर्धारण करता है" उलट-पुलट हो गई थी। भारत और अन्य गुलाम देशों के नवजागरण ने उस नए सामाजिक 'नियम' का संकेत दिया था जब मानव चेतना का चरित्र और दिशा औपनिवेशी सामाजिक अस्तित्व द्वारा निर्धारित नहीं थी, वरन् औपनिवेशिक सामाजिक अस्तित्व में युगांतरकारी परिवर्तनों की प्रेरक-शक्ति और प्रेरणा-स्रोत के रूप में उभरी थी। इस प्रकार औपनिवेशिक मानसिकता के प्रतिरोध के अमोघ अस्त्र के रूप में विद्रोही मानव चेतना (संस्कृति) उपनिवेशवाद को उसकी जड़ों में खोखला करने में सक्रिय हुई थी और उपनिवेश-विरोधी राजनीतिक और आर्थिक परिवर्तनों के लिए जमीन तैयार करने में सफल हुई थी।

प्रश्न उठता है कि फिर आज क्यों अर्धशताब्दी के महत् राजनीतिक, आर्थिक परिवर्तनों के उपरांत मानव-चेतना विद्रोही, परिवर्तन-प्रेरक न होकर यथास्थिति की पोषक-सी बन गई है ? आज क्यों संस्कृति नए समाज के सपनों को पुनः परिभाषित और नए रूप में प्रस्तुत करने के स्थान पर 'सपनों' की अवधारणा को ही नकारने लगी है और स्वप्नदर्शी विचारकों का अवमूल्यन करने लगी है ? आज क्यों 'संस्कृति', 'अर्थ' और राजनीति को उदात्त चरित्र और दिशा न देकर स्वयं 'अर्थ' और 'राजनीति' की विकराल चरित्रहीनता और मूल्यहीनता का शिकार हो गई है। उद्देश्यहीनता और भ्रष्टाचार का दानव संस्कृति को उसकी जड़ों से उखाड़ने और उसके पाशवीकरण में क्यों कामयाब हुआ है। इस मूल्यविमुख और लक्ष्यभ्रष्ट अर्थतंत्र और राजनीति के सेवक संस्कृतिकर्मियों की तेजी से बढ़ती हुई संख्या के बीच संस्कृति के सच्चे उपासकों को पहचान पाना भी कठिन होता जा रहा है। प्रश्न उठता है कि क्यों आज का सांस्कृतिक परिदृश्य संत तुलसीदास द्वारा व्यक्त स्थिति की बार-बार याद दिलाता है :

हरित भूमि तृण संकुलित, समुझि परहि नहिं पंथ।
जिमि पाखंड प्रमाद ते, लुप्त होइ सद्ग्रंथ।।

हमारे समय और हमारे देश के द्विमुखी चरित्र का सूचक और परिचायक स्वयं वर्तमान सांस्कृतिक परिदृश्य है। एक ओर हमारे समय ने विज्ञान के मानवीकरण (और संस्कृतीकरण) तथा संस्कृति के वैज्ञानिकीकरण (यानी सदियों के अंधविश्वास, अज्ञान और भ्रांतियों से मुक्ति) द्वारा बाह्य और आंतरिक दोनों प्रकार के औपनिवेशीकरण के प्रतिरोध को अभी तक न हासिल की गई मंजिलों तक पहुँचाने के उपकरण और अवसर

प्रस्तुत किए हैं। इस प्रकार नए राष्ट्र की परिभाषित कल्पना से जन-मानस में नया उत्साह, नई ऊर्जा और नया साहस जगाकर नए समाज के स्वप्न और यथार्थ की दूरी को मिटाने की ऐसी संभावनाएँ हमारे समय ने प्रस्तुत की हैं, जो पहले नहीं थीं। दूसरी ओर यह भी सत्य है कि असंयमित और अनियंत्रित उपभोक्तावाद की मरीचिका से लुब्ध और सम्मोहित भारत के महानगरीय नव-मध्यम वर्ग का बहुत बड़ा भाग गाँधी और रवि ठाकुर के 'मेरे सपनों का भारत' की परंपराओं को तथा स्वतंत्रता-संघर्ष और नवजागरण के मूल्यों, आदर्शों और प्रतिबद्धताओं को भुलाता, नकारता नजर आता है। नग्न उपभोक्तावाद की अंधी सुरंग में हमारे विशिष्ट वर्ग के प्रवेश की चरम परिणति नव-उपनिवेशवाद में ही होगी यह निश्चित है, अवश्यंभावी है। यदि इस नव-मध्यम वर्ग का एक हिस्सा गरीब भारत के भीतर ही अपने लिए एक छोटे अमेरिका की सृष्टि के संकल्प द्वारा समृद्ध देशों के नए विचारकों की 'वैचारिकता के अंत' ('एंड ऑफ आइडियोलॉजी') की अवधारणा को यथार्थ रूप देने में लगा हुआ है, तो नव-मध्यम वर्ग का दूसरा हिस्सा उग्र उत्तर-आधुनिकता के आक्रामक 'अर्थवाद' और घोर यांत्रिकता द्वारा पैदा हुए वैचारिक, नैतिक और सांस्कृतिक शून्य को प्रतिक्रिया में पैदा हुए रूढ़िवादी, पुनरुत्थानवादी मानसिकता के उभार से भर रहा है। **इस नव औपनिवेशिक मानसिकता और नव सामंती (रूढ़िवादी) जहनियत का गठजोड़ वर्तमान भारत का सबसे बड़ा संकट बन गया है।**

वह देश की सबसे बड़ी त्रासदी है कि देश के सेक्यूलर और प्रगतिशील कहलानेवाले बुद्धिजीवियों ने और सामाजिक न्याय, आर्थिक समानता के साथ विकास के कार्यक्रम से प्रतिबद्ध राजनीतिक दलों ने तो आज के संदर्भ में संस्कृति की महत् भूमिका और महत्त्व को न समझा है और न वे सांस्कृतिक अभियान और मंच की प्रासंगिकता और अनिवार्यता के प्रति सचेत हैं। जहाँ तक इलैक्ट्रॉनिक्स क्रांति के प्रति प्रगतिशील बुद्धिजीवियों और राजनीतिक दलों के रुख का सवाल है, यह निर्विवाद है कि उन्होंने इलैक्ट्रॉनिक युग में प्रवेश ही नहीं किया है, न उन्हें आज के संदर्भ में इलैक्ट्रॉनिक्स की सांस्कृतिक भूमिका का बोध ही है। इसके विपरीत उग्र हिंदू राष्ट्रवादी और सामाजिक दृष्टि से प्रतिक्रियावादी और प्रतिगामी तथा सेक्यूलेरिज्म-विरोधी राजनीतिक विचारधारा और कार्यक्रम के हिमायती दलों में ऐसे सचेत और जानकार तत्त्वों की कमी नहीं जो संस्कृति की प्रासंगिकता, इलैक्ट्रॉनिक्स के माध्यम से सांस्कृतिक अभियान की प्रभावकता तथा सांस्कृतिक मंच और कार्यक्रम की राजनीतिक उपयोगिता का पूरा-पूरा ज्ञान और समझ रखते हैं। उन्होंने सांस्कृतिक अभियान में इतिहास के मिथकीकरण का उपयोग तो किया ही है, पौराणिक विरासत के प्रतीकों, बिंबों, आख्यानों, मिथकों को भी हिंदू पुनरुत्थानवाद के साँचे में ढालकर प्रस्तुत किया है। अभिजातीय हिंदू समाज, विशेषकर परिवर्तन के आग्रहों से आतंकित अभिजात, सवर्ण पुरुषवादी समुदाय को उग्र हिंदू राष्ट्रवादी राजनीतिक विचारधारा और कार्यक्रम के समर्थन में संगठित करने में यह सांस्कृतिक अभियान अत्यंत सफल साबित हुआ है। आजादी के बाद के नव-मध्यम वर्ग,

विशेषकर युवा वर्ग के मानस को प्रभावित करने और उग्र राष्ट्रवाद के पीछे उसे लामबंद करने में संस्कृति एक अत्यंत सशक्त माध्यम साबित हुई है। संस्कृति की इस नई भूमिका को वास्तव में प्रभावशाली बनाने में इलैक्ट्रॉनिक मीडिया और उसके पौराणिक मिथकों पर आधारित कार्यक्रमों की भूमिका निर्णायक कही जा सकती है। असल में 'चेतना निर्माण' को एक कारगर यंत्र में रूपांतरित करने और एक सफल कला और विज्ञान का रूप देने का श्रेय प्रगतिशील कहे जानेवाले संस्कृतिकर्मियों को नहीं, बल्कि पुनरुत्थानवादी संस्कृतिकर्मियों को जाता है। सच तो यह है कि पुनरुत्थानवादी सांस्कृतिक अभियान का प्रभावक्षेत्र *पुनरुत्थानवादी राजनीतिक दलों के कार्यक्षेत्र से कहीं अधिक विस्तृत और विशाल है।* इस व्यापक प्रभावक्षेत्र को पुनरुत्थानवादी राजनीतिक दल एक राजनीतिक शक्ति के अक्षय स्रोत के रूप में अपनी शक्ति-संवर्द्धन के लिए इस्तेमाल कर रहे हैं। उग्र राष्ट्रवादी राजनीति को यदि विस्तार और गहराई प्रदान करने में पुनरुत्थानवादी विचारधारा की भूमिका अत्यंत महत्त्वपूर्ण है, तो पुनरुत्थानवादी मानसिकता के प्रसार में इलैक्ट्रॉनिक मीडिया और उसके सांस्कृतिक कार्यक्रमों की भूमिका भी अत्यंत उल्लेखनीय है। पुनरुत्थानवाद यदि उग्र हिंदू राष्ट्रवाद का मुख्य वैचारिक सांस्कृतिक मंच है, तो इलैक्ट्रॉनिक मीडिया उसका सबसे कारगर माध्यम। आज के संदर्भ में नव उपनिवेशवाद की प्रक्रिया यदि पुनरुत्थानवाद और हिंदू राष्ट्रवाद को बल देती है तो उग्र हिंदू राष्ट्रवाद और पुनरुत्थानवाद राष्ट्र की चेतना को खंडित, विभाजित और विघटित कर नव उपनिवेशवाद के संकट को और अधिक गंभीर बनाता है।

यहाँ उग्र हिंदू राष्ट्रवाद और पुनरुत्थानवाद को महज राजनीतिक प्रवृत्तियों और प्रक्रियाओं के रूप में न परिभाषित कर आज के सांस्कृतिक परिदृश्य की मुख्य प्रवृत्तियों और प्रक्रियाओं के रूप में प्रस्तुत किया गया है, जिन्होंने भारतीय सांस्कृतिक जागरण की और आजादी के बाद के सांस्कृतिक एजेंडा की मूलभूत अवधारणाओं, मूल्यों और कार्यक्रम को चुनौती दी है और वैकल्पिक विश्वदृष्टि, अवधारणाओं, मूल्यों और कार्यक्रम को पेश करने का दावा किया है और संविधान में अंतर्निहित संपूर्ण सांस्कृतिक परिप्रेक्ष्य पर ही प्रश्नचिह्न लगाया है। उन्होंने आजादी के संघर्ष और आजादी के पाँच दशकों के नेतृत्व की कथनी और करनी के भेद से पैदा हुए मोहभंग की स्थिति को पहचाना है और उस मनःस्थिति को पुराने नेतृत्व से ही नहीं, पुराने विजन और कार्यक्रम से ही नहीं, संपूर्ण सांस्कृतिक परंपरा और परिप्रेक्ष्य से सम्बन्ध-विच्छेद के लिए भी सफलतापूर्वक इस्तेमाल किया है। उग्र हिंदू राष्ट्रवाद और पुनरुत्थानवाद की तरह इस दृष्टि से एक राजनीतिक विचार और कार्यक्रम के रूप में ही नहीं, *एक सांस्कृतिक प्रतिक्रांति की लहर के रूप में* तेजी से उभरी है, जिसने भारत के, विशेषकर उत्तरी भारत के शिक्षित वर्ग तथा सवर्ण और अभिजात समाज के महत्त्वपूर्ण हिस्से के रूढ़िवादी संस्कारों और मनोवृत्तियों को उभारा है और उनके आधार पर एक नई प्रतिगामी मानसिकता की रचना का साहस किया है, जिसमें वे काफी हद तक सफल भी हुए हैं। इसका प्रमाण 6 दिसंबर, 1992 को बाबरी मस्जिद पर प्रहार और उसको तोड़ने के कार्यक्रम की कामयाबी है,

जिसे महज एक आकस्मिक राजनीतिक घटना या एक राजनीतिक भटकाव ('एबिरेशन') समझना भूल होगी।

यह एक महत्त्वपूर्ण सांस्कृतिक घटना थी और लंबे अरसे की सक्रिय सांस्कृतिक प्रक्रियाओं की निर्णायक परिणति भी। हिंदू समाज में प्रतिगामी मानसिकता के व्यापक और प्रचंड उभार के बिना ऐसा दुस्साहस उन राजनीतिक या गैर-राजनीतिक दलों द्वारा संभव नहीं था जिन्होंने इसे इच्छा या इरादे के स्तर से ऊपर उठाकर कामयाब प्रोजेक्ट का रूप दिया। बिना इस प्रतिगामी मानसिकता के जिसने एक 'धार्मिक' उन्माद के उभार और 'धार्मिक' अभियान का रूप लिया, यह संभव नहीं था कि मस्जिद की रक्षा के लिए संविधानिक रूप से प्रतिबद्ध केंद्रीय सरकार या राज्य प्रशासन मस्जिद के टूटने के मूक दर्शक बने रहते या अप्रत्यक्ष रूप से समर्थक बन जाने को बाध्य होते।

मेरे कहने का मतलब यह है कि इस घटना को किसी विशेष राजनीतिक दल की और उसके सहयोगी गैर-राजनीतिक संगठनों और संस्थानों की साजिश मात्र समझना वस्तुस्थिति का अत्यंत सरलीकरण होगा। केवल उन तात्कालिक या आसन्न और समीपस्थ कारणों पर ध्यान केंद्रित करना जो मस्जिद टूटने के निमित्त बने, इस 'घटना' के मूलभूत कारणों की छानबीन करने से कतराना होगा। सच तो यह है कि पुनरुत्थानवादी रुझान का हमारे देश के सांस्कृतिक इतिहास में बार-बार तब-तब विस्फोट हुआ है, जब-जब भारत का समाज बाह्य और आंतरिक कारणों से गंभीर संकट काल से गुजरा है। जब-जब एक ओर स्थापित व्यवस्थाओं और दूसरी ओर नए सामाजिक आग्रहों और प्रेरणाओं के बीच टकराहट हुई है तो अनेक बार इस टकराहट ने एक नए जागरण और उसके आधार पर व्यवस्था में संशोधन, परिवर्तन की विचारधारा और कार्यक्रम को नहीं बल्कि प्रतिगमन और पुनरुत्थान की मानसिकता को जन्म दिया है और उसके द्वारा सामाजिक परिवर्तन की चुनौतियों को नकारने की कोशिश की है।

आज के संदर्भ में इसे प्रतिगमन और पुनरुत्थान के रुझान की विजय मानना भूल होगी। यह स्थिति प्रतिगमन और पुनरुत्थान की विचारधारा या रुझान की अंतर्निहित या असली शक्ति की द्योतक नहीं, इसे सामाजिक परिवर्तन की आकांक्षी शक्तियों के विजन, दर्शन, दृष्टि और कार्यक्रमों की अपरिपक्वता और अपर्याप्तता का सूचक मानना अधिक उपयुक्त होगा। विशेष रूप से यह इस बात का परिचायक है कि राष्ट्रीय, जनतांत्रिक और प्रगतिशील शक्तियों की दृष्टि, विजन, दर्शन और एजेंडा एक ओर केवल अर्थवाद या आर्थिक विकास के मॉडल-बिल्डिंग और दूसरी ओर सत्ता की स्ट्रेटैजी और रणनीति तक ही सीमित रहे हैं। जिसे राष्ट्र-निर्माण का कार्यक्रम परिभाषित किया गया है, उसमें शिक्षा और संस्कृति जो राष्ट्र-निर्माण के मूल प्रेरणा-स्रोत हैं, उनके सुधार को रेडिकल और अग्रगामी दलों और संस्थाओं ने केंद्र पर नहीं, हाशिए पर ही रखा है। विशेषकर पिछले पाँच दशकों में जो शासक वर्ग रहा है उसने शिक्षा और संस्कृति को नई, अग्रगामी सामाजिक चेतना और मूल्यों के प्रसार का माध्यम नहीं बनाया है। शिक्षा और संस्कृति एक ओर औपनिवेशिक मानसिकता तो दूसरी ओर रूढ़िवादी मानसिकता

के पोषक और प्रसारक रहे हैं। अभी तक के शासक वर्गों की सांस्कृतिक दृष्टि संस्कृति को स्वायत्त और प्राथमिक (प्राइमरी) मूल्य नहीं, अर्थवाद और सत्तावाद का साधन (रिसोर्स) या यंत्र (इंस्ट्रूमेंट) मात्र ही सिद्धांत में नहीं तो व्यवहार में मानती आई है। *साथ ही उनके एजेंडे में भाषा की स्वायत्तता तो है ही नहीं, जिसके बिना 'मानसिक स्वराज' का लक्ष्य एक जीवंत लक्ष्य नहीं रहा है।*

सबसे बड़ी कमी परिवर्तनकामी तथा अग्रगामी विचारकों और राजनेताओं की है। भारत की सांस्कृतिक विरासत और धरोहर में निहित उन मूल्यों के प्रति उनका अज्ञान जो वर्तमान में भी परिवर्तन के लिए प्रेरणा, ऊर्जा और शक्ति के स्रोत बन सकते हैं। इस अज्ञान में बुद्ध, कबीर आदि अपने युग के क्रांतिकारियों की वाणी का अज्ञान तो शामिल है ही जो भारत की महत् परंपरा के अभिन्न अंग हैं, सबसे बड़ा अज्ञान तो भारत की लोक-परंपराओं (लिटल ट्रेडीसंस) से संबंध रखता है, यानी भारत के विभिन्न क्षेत्रों की लोक-संस्कृतियों से संबंधित अज्ञान, जो परंपराएँ बहुजन के स्तर पर निरंतरता और परिवर्तन में सामंजस्य पैदा करती रही हैं।

कुछ बात है कि हस्ती मिटती नहीं हमारी।
सदियों रहा है दुश्मन, दौरे-जहाँ हमारा ।।

इन पंक्तियों में भारत की सभ्यता की निरंतरता, जीवंतता की बात जो कही गई है उसे बनाए रखने में इन लोक-संस्कृतियों, लोक-भाषाओं की बहुत बड़ी भूमिका रही है। परिवर्तन का संदेश इन्हीं लोक-भाषाओं और लोक-संस्कृतियों के माध्यम से बहुजन तक पहुँच सकता था और उनके द्वारा आत्मसात् ही नहीं होता था बल्कि दोतरफा संवाद से समृद्ध और सशक्त भी होता रहता था। लेकिन परिवर्तनकामी विचारक और दल इस धरोहर और उसकी संभावनाओं से अनजान रहे हैं। परिवर्तनकामी और प्रगतिशील विचारधारा तथा कार्यक्रम की यही कमजोरी परिवर्तन-विरोधी शक्तियों की सबसे बड़ी शक्ति बनी है। वे सांस्कृतिक धरोहर के प्रतिगामी और रूढ़िवादी तत्त्वों के विस्फोट द्वारा परिवर्तन-विरोधी मानसिकता को उभारकर परिवर्तन की प्रक्रिया का विरोध करने में सफल हुए हैं। यही नहीं, वे प्रतिगमन की प्रक्रिया के प्रभाव क्षेत्र में अभिजातीय वर्गों और समुदायों को ही नहीं, साधारण जन को भी इसके प्रभाव क्षेत्र में शामिल करने में सफल हुए हैं।

हमारे कहने का मतलब यह है कि हिंदू राष्ट्रवाद और पुनरुत्थानवाद वर्तमान संदर्भ में अपनी विश्वसनीयता स्थापित करने के लिए देश के उपचेतन और अवचेतन में निहित ऐसे प्रतीकों, मिथकों और बिंबों और आख्यानों का प्रयोग सफलतापूर्वक करते आए हैं जिनके द्वारा आसानी से शिक्षित वर्ग और जनसाधारण दोनों के वैज्ञानिक दृष्टि से अछूते हिस्सों और समुदायों से प्रभावशाली संवाद (कम्युनिकेशन) हो सकता है। यही नहीं, इतिहास के मर्म में निहित पुरातन संस्कारों, रूढ़ियों और स्मृतियों को उभारकर भारतीय परंपरा से अभिन्नता और निरंतरता की भ्रांति को उकसाने में वे सफल हुए हैं और असहिष्णु, संकीर्ण और कट्टरवादी हिंदुत्व को हिंदू परंपरा के पर्याय के रूप में प्रस्तुत

कर बहुसंख्यक हिंदू समाज के एकमात्र प्रामाणिक प्रतिनिधि होने का दावा भी पेश करने का दुस्साहस कर सके हैं। इस प्रकार हिंदू समाज और देश को पर्याय बनाकर देश की सांस्कृतिक धरोहर के संरक्षक और संवर्द्धक के रूप में अपनी छवि को जन मानस में प्रतिष्ठित करने के प्रयास में भी वे असाधारण रूप से सक्रिय और सचेष्ट रहे हैं।

अपने इस प्रयास में जो भी सफलता हिंदू राष्ट्रवादियों को मिली है उसका एक मुख्य कारण है कि परिवर्तन के इच्छुक प्रगतिशील विचारकों ने सांस्कृतिक धरोहर को तो जैसे अपने विरोधियों को सौंप दिया है। हिंदू राष्ट्रवादी इसी कारण सांस्कृतिक धरोहर को मनमाने ढंग से तोड़-मरोड़कर उसका अपने राजनीतिक हित के लिए इस्तेमाल करने के लिए स्वतंत्र रहे हैं।

हिंदू राष्ट्रवादी दलों ने राजनीतिक सत्ता में हावी होने की अपनी पहल और कार्यक्रम को गैर-राजनीतिक क्षेत्र में वर्चस्व स्थापित करने की अपनी रणनीति द्वारा कितना विस्तार, कितनी प्रभावकता और कितनी ऊर्जा प्रदान की है, इसका अहसास न स्वयं उनको है, न उनके राजनीतिक विरोधियों को। कैसी विडंबना है कि एंतोनियो ग्राम्शी के 'हेजेमोनी' हासिल करने की अवधारणा और रणनीति को राजनीतिक व्यवहार में लाने में प्रगतिशील राजनीतिक दल तो नहीं, प्रतिगामी राजनीतिक दल सफल हुए हैं। उनकी कामयाबी को इससे भी मापा जा सकता है कि वह राष्ट्रीयता, सेक्यूलेरिज्म, आधुनिकीकरण, विकास आदि की स्वतंत्रता-संग्राम और नवजागरण से विरासत में मिली प्रतिबद्धताओं और परिभाषाओं का अवमूल्यन करने में सफल हुए हैं। यही नहीं, अभी तक जो राजनीतिक दल इस एजेंडा के प्रति प्रतिबद्ध थे, वे हिंदू राष्ट्रवाद और पुनरुत्थानवाद के दबाव में वोटों की राजनीति को प्राथमिकता देने को बाध्य हुए हैं और इसी कारण उन्होंने हिंदू राष्ट्रवाद और पुनरुत्थानवादी जहनियत और व्यवहार से समझौता किया है। उनके मूलभूत सेक्यूलर एजेंडे में किए गए संशोधन इस समझौतापरस्ती का प्रमाण प्रस्तुत करते हैं।

हिंदू राष्ट्रवाद और पुनरुत्थानवाद की कामयाबी के मूल कारणों की छानबीन अपूर्ण, आंशिक और सतही रहेगी, यदि हम इस कामयाबी की अंतर्निहित सांस्कृतिक प्रक्रियाओं को संक्रमण काल में संपूर्ण व्यवस्था के संकट के संदर्भ में अवस्थित न करें और यह न देखें कि सांस्कृतिक, आर्थिक और राजनीतिक प्रक्रियाएँ एक दूसरे पर क्या प्रभाव डालती हैं। हिंदू राष्ट्रवाद और पुनरुत्थानवाद को एक सांस्कृतिक स्वरूप देने के लिए संक्रमण काल की आर्थिक, राजनीतिक और नैतिक संकट की स्थिति ने जमीन तैयार की है। इतिहास इस बात का साक्षी है कि संक्रमण काल में जब पुरानी सामाजिक, आर्थिक व्यवस्था और उसकी पोषक नैतिक अनुशासन-व्यवस्था तेजी से विघटित होती है और नई व्यवस्था और उसकी पोषक नैतिक मान्यताएँ पुरानी व्यवस्था का स्थान नहीं ले पाती हैं, तब व्यापक मानसिक असुरक्षा और नैतिक अनिश्चितता के तत्काल परिणामस्वरूप पुराने रूढ़िवादी संस्कार भी पुनः सक्रिय ('रिएक्टीवेट') होने लगते हैं और उनके आधार पर चेतना के प्रतिगमन ('रिग्रेशन') की परिणति प्रतिगामी जहनियत और

मनोवृत्तियों के विस्फोट में होती है।

यह भी विचारणीय है कि विश्व-स्तर पर आधुनिकीकरण के प्रोजेक्ट के संकट ने आधुनिकता और उसके मूल प्रेरणा-स्रोत ज्ञानोदय ('एनलाइटनमेंट') के सभी आदर्शों और अवधारणाओं का अवमूल्यन ही नहीं किया है। आधुनिकता के गंभीर आंतरिक संकट ने व्यापक अविश्वास, अनास्था, संशय एवं शून्यवाद (निहिलिज्म) की मनःस्थिति को जन्म दिया है। आधुनिकता से व्यापक मोहभंग की इस प्रतिक्रिया ने और विश्वास, आस्था, निश्चय की तलाश ने *परंपरा की ओर वापसी* का रूप लिया है। आज के नैतिक शून्य से मुक्ति कैसे मिलेगी, यही तलाश आज की चिंता, चिंतन और चेतना की प्रक्रियाओं को 'जड़ों में वापसी' की भावना और विचार से जोड़ रही है। अपनी परंपरा, अपनी जड़ों, प्रेरणा और शक्ति के पुराने जाने-माने स्रोतों की ओर लौटना संकट और शून्य की स्थिति में एक स्वाभाविक प्रतिक्रिया है, जो एक नए सांस्कृतिक जागरण की प्रेरक-शक्ति भी बन सकती है और यही स्थिति सर्जनात्मक रुख और बौद्धिक साहस के अभाव में प्रतिगमन की दिशा में भी हमारी मानसिकता को धकेल सकती है।

आधुनिकता के 'प्रोजेक्ट' का संकट एक विश्वव्यापी संकट है और यही संकट प्रगतिशील और प्रतिगामी विचार-प्रक्रियाओं के द्वंद्व को विश्व-भर में तीव्र कर रहा है। संकट इसलिए और भी गहरा हुआ है कि प्रगतिशील कहलानेवाले बुद्धिजीवी आज की गतिशील और बदली हुई स्थिति को अभी भी पुरानी दृष्टि और अवधारणाओं के माध्यम से मापने की कोशिश कर रहे हैं, जो मृतप्राय हो चुके हैं और अपनी प्रासंगिकता खो चुके हैं। प्रगतिशील तत्त्वों के इसी बौद्धिक अवरोध और साहस और संवेदनशीलता की कमी ने ही पुनरुत्थानवाद की उपज और शक्तिवर्द्धन के लिए उर्वर जमीन तैयार की है। स्पष्ट है कि पुनरुत्थानवादी उभार के मूल में *एक असली और वास्तविक समस्याओं का आग्रह है*, इसीलिए जनमत इतने बड़े पैमाने पर और इतनी तेजी से, अस्थायी रूप से ही सही, इस दिशा में झुका है। यह समस्या है नैतिक शून्य को मिटाने और नई नैतिकता और नई नैतिक व्यवस्था के पुनर्निर्माण की। किंतु *पुनरुत्थानवाद एक असली समस्या का मिथ्या समाधान है, जिससे समस्या और भी गंभीर हो जाती है।* यह मूल हिंदू परंपरा के अनुकूल भी नहीं है, जो भारतीय परंपरा की मुख्य धारा है। हिंदू चिंतकों का मूल मंत्र पलायन या प्रतिगमन नहीं, 'चरैवेति-चरैवेति' था जो आगे बढ़ने और नए 'सिंथेसिस' की तलाश का उद्‌बोधन है।

पुनरुत्थानवाद पर ऊपर की गई टिप्पणी अपूर्ण रहेगी और उसके विकल्प के रूप में एक अन्य सांस्कृतिक परिप्रेक्ष्य की खोज भी आसान नहीं होगी यदि हम इन परिस्थितियों और प्रक्रियाओं को तो प्रकाश में लाएँ लेकिन उन बिंदुओं को उजागर न करें, जो पुनरुत्थानवाद की बुनियादी कमजोरी और असमर्थता को सामने लाते हैं। हमें न भूलना चाहिए कि अपने उग्र और आक्रामक रुख के बावजूद पुनरुत्थानवाद एक प्रतिरक्षात्मक या आत्मरक्षात्मक (डिफेंसिव) प्रतिक्रिया है, जिसके मूल में परिवर्तन का भय अधिक है, उसकी चुनौतियों को समझने-पहचानने और उनसे जूझने का साहस कम।

पुनरुत्थान में अंतर्निहित मानसिकता एक किशोर के वयस्क बनने के संघर्ष की साहसी मानसिकता नहीं है, जो चुनौतियों से जूझने की प्रक्रिया द्वारा ही अपनी गतिशील और विकासशील अस्मिता को हासिल (रिएलाइज) करता है। इसमें अंतर्निहित मानसिकता उस भीरु की है, जो विकास और परिवर्तन की चुनौतियों से स्वायत्ततापूर्वक जूझने से कतराता है और बार-बार जैसे वयस्कता की चुनौती से भयभीत होकर किशोरावस्था की ओर लौटने में ही अपनी सुरक्षा समझता है। *यह कहना अतिशयोक्ति नहीं होगी कि एक माने में परिवर्तन का भय और परिवर्तन से पलायन भारत के संस्कार और उसकी साइकी में तथा उसके उपचेतन और अवचेतन की गहराइयों में बसा हुआ है (या बसा दिया गया है) और उसे निर्णायक क्षणों में साहस और निर्भीकता के प्रदर्शन से रोकता है।* राष्ट्रकवि मैथिलीशरण की निम्न पंक्तियाँ हमारी उस राष्ट्रीय 'साइकी' को बड़े सहज भाव से व्यक्त करती हैं :

परिवर्तन ही यदि उन्नति है तो हम बढ़ते जाते हैं,
किंतु मुझे तो सीधे सच्चे पूर्व भाव ही भाते हैं।

परिवर्तन का भय और परिवर्तन के प्रति आत्म-रक्षात्मक प्रतिक्रिया की जड़ें हमारी राष्ट्रीय मानसिकता में इतनी गहरी रही कीं कि उनसे कोई भी विचारधारा और राजनीतिक संगठन मुक्त नहीं थे। जब इस प्रतिक्रिया ने उग्र हिंदू राष्ट्रवाद और पुनरुत्थानवाद का रूप लिया तो इसके परिवर्तन-विरोधी और प्रगति-विमुख पक्ष को पहचानना आसान था। लेकिन प्रगतिशील, परिवर्तनकामी तथा क्रांतिकारी होने का दावा करनेवाली विचारधाराओं और राजनीतिक मंचों में जब परिवर्तन का भय छद्म और सूक्ष्म रूप में व्यक्त होता रहा तो इसे पहचानना न आसान रहा है और न आसान है।

इस संदर्भ में जरूरी है कि औपनिवेशिक युग के परिदृश्य पर हम विचार करें और इतिहासकारों ने हमारे राष्ट्रीय जागरण के जिन आंतरिक द्वंद्वों और अंतर्विरोधों पर जो अंर्तदृष्टि और बोध हमें प्रदान किया था, उसे आज फिर से उजागर करें। हमारे राष्ट्रीय जागरण और संघर्ष के अंदर जिस प्रश्न को लेकर मुख्य द्वंद्व उभरकर आया था वह प्रश्न था कि हम राष्ट्रीय आजादी के संघर्ष को प्राथमिकता दें या भारत की आंतरिक समाज व्यवस्था में बुनियादी सुधार और परिवर्तन को। इस द्वंद्व ने ऐसी विरोधाभास भरी परिस्थिति को जन्म दिया जिसके दबाव में जो तत्त्व साम्राज्यवाद के विरोध की दृष्टि से अतिवादी और अग्रगामी थे, वे सामाजिक रुझान और कार्यक्रम की दृष्टि से रूढ़िवादी (दकियानूसी) थे। साथ ही जो सामाजिक रुझान और कार्यक्रम की दृष्टि से अग्रवर्ती और प्रतिबद्ध सुधारवादी थे, वे राजनीतिक विचारधारा और कार्यक्रम की दृष्टि से नरमपंथी और उदारवादी थे और ब्रिटिश हुकूमत से सहयोग के पक्षधर भी। यह सही है कि भारतीय नवजागरण और स्वतंत्रता-संग्राम के अंदर ऐसे भी तत्त्व मौजूद थे, जो राजनीतिक स्वतंत्रता और सामाजिक परिवर्तन दोनों लक्ष्यों के प्रति प्रतिबद्ध और समर्पित थे। लेकिन ऐसे तत्त्व जनजागरण और राष्ट्रीय संग्राम के प्रधान तत्त्व नहीं थे और इन तत्त्वों ने भी बार-बार वैचारिक और सैद्धांतिक दृष्टि से न सही, व्यावहारिक औचित्य

की दृष्टि से रणनीति के स्तर पर राजनीतिक स्वतंत्रता के लक्ष्य और कार्यक्रम को केंद्र पर रखा और सामाजिक परिवर्तन के लक्ष्य और कार्यक्रम को हाशिए पर रख दिया। यही कारण है कि संविधान में सामाजिक परिवर्तन के लक्ष्य और कार्यक्रम के समावेश के तथा आजादी के बाद राष्ट्रीय राज्य द्वारा सामाजिक परिवर्तन के लिए व्यापक और दूरगामी कानूनों की रचना के बावजूद समाज-व्यवस्थाओं में परिवर्तन के कार्यक्रम कागजी कार्यवाही तक ही सीमित रहे और उनका कारगर कार्यान्वयन न हो सका। स्पष्ट है कि इन परिवर्तनों के लिए जमीन तैयार नहीं की गई थी और राष्ट्रीय मानसिकता अधिकांश रूप से परिवर्तन-विरोधी और यथास्थिति की पोषक थी, परिवर्तन-हितैषी और परिवर्तन-प्रेरक नहीं।

आजादी के पाँच दशकों का सामाजिक परिवर्तन के कार्यक्रमों से अवरोध और प्रतिरोध का हमारा अनुभव हमें यह सोचने पर विवश करता है कि आजादी के पहले राजनीतिक रेडिकेलिज्म और सामाजिक रूढ़िवादिता का गठजोड़, जो कल भारत की राजनीति और संस्कृति पर हावी था, क्या उसी प्रकार आजादी के बाद के दशकों में सक्रिय नहीं रहा है ? आज प्रचंड पुनरुत्थानवाद का विस्फोट क्या इसी गठजोड़ का बैकलेश तो नहीं है, उसी की उग्र वैचारिक मानसिक प्रतिक्रिया तो नहीं है ? या दूसरे शब्दों में, कल का रूढ़िवाद क्या आज निर्लज्ज रूप से अप्रच्छन्न (या खुला हुआ) पुनरुत्थानवाद बनकर तो प्रकट नहीं हुआ है ?

इसी जाँच-पड़ताल को सांस्कृतिक क्षेत्र पर लागू करें तो संस्कृतिकर्मियों के लिए यह गंभीर आत्म-परीक्षण की चुनौती प्रस्तुत करती है। जो रूढ़िवादी मानसिकता सामाजिक परिवर्तन के लिए सबसे महत्त्वपूर्ण अवरोध के रूप में सक्रिय रही है, क्या हमारा सांस्कृतिक जागरण उस रूढ़िवादी मानसिकता की पोषक शक्ति रहा है या उसके प्रतिरोध की शक्ति ? आज औपनिवेशिक युग के सांस्कृतिक रिनेसाँ पर पुनर्विचार करनेवाले अनेक बुद्धिजीवियों का मत है कि यह रिनेसाँ सामाजिक परिवर्तन की मानसिकता की रचना में सहायक नहीं था। उपनिवेशवाद की भारत पर विजय भारतीय प्रबुद्ध वर्ग और जनता दोनों के लिए ऐसी त्रासदी थी, ऐसी 'ट्रामेटिक' घटना थी, जिसने भारतीय मानस को गहरे आत्म-परीक्षण और भारतीय समाज व्यवस्था की निर्मम समीक्षा की प्रेरणा नहीं दी, जो परिवर्तन के लिए जनमानस को तैयार करती। उसने तो आत्म-रक्षात्मक, आत्म-प्रशस्ति (सेल्फ-ग्लोरीफिकेशन) की मानसिकता को सक्रिय और तीव्र किया, जिसकी परिणति एक ओर अतीत के महिमा-मंडन, आदर्शीकरण और मिथकीकरण में हुई तो दूसरी ओर आत्म-दया, आत्म-अवमूल्यन, औपनिवेशिक शासन और उसकी सभ्यता के महिमा-मंडन और अतिरंजन में हुई। उपनिवेशवाद के विरुद्ध इन दोनों प्रक्रियाओं के परिणामस्वरूप ऐसी रचनात्मक और सर्जनात्मक मानसिकता नहीं उपजी, जो समाज परिवर्तन की प्रवृत्तियों को ऊर्जा और गति देती। प्रश्न उठता है कि क्या हमारा सांस्कृतिक रिनेसाँ और उससे उपजा हुआ साहित्य किसी हद तक स्वयं परिवर्तन के भय से प्रेरित, अतीत के मोह से मुक्त होने में अक्षम और प्ररिवर्तन की चुनौतियों

से मानसिक पलायन का साहित्य है और किस हद तक वह 'चरैवेति-चरैवेति' के साहस और नए पथों और क्षितिजों की तलाश के संकल्प से प्रेरित साहित्य है ? अगर हमारा रिनेसाँ मूल रूप में स्वयं पुनरुत्थानवाद से प्रेरित रहा है, परिवर्तन के आग्रहों से प्रेरित नहीं रहा है, तो यह संस्कृतिकर्मियों के लिए बहुत बड़ी चुनौती प्रस्तुत करता है। इसी परिप्रेक्ष्य में हमें पिछले पाँच दशकों की सांस्कृतिक प्रक्रियाओं और परिदृश्य की भी जाँच-पड़ताल करनी है कि कहाँ तक इन पाँच दशकों में हम पिछले रिनेसाँ की कमजोरियों से जूझने और परिवर्तन की दिशा में जनमानस को मोड़ने में सफल रहे हैं।

मुझे लगता है कि अभी तक हमारे रिनेसाँ के मुख्य चरित्र और दिशा का निर्धारण ऊपर के विशिष्ट वर्ग के भीतर के तत्त्वों के द्वंद्व और अंतर्विरोध द्वारा ही होता रहा है और उपेक्षित और उत्पीड़ित बहुजन को उसमें भागीदार बनाने के गंभीर प्रयास नहीं हुए हैं। हमारा रिनेसाँ परिवर्तन-विमुख रहा, परिवर्तन-प्रेरक नहीं। इसका मूल कारण था कि सामाजिक यथास्थिति के शिकार उत्पीड़ित समुदायों को (जिन्हें आज 'सब-आल्टर्न' परिभाषित किया जा रहा है), उनके अन्याय से मुक्ति के आग्रहों को और उनकी अपनी अत्यंत समृद्ध और जीवंत लोक-संस्कृतियों को अभिजातीय रिनेसाँ के दायरे से बाहर रखा गया। आज इतिहास में पहली बार 'सब आल्टर्न' की जागृति की लहर नीचे से पुरानी व्यवस्था को चुनौती देने का साहस कर रही है। यह स्थिति पुराने रिनेसाँ के और 'जन' के भेद को पाटने और इस रिनेसाँ के सचमुच परिवर्तन-प्रेरक रिनेसाँ में प्रस्फुटित होने की संभावना प्रस्तुत करती है। पुनरुत्थानवाद पर इस नए दौर के जनजागरण की अदम्य स्फूर्ति, ऊर्जा और आक्रोश से ही केवल विजय नहीं पाई जा सकती। इसे उत्पीड़ितों के आक्रोश के स्तर से ऊपर उठकर नई विश्व दृष्टि, नए विजन, नए दर्शन, नए कार्यक्रम, नए मूल्यों, नए सपनों का रचनाकार भी बनना होगा, तभी इसे नई व्यवस्था के लिए संघर्ष के मार्गदर्शी के रूप में समाज के सभी वर्गों, जातियों, समुदायों (जिसमें नारी समुदाय मुख्य है) से स्वीकृति और वैधता मिलेगी। उपेक्षितों के जागरण को समाज के परिवर्तन और पुनर्निर्माण की दिशा देकर ही 'पुनरुत्थानवाद' और 'नव उपनिवेशवाद' के वर्चस्व को हासिल करने की साहसिकता पर पूर्ण और स्थायी विजय पाई जा सकती है।

मूल्यहीनता : 'युग धर्म' या नए मूल्यों की खोज की चुनौती

मूल्यहीनता आज का युग धर्म है या नए मूल्यों के सृजन का आग्रह ? क्या मूल्यहीनता को हम विवश होकर संक्रमण काल की विघटन और विखंडन की अनिवार्य मानवीय स्थिति के रूप में स्वीकार करें और उसके आंतरिक संकट के रूप में परिभाषित करें या सजग होकर एक सांस्कृतिक चुनौती के रूप में स्वीकार करें, जिसे नए दौर ने हमारे सामने प्रस्तुत किया है।

मेरी राय में इस वैज्ञानिक युग में उत्तर-आधुनिक मूल्यों का प्रश्न हमारे राष्ट्र-निर्माण की नयी दिशा के संदर्भ में एक महत् प्रश्न बन गया है। यही नहीं, विनाशकारी शस्त्रों और यंत्रों की तेज प्रतिस्पर्धा और साथ ही अनियंत्रित 'कंज्यूमरिज्म' या उपभोग-लालसा के उभार के इस युग में मूल्यों का प्रश्न मानव-जाति और उसकी सभ्यता की रक्षा का भी प्रश्न बन गया है। वैज्ञानिक युग के वर्तमान दौर में जब भूमंडलीकरण की तेज होती प्रक्रिया के फलस्वरूप विश्व ने सिमटकर एक 'वैश्विक ग्राम' का रूप ले लिया है, और विश्व के सभी राष्ट्रों, विशेषकर पिछड़े हुए राष्ट्रों की राष्ट्रीय स्वायत्तता के लिए नए खतरे पैदा हुए हैं तथा वे नव-औपनिवेशिक दासता के नए खतरे का सामना मूल रूप से सांस्कृतिक क्षेत्र में कर रहे हैं, **तब हमारी जीवन शैली के प्रेरक मूल्य क्या होंगे,** यह प्रश्न महत्त्वपूर्ण बनकर सामने उभर आया है।

आज जब हमारा देश वैज्ञानिक और तकनीकी क्षेत्र में नई क्रांतियों से पैदा हुई नई चुनौतियों के युग में प्रवेश कर रहा है, तब कल के प्रश्नों के स्थान पर नए प्रश्न सामने आए हैं, जिनमें विज्ञान और संस्कृति के संबंध का प्रश्न सबसे महत् है। आज अनिवार्य हो गया है कि इस नए दौर के विज्ञान के अभूतपूर्व विकास, विशेषकर संप्रेषण क्रांति के परिणामों पर हम विचार करें। दूसरे शब्दों में, हम यह प्रश्न उठाएँ कि आज के वैज्ञानिक युग में पारंपरिक संस्कृति के और कल की आधुनिक संस्कृति के कौन-से मूल्य अपनी सार्थकता और उपयोगिता खो चुके हैं और आगे बढ़ने के सामाजिक प्रयत्नों में बाधा डालते हैं ? कौन-से सांस्कृतिक मूल्य ऐसे हैं, जो उत्तर-वैज्ञानिक युग में भी सार्थक और उपयोगी हैं और जिनको बनाए रखने के लिए प्रयत्नशील होना हमारे लिए उतना ही जरूरी है, जितना नए और अधिक प्रासंगिक और जीवंत मूल्यों की तलाश।

तेजी से वैज्ञानिक युग में प्रवेश कर रहे भारत की बदलती हुई पृष्ठभूमि में पुराने

पारंपरिक और आधुनिक मूल्यों का नीर-क्षीर विश्लेषण और उनकी प्रासंगिकता का विवेचन—यह उतना ही जरूरी है जितना यह प्रश्न कि हमारे नए मूल्य किस अर्थ में पाश्चात्य सभ्यता-संस्कृति से अभिन्न मूल्य होंगे और किन मानों में भिन्न ?

सर्वप्रथम, वैज्ञानिक युग के सांस्कृतिक परिणामों पर मैं ध्यान केंद्रित करना चाहूँगा। प्रकृति और मानव-समाज के प्रति एक वैज्ञानिक की दृष्टि और एक साहित्यकार तथा कलाकार की दृष्टि दोनों क्या अनिवार्य रूप से परस्पर विरोधी हैं ? या दोनों दृष्टियाँ एक-दूसरे की पूरक भी बन सकती हैं ? यह हमारे देश और हमारे युग के मूल प्रश्नों में से एक है।

आधुनिक युग के प्रारंभ काल में पाश्चात्य देशों में भी विज्ञान और संस्कृति के पारस्परिक संबंधों का प्रश्न बार-बार उठा है। इसी नतीजे पर पाश्चात्य वैज्ञानिक पहुँचे थे कि यदि हमें वैज्ञानिक क्षेत्र में सांस्कृतिक चेतना की आवश्यकता है तो सांस्कृतिक क्षेत्र में वैज्ञानिक दृष्टिकोण की। संस्कृति और विज्ञान के अन्योन्याश्रित संबंधों पर आधुनिक युग के अग्रगण्य पाश्चात्य दार्शनिक बर्ट्रेंड रसेल का कहना था :

"जब से सभ्य समुदायों का इतिहास आरंभ होता है तभी से मनुष्य-समाज ने दो भिन्न प्रकार की समस्याओं का सामना किया है। एक ओर मनुष्य के सामने प्राकृतिक शक्तियों पर विजय पाने की समस्या रही है। आधुनिक जगत में इस समस्या को विज्ञान और वैज्ञानिक तकनीक से सुलझाया गया है। इन समस्याओं से जूझने के लिए संकीर्ण योग्यतावाले विशेषज्ञों को तैयार करना जरूरी हुआ है। लेकिन एक दूसरे प्रकार की समस्या है कि हम प्रकृति पर अपने अधिकार का उपयोग किन उद्देश्यों के लिए करें। इस प्रकार की समस्या का उत्तर वैज्ञानिक शोधशाला से नहीं मिल सकता। यह देखा गया है कि विशेष ज्ञान से ही मनुष्य-समाज की खुशी या भलाई में वृद्धि नहीं हुई है। विभिन्न युगों के इतिहास से लिये गए उदाहरण बताते हैं कि वास्तव में मनुष्य की खुशी या भलाई के लिए विशेष ज्ञान के अलावा एक ऐसी वस्तु की जरूरत है, जिसे विवेक ('विज्डम') कहा जा सकता है। इसे प्राप्त करने के लिए सिर्फ अध्ययन ही पर्याप्त नहीं है, जिनसे वैज्ञानिक तकनीक का विकास होता है" (अनपापुलर एसेज, 1950)

इसी पृष्ठभूमि में बर्ट्रेंड रसेल के अनुसार यह आवश्यक है कि वैज्ञानिक विशेषज्ञता को प्रोत्साहित करने के अलावा शिक्षा-व्यवस्था ऐसी व्यापक सांस्कृतिक चेतना का भी प्रसार करे जो विज्ञान की संकीर्णता को मिटाती है। ऐसी चेतना इतिहास, साहित्य और दर्शन के अध्ययन से ही मिलती है।

यह मत बीसवीं सदी के पूर्वार्द्ध के एक अन्य प्रसिद्ध वैज्ञानिक व्हाइटहैड का भी था। आज के संदर्भ में उनका निम्न कथन अत्यंत प्रासंगिक है और हमारे लिए एक गंभीर चेतावनी भी :

"पाश्चात्य जगत पिछली तीन पीढ़ियों के संकीर्ण नैतिक दृष्टिकोण के परिणामों को अब भुगत रहा है। पश्चिम में जड़ वस्तुओं (मैटर) की मूल्यहीनता के पूर्वानुमान के फलस्वरूप प्राकृतिक या कलात्मक सुंदरता के प्रति अनादर की भावना पैदा हुई। उसी

समय जब पश्चिमी देशों में नगरीकरण की प्रक्रिया तेज हो रही थी और जब नए भौतिक वातावरण को सुंदरता प्रदान करने के विचार को प्राथमिकता देना आवश्यक था, तभी सौंदर्यबोध की अप्रासंगिकता का सिद्धांत अपनी लोकप्रियता की पराकाष्ठा पर था। औद्योगिक दृष्टि से सबसे उन्नत देशों में कला अत्यंत तुच्छ मानी जा रही थी। इस दृष्टि से उन्नीसवीं सदी के मध्य की सबसे प्रभावशाली मिसाल है, टेम्स नदी के मुहाने के अतुलनीय सौंदर्य की, जब वह शहर की ओर मुड़ती है। इस सारे सौंदर्य को विकृत कर देता है 'चेरिंग क्रास' रेल का पुल जिसे बनाने में और चाहे जिस बात का भी खयाल रखा गया हो लेकिन सौंदर्यबोध का खयाल कदापि नहीं रखा गया।'' (साइंस इन द मॉडर्न वर्ल्ड—1926)।

बीसवीं सदी के पूर्वार्द्ध और मध्य में वैज्ञानिक ज्ञान को व्यावहारिक योजनाओं से जोड़ने में महत्त्वपूर्ण भूमिका अदा करनेवाले विज्ञान के प्रसिद्ध योजनाकार जे. डी. बर्नाल ने भी अपने प्रख्यात ग्रंथ 'सोशल फंक्शन ऑफ साइंस' में बल देकर यह तो कहा ही था कि विज्ञान की धारा से जुड़े बिना आधुनिक युग के लिए संस्कृति प्रासंगिक नहीं हो सकती। साथ ही, यह भी कहा था कि आज की आवश्यकताओं को पूरा करने के लिए विज्ञान को भी संस्कृति से संबंध जोड़ना होगा। यह तभी संभव होगा जब विज्ञान के आंतरिक रूप में भी क्रांति हो। बर्नाल ने यह भी कहा था कि ''यदि अठारहवीं और उन्नीसवीं सदी विज्ञान के सम्मोहन का युग कही जा सकती है, तो बीसवीं सदी विज्ञान से मोहभंग का युग है। प्रश्न उठता है, *क्या बीसवीं सदी के अंतिम दशक में इक्कीसवीं सदी में प्रवेश की तैयारी करते हुए हमें अपनी समस्याओं का हल विज्ञान के बाहर ढूँढ़ना है ?* मैं स्पष्ट रूप से कहना चाहता हूँ कि विज्ञान-युग की अपूर्णताओं का हल विज्ञान से विमुख होकर प्राक्-वैज्ञानिक युग की ओर पीछे मुड़ने की चेष्टा में कदापि नहीं है।'' जैसे अनेक उत्तर-आधुनिक युग के विचारक भी मानते हैं कि इन अपूर्णताओं को अधिक गहराई से किए गए वैज्ञानिक अनुसंधानों द्वारा ही दूर किया जा सकता है। इक्कीसवीं सदी में प्रवेश के लिए अपेक्षा है *एक मूल्यचेतन विज्ञान की* जो उन्नीस और बीसवीं सदी के *मूल्य-विमुख विज्ञान* की अपूर्णताओं और दुरुपयोगों से मानव-जाति को बचा सके।

भारत जैसे देश के लिए तो मैं जवाहरलाल नेहरू के इस कथन से पूरी तरह आज भी सहमत हूँ कि हमें धर्म-ग्रंथों से विवेक और मूल्यों का बोध होता है, लेकिन आधुनिक ज्ञान-विज्ञान से ही हम अपने आर्थिक पिछड़ेपन और गतिरोध से तथा सामाजिक विषमता और अन्याय से मुक्ति के प्रश्नों का हल खोज सकते हैं। जवाहरलाल नेहरू ने अपने देश के आर्थिक और सांस्कृतिक पिछड़ेपन की वृहत समस्या के प्रति हमें सचेत और जागरूक किया, जो पहले हमारी गुलामी का कारण बनी और जो आज हमारे जनसाधारण की गरीबी, अशिक्षा और शोषण का कारण है। क्या यह एक विरोधाभास और विडंबना नहीं कि शरीर से हमारे देश के लोग बीसवीं सदी के उत्तरार्ध में, समता और न्याय, मानव-अधिकार और शोषितों की चेतना और स्त्रियों की मुक्ति, राष्ट्रीय

चेतना और विश्वबंधुत्व, गरीबी-उन्मूलन और सांस्कृतिक जागरण के आदर्शों के युग में रहते हैं, लेकिन मन और व्यवहार से वह मध्ययुगीन संस्कारों, छुआछूत और जात-पाँत, आर्थिक शोषण और सामाजिक अन्याय, दहेज-प्रथा और 'न स्त्री स्वातंत्र्य मर्हति' की मनुवादी अवधारणा से अभी मुक्त नहीं हुए है तथा धर्मांधता, सांप्रदायिकता और प्रादेशिकता के अभिशापों से अभी भी त्रस्त और पीड़ित हैं। *क्या इस बात की कुंजी कि बुद्ध, कबीर, नानक, गाँधी आदि संतों और क्रांतिकारी समाज-सुधारकों को जन्म देनेवाले देश में ही सामाजिक शोषण और अन्याय घटने के बजाय बढ़ ही रहे हैं, विज्ञान और संस्कृति के बीच अलगाव में नहीं है ?* क्या अणु और परमाणु और संप्रेषण-क्रांतियों के युग में यह अजूबा नहीं है कि हमारे अधिकांश जनसाधारण के मन की गाड़ी को अभी बैल ही खींच रहे हैं ? आज के सभी प्रश्न संस्कृति को विज्ञान से और विज्ञान को संस्कृति से जोड़ने की दिशा में ही ले जाते हैं, जो इक्कीसवीं सदी में प्रवेश की अनिवार्य शर्त होगी।

क्या प्रकृति को भौतिक विकास का साधन मात्र समझना ही वैज्ञानिक दृष्टिकोण है जिसमें अन्य किसी मूल्य और मान्यता के लिए गुंजाइश नहीं, यही प्रश्न जो हमारे लिए अत्यंत प्रासंगिक है, बीसवीं सदी के मध्य में पाश्चात्य वैज्ञानिकों ने भी बार-बार उठाया था। लेकिन पश्चिम की मुख्य चिंतनधारा उस प्रश्न का संतोषजनक उत्तर नहीं दे सकी। महान वैज्ञानिक ए. एन. व्हाइटहैड का मत था कि *प्रकृति को एकांगी, उपयोगिता-केंद्रित और सौंदर्य-निरपेक्ष रूप में देखने की प्रवृत्ति अठारहवीं और उन्नीसवीं सदी के वैज्ञानिक दर्शन की बहुत बुनियादी कमजोरी थी,* जिसके प्रति विरोध का प्रकाशन रोमांटिक आंदोलन में हुआ था। व्हाइटहैड के ही शब्दों में :

"जिस बात को मैंने स्पष्ट करना चाहा है वह यह है कि रोमांटिक आंदोलन की प्रकृति-संबंधी कविता में प्रकृति के आवयविक (आरगैनिक) स्वरूप की ओर से विरोध-प्रकाशन था। वह विरोध-प्रकाशन था भौतिक जगत से मूल्यों के बहिष्कार के प्रति भी। यानी रोमांटिक प्रतिक्रिया मूल्यों की ओर से (वैज्ञानिकता की मूल्य-विमुख प्रवृत्ति के प्रति) विरोध-प्रकाशन की तीव्र अभिव्यक्ति थी।"

प्राकृतिक पदार्थों को उनके अंतर्हित सौंदर्य के लिए नहीं, बल्कि एकमात्र उनकी उपयोगिता की दृष्टि से मूल्यवान समझने की यह आधुनिक वैज्ञानिक की प्रवृत्ति कालांतर में स्वयं मनुष्य को भी एकमात्र उपयोगिता की दृष्टि से मूल्यवान और अन्य दृष्टियों से मूल्यहीन समझने की प्रवृत्ति बन गई। इस प्रवृत्ति के सांस्कृतिक परिणाम कितने सांघातिक और अमानुषिक हुए हैं, इस पर ध्यान देना अत्यंत आवश्यक है। विशेषकर इसलिए भी कि उत्तर-आधुनिक युग में तकनीकी विकास के तेज होने की गति इस प्रवृत्ति को और भी बढ़ावा दे रही है। इन परिणामों की जड़ क्या हमें विज्ञान के अंदर की दृष्टि की अपूर्णताओं में ढूँढ़नी है या विज्ञान के व्यावसायिकता और पूँजीवाद के साथ गठजोड़ से ये परिणाम पैदा हुए हैं, यह प्रश्न अत्यंत विचारणीय और उत्तर-आधुनिक युग में विकासशील एशियाई देशों के लिए जीवंत है।

इसी संदर्भ में वैज्ञानिक विकास के साथ जुड़ी हुई 'सेक्यूलैराइजेशन' (ऐहिकीकरण) की प्रक्रिया के सांस्कृतिक परिणामों पर विचार करना आवश्यक है।

प्रश्न उठता है कि क्या धर्म और धर्म से जुड़े हुए विश्वदर्शन का ह्रास और उसके स्थान पर एक धर्मनिरपेक्ष विश्वदर्शन के प्रसार का नाम ही 'सेक्यूलैराइजेशन' है ? क्या यह भुलाया जा सकता है कि जिन देशों ने औद्योगिक और वैज्ञानिक युग में पूर्ण रूप से प्रवेश नहीं किया है, वहाँ संस्कृति और धर्म का चोली-दामन का संबंध है और दोनों एक-दूसरे से अभिन्न रूप से जुड़े हुए हैं और एक-दूसरे पर आश्रित हैं ? उदाहरणार्थ, जो भारत के धर्मग्रंथ माने जाते हैं वही अधिकांश रूप से सांस्कृतिक महत्त्व की रचनाएँ भी हैं और महाकाव्य भी। इसी संदर्भ में जवाहरलाल नेहरू ने कहा था कि "रामायण और महाभारत जैसी महान रचनाएँ सदियों से जन-जीवन से जुड़ी हैं और करोड़ों लोगों के विश्वासों और व्यवहार को प्रभावित करती रही हैं। न जाने हम भारतीयों के चरित्र का भविष्य में क्या स्वरूप होगा यदि हम बुद्ध को, उपनिषदों को और रामायण, महाभारत जैसे ग्रंथों को भुला दें ? क्या यह सच नहीं है कि यदि ऐसा हुआ तो हम अपनी जड़ों से उखड़ जाएँगे और उन चारित्रिक विशेषताओं को खो बैठेंगे, जिनसे भारतीय पहचाने जाते हैं ? मेरी राय में भारत तब भारत नहीं रहेगा।"

स्पष्ट है कि उत्तर-आधुनिक युग में हमारे लिए उन्नीसवीं और बीसवीं सदी की यूरोपीय 'सेक्यूलराइजेशन' की परिभाषा को स्वीकार करना कदापि उचित नहीं। यदि 'सेक्यूलराइजेशन' का अर्थ केवल धर्म-विमुखता है तो यह प्रवृत्ति अवश्य ही हमें समस्त सांस्कृतिक विरासत से विमुखता या संबंधविच्छेद के मार्ग पर ले जाएगी। मेरी राय में इक्कीसवीं सदी में प्रवेश के लिए तैयारी करते हुए हमें 'सेक्यूलैराइजेशन' को सांस्कृतिक परंपरा के प्रति समीक्षात्मक किंतु सकारात्मक दृष्टिकोण के रूप में पुनः परिभाषित करना होगा। परंपरा के अहितकारी तत्त्वों के त्याग और हितकारी तत्त्वों के पुनर्जीवन के साथ-साथ नए सांस्कृतिक मूल्यों और मान्यताओं की खोज—इन दोनों पहलुओं को राष्ट्र के चरित्र-निर्माण की प्रक्रियाओं का अभिन्न अंग मानना चाहिए। 'सेक्यूलैराइजेशन' की एक सकारात्मक और सार्थक परिभाषा के सवाल के साथ ही उत्तर-आधुनिक संदर्भ में वैज्ञानिक युग के मूल्यों और पारंपरिक संस्कृति के मूल्यों में सामंजस्य स्थापित करने का सवाल भी जुड़ा हुआ है।

धर्म की हानिकारक प्रवृत्तियों और उसके अंधविश्वास-पोषक तत्त्वों से संघर्ष अनिवार्य है, जो यूरोपीय आधुनिकता का अभिन्न अंग था। किंतु हमें यूरोपीय आधुनिकता के इतिहास के धर्म और विज्ञान के बीच तनाव और संघर्ष के इतिहास को नहीं दुहराना चाहिए। कहीं धर्म के अंधविश्वास के पक्ष से हमारा युद्ध उन सीमाओं से बाहर न चला जाए, जहाँ वह अंधता के त्याग के नाम पर मूल्यहीनता को ही प्रोत्साहन न देने लगे, इस संदर्भ में सांस्कृतिक कार्यकर्ताओं की बहुत बड़ी जिम्मेदारी है। हमें यह नहीं भुलाना चाहिए कि धर्म को केवल मिथ्या चेतना और 'जनसाधारण के लिए अफीम' समझने की रेडिकल चिंतकों की भूल के यूरोपीय संदर्भ में अत्यंत विनाशकारी परिणाम हुए। यहाँ

प्रख्यात समाजशास्त्री कार्ल मैनहाइम के निम्न कथन की ओर मैं ध्यान आकर्षित करना चाहता हूँ, जहाँ वे धर्म के प्रति रूसी क्रांतिकारियों के एकांगी दृष्टिकोण के हानिकारक परिणामों पर प्रकाश डालते हैं :

"रूस की प्रचार और शिक्षा-व्यवस्था में बुद्धिसंगत तत्त्वों की प्रधानता के फलस्वरूप ही प्राक्-औद्योगिक युग की आदतों और नियमों का उन्मूलन हुआ और यह एक आधुनिक औद्योगिक समाज के निर्माण के लिए अनिवार्य था। लेकिन हमें यह नजरअंदाज नहीं करना चाहिए कि पश्चिमी सभ्यता की बुद्धि-प्रधान परंपरा को ही स्वीकार कर रूसियों ने यूरोपीय संस्कृति की अन्य परंपराओं में निहित विचार और मानवीय अनुभूतियों की संपदा का परित्याग कर दिया। ईसाई धर्म के प्रति और ऐतिहासिक भौतिकवाद की संकीर्ण सीमाओं के परे सभी के प्रति विरोध-भावना और अबुद्धिवादी मान्यताओं के प्रति इरादतन उदासीनता—ये ऐसी प्रवृत्तियाँ थीं जो ऐसे राष्ट्रों को, जिनकी आध्यात्मिक विरासत्त अत्यंत विविधतापूर्ण है, कदापि मान्य नहीं हो सकती। इस बात का बोध कि प्रतिक्रियावादी आंदोलन प्रायः हमारी संस्कृति की गैर-बुद्धिवादी शक्तियों का दुरुपयोग अपने उद्‌देश्यों के लिए करते हैं या स्थापित स्वार्थों के छद्‌मावरण के लिए करते हैं, इसके आधार पर यह सिद्धांत प्रतिपादित करना कदापि उचित नहीं कि धर्म मानसिक पिछड़ेपन का छद्‌मावरण है या प्रतिक्रियावादिता का मात्र साधन या शस्त्र है। उदाहरण के लिए, इंग्लिस्तान में सामाजिक उद्‌देश्यों के लिए मूल प्रेरक शक्ति के रूप में धार्मिक अनुभूतियों की विशेष भूमिका रही है" (*फ्रीडम, पावर एंड डेमोक्रेटिक प्लानिंग,* 1951)।

मुझे लगता है कि 'सैक्यूलराइजेशन' की अति संकीर्ण परिभाषा अपने विचार और व्यवहार में अपनाकर और यूरोपीय और रूसी संदर्भ का अंधानुकरण कर वैज्ञानिक और प्रगतिशील दृष्टिकोण अपनानेवाले तत्त्वों ने भारतीय परंपरा की समस्त जनवादी और मानववादी विरासत की अवहेलना की है और इस प्रकार पुराने और नए धार्मिक कट्टरपंथियों और रूढ़िवादियों की अनजाने मदद की है। धार्मिक परंपरा के एकमात्र ठेकेदार और टीकाकार यही कट्टरपंथी और रूढ़िवादी बन गए हैं। इसके परिणाम अन्य क्षेत्रों के साथ-साथ सांस्कृतिक क्षेत्र में अत्यंत हानिकारक और विघटनकारी हुए हैं। 'सेक्युलर' दृष्टिकोण के लोग अपनी मतांधता के कारण जनसाधारण से संपर्क स्थापित करने में, उनसे संप्रेषण और संवाद में असफल रहे हैं और जनसाधारण रूढ़िवादियों के असर से मुक्त नहीं हो पाए हैं, धर्म और रूढ़ियों के अंतर को नहीं समझ पाए हैं। इन्हीं विशेष परिस्थितियों में रूढ़िवादियों और कट्टरपंथियों का प्रभाव बढ़ा है, घटा नहीं।

वैज्ञानिक युग की प्रक्रियाओं के परिणाम का एक और पहलू विचारणीय है जो उत्तर-आधुनिक संदर्भ में और महत्त्वपूर्ण बन गया है। संक्रमण-काल में जब पुरानी आस्थाएँ तेजी से टूट रही हैं और नई आस्थाएँ बनी नहीं हैं, **तो मूल्यहीनता या नैतिक अराजकता की स्थिति पैदा होती है।** उत्तर प्रदेश के पहाड़ी, ब्रज, अवधी और भोजपुरी भाषी अंचलों में अपने खोज-कार्य के दौरान मैंने महसूस किया कि जनसाधारण ने

प्राचीन काल से ही प्रकृति के सभी रूपों—प्रकृति और मनुष्य तथा मनुष्य और मनुष्य, पुरुष तथा स्त्री, वरिष्ठ और युवा पीढ़ियों के सभी प्रकार के संबंधों—को लेकर अपने जीवन की सभी आवश्यकताओं के अनुकूल **मूल्यों, मान्यताओं और अर्थों के एक प्रतीकात्मक, बिंबात्मक और काल्पनिक संसार की सृष्टि की है।** इस काल्पनिक जगत के माध्यम से वे वास्तविक संसार को समझने की चेष्टा करते हैं। इन मूल्यों, मान्यताओं और अर्थों की द्विमुखी महत्ता है। एक ओर ये समस्त मानव-समाज की भावनाओं और आवश्यकताओं पर आधारित सृजनात्मकता को व्यक्त करते हैं, दूसरी ओर सशक्त वर्गों के वर्ग-हितों को आगे बढ़ाने और साथ ही उन्हें सार्वजनिक हितों के अनुकूल सिद्ध करने के प्रयास को भी व्यक्त करते हैं। दूसरे शब्दों में, **संस्कृति एक ओर यदि वर्ग-हितों की पोषक है तो दूसरी ओर सार्वजनिक हितों को बढ़ाने के सदियों पुराने प्रयासों का प्रकाशन भी है।**

संक्रमण-काल में वर्ग-हितों पर आधारित संस्कृति के प्रति आक्रोश सार्वजनिक हितकारी तत्त्वों के प्रति आक्रोश का रूप न ले जैसा यूरोप में और रूस में हुआ, यह उत्तरदायित्व सांस्कृतिक कार्यकर्ताओं का और राष्ट्रीय सांस्कृतिक नीति-निर्धारकों का है। विज्ञान की प्रगति भी प्रकृति को उत्तरोत्तर रहस्यमुक्त करने की ओर है। यह प्रगति समस्त मूल्यों, मान्यताओं और अर्थों के पुरातन ढाँचे को खंडित करती चली जाती है। इसी कारण पुराने मूल्यों के तेजी से विघटन के फलस्वरूप व्यापक मूल्यहीनता, अर्थशून्यता और विश्वासहीनता एक गंभीर रूप धारण कर सामने आती है। 'नेति-नेति' के इस वातावरण में मनुष्य की निहित पाशविक प्रवृत्तियों और आवेगों पर मूल्यों का अंकुश समाप्त-सा हो जाता है। ऐसी स्थिति ही मनुष्यों को भी पाशविक व्यवहार और आचार के निम्न स्तर पर ले जाती है। मनुष्य और मनुष्य-समाज मूल्यों या संस्कृति के बिना पशु और पशु-समाज के कितना निकट है, इस तथ्य का ऐसे संकट-काल में ही निकटता से अनुभव होता है। दूसरी तरफ विज्ञान की प्रगति नए मूल्यों की रचना के लिए नई प्रेरणा, नए आधार और नई चुनौती भी प्रस्तुत करती है।

पुरातन से नए युग में प्रवेश की जिस समस्या से आज भारत जूझ रहा है, पश्चिमी देशों में उनके परिणामों पर अलेक्सिस दि तोकविल ने 1840 में लिखे अपने ग्रंथ 'डेमोक्रेसी इन अमेरिका' में जो विचार प्रकट किए थे, ऐसा लगता है कि वह आज के भारत को लेकर कहे गए हों। जिन समस्याओं की ओर तोकविल ने इशारा किया है वे समस्याएँ सांस्कृतिक मूल्यहीनता से पैदा हुई हैं, इस तथ्य का स्पष्टीकरण उनके निम्न सारगर्भित कथन से होता है :

"एक राष्ट्र के जीवनकाल में ऐसे दौर आते हैं, जब लोक-जीवन के पुराने रीति-रिवाज तो बदल जाते हैं, सार्वजनिक नैतिकता विनष्ट हो जाती है, धार्मिक विश्वास डगमगा जाते हैं, परंपरा का सम्मोहन टूट जाता है लेकिन आधुनिक ज्ञान का प्रसार अभी अपूर्ण और अपरिपक्व है, समुदाय के नागरिक अधिकार अभी सुदृढ़ नहीं हुए हैं या संकीर्ण दायरे तक ही सीमित हैं। नागरिकों की दृष्टि में देश का धुँधला और अस्पष्ट

रूप ही प्रकट होता है। वह देश को न तो उस भूमि के रूप में देखते हैं जहाँ उनका निवास है, क्योंकि वह भूमि अब उन्हें निर्जीव मिट्‌टी के ढेले के रूप में दिखाई देती है। न वे अपने पूर्वजों के रिवाजों और दस्तूरों का ही आदर करते हैं, जिन्हें अब वे स्वतंत्रता छीननेवाले बंधनों के रूप में देखते हैं, न वे धर्म को मानते हैं जिससे अब उनकी आस्था मिट गई है, न वे उन कानूनों को मानते हैं जिन्हें स्वयं उन्होंने नहीं बनाया है, न वे विधायकों को मानते हैं जिनसे अब उन्हें घृणा होने लगी है। देश के लोग इस स्थिति में अपनी इंद्रियों के ही दास हो गए हैं और एक संकीर्ण और विवेकशून्य स्वार्थपरता के शिकार होते जा रहे हैं। वे ज्ञान के प्रभुत्व को स्वीकार किए बिना पूर्वाग्रहों से मुक्त हो गए हैं। न तो उनमें एक राजतंत्रीय व्यवस्था का सहज देशाभिमान है, न लोकतंत्रीय व्यवस्था का विचार-प्रेरित देश-प्रेम। संभ्रम और वेदना में वे इन दोनों के बीच ही ठहर गए हैं।

"इस संभ्रांति की स्थिति में पीछे मुड़ना असंभव है, क्योंकि जनसाधारण अपने यौवन की भावनाओं को उसी प्रकार दुबारा प्राप्त नहीं कर सकते हैं जैसे वे अपने बाल्यकाल की निर्दोष स्थिति में फिर से नहीं लौट सकते। ऐसी स्थिति पर दुःख तो प्रकट किया जा सकता है, लेकिन उसे बदला नहीं जा सकता। लोगों को आगे ही बढ़ना होगा और अपने निजी और सार्वजनिक हितों में सामंजस्य स्थापित करना होगा, क्योंकि निस्वार्थ देश-प्रेम का युग तो अब समाप्त हो गया है।"

इस व्यापक पृष्ठभूमि में यदि हम विचार कर देखें तो हमें महसूस होगा कि रवींद्रनाथ टैगोर का यह कथन आज भी कितना प्रासंगिक है कि "हमारी समस्याएँ राजनीतिक नहीं, अपितु सामाजिक हैं।"

हमारी 'सांस्कृतिक समस्या' के चरित्र और विस्तार को समझने में हमें तभी मदद मिलेगी जब हमें आधुनिक भारत के संक्रांति काल की त्रिमुखी प्रक्रियाओं के चरित्र और फैलाव का पूरी तरह अहसास हो। ये त्रिमुखी प्रक्रियाएँ यूरोपीय राष्ट्रों के सामने एक साथ नहीं आईं। वे इनसे अलग-अलग दौर से गुजरे। भारत के समक्ष अभूतपूर्व समस्या है, इन सभी मजिलों को एक छलाँग में पार कर बहुमुखी आधुनिकीकरण का एक साथ प्रयास। इस त्रिमुखी आधुनिकीकरण के मुख्य पक्ष हैं—(1) विषमतापूर्ण समाज के स्थान पर समतामूलक समाज-व्यवस्था का निर्माण। (2) पारंपरिक तकनीक पर आधारित अर्थव्यवस्था से विज्ञान पर आधारित औद्योगिक युग में प्रवेश। (3) प्राचीन और मध्य-युगीन धार्मिक दर्शन, विश्वासों, रीति-रिवाजों, संस्थाओं का आज की बढ़ती हुई परिस्थितियों के आधार पर पुनर्मूल्यांकन और धार्मिक संस्थाओं और धर्म के भीतर सुधार और परिवर्तन तथा धर्मांधता की प्रवृत्तियों का सक्रिय विरोध तथा धार्मिक सहिष्णुता, करुणा, सेवा आदि धर्म के मूलभूत मूल्यों और आदर्शों के प्रति संवेदना—सेक्यूलेरिज्म और सेक्यूलर राज्य की अवधारणा के यही बुनियादी आग्रह हैं।

यूरोप में आधुनिकीकरण की इन त्रिमुखी प्रक्रियाओं को परिपक्वता तक पहुँचने में कई सदियों बाद भी पूरी सफलता नहीं मिली है। भारत जैसे देशों का मध्ययुग से

नए युग में प्रवेश सदियों के विलंब से हो रहा है। साथ ही भारत बीसवीं सदी के उत्तरार्द्ध में पहुँचकर भी आर्थिक, सामाजिक, सांस्कृतिक दृष्टिकोण से आज भी अपने मध्ययुगीन पुराने संस्कारों, मृतप्राय विचारों, अंधविश्वासों, जीवन-प्रणाली और व्यवहार के भारी बोझ से दबा है। *भारत को अपनी सामाजिक मुक्ति और सांस्कृतिक नवजागरण की यह यात्रा सदियों के स्थान पर दशकों में पूरी करनी है।* भारत के विशाल जन-समुदाय के नए युग में प्रवेश की यह चुनौती अत्यंत कठिन है। लेकिन जनवादी ढाँचे के तहत जनसम्मति से, यानी बलप्रयोग के बिना, इसे संपन्न करना इस चुनौती को सांस्कृतिक चुनौती बनाता है। इस चुनौती की चेतना जन-साधारण में जगाना और उनकी सृजनात्मक शक्तियों को उभारने का दूसरा नाम सांस्कृतिक क्रांति या नवजागरण है।

प्रश्न उठता है, आज के भारत में ऐसा कौन-सा वर्ग है जो इस सांस्कृतिक क्रांति का नेतृत्व करने में समर्थ है, जो मूल्यों और मान्यताओं के स्तर पर जनसाधारण के मार्ग-दर्शन में प्रयत्नशील है, जो कार्ल मार्क्स के शब्दों में, समस्त समाज का 'दिमाग और दिल' बन गया हो। दूसरे शब्दों में, क्या आज के शिक्षित वर्ग में, बुद्धिजीवियों में आजादी पूर्व के शिक्षित वर्ग और बुद्धिजीवियों की क्षमता और संभावनाएँ हैं, जिन्होंने भारतीय जनता को गुलामी की हताशा से मुक्त कर स्वाधीनता-संग्राम की प्रेरणा दी और गुलामी से मुक्ति हासिल करने में सफल नेतृत्व प्रदान किया ? जिस प्रकार देश और जनसाधारण के हितों के साथ आत्मसात् होने और अपने वर्ग के सुख-वैभव को छोड़कर, तपस्या और आत्मबलिदान के जीवन को स्वीकार करने की क्षमता पुराने शिक्षित वर्ग ने दिखाई, क्या उसी प्रकार की क्षमता और निष्ठा सांस्कृतिक जागरण और आर्थिक विकास के लिए इस युग में नया शिक्षित वर्ग दिखा रहा है ? इन प्रश्नों का स्पष्ट उत्तर 'हाँ' में देना मुश्किल है।

आर्थिक क्षेत्र में अभी भी शक्तिशाली भूमिपतियों, व्यापारियों और पूँजीपतियों और विशेषकर उदारीकरण के दौर में बहुराष्ट्रीय कंपनियों से गठजोड़ कर रहे भारतीय औद्योगिक वर्ग की सांस्कृतिक भूमिका क्या है ? साथ ही, नए उभरते हुए नव-धनाढ्य वर्ग की सांस्कृतिक भूमिका क्या है ? इन नए वर्गों के द्विमुखी स्वरूप की ओर हमें ध्यान देना है। यदि हम उस उभरते हुए नव-धनाढ्य वर्ग को देखें जिसने पुराने उच्चवर्ग और मध्यमवर्ग का स्थान लिया है और जो ग्राम और शहर दोनों में आज प्रभुत्व में है, तो उसकी मुख्य विशेषता दीखती है जनसाधारण से उसका बढ़ता हुआ अलगाव। हमारा सांस्कृतिक इतिहास बताता है कि राजा शुद्धोधन ने अपने बेटे सिद्धार्थ को दुख, दरिद्रता, रोग और मृत्यु की यथार्थता से दूर रखने के लिए विशाल सौध की रचना की थी, जहाँ इन सबकी झलक तक सामने न आ सके। उसी प्रकार यह नव-धनाढ्य वर्ग भी दुख, दरिद्रता, रोग और गरीबी से भरे जन-जीवन से अपने को काटता चला जा रहा है। *गरीबी से आक्रांत समाज के भीतर ही वह अपने लिए आज के वैज्ञानिक और तकनीकी साधनों का उपयोग कर ऐश्वर्य और भोग की एक छोटी-सी दुनिया का निर्माण कर रहा है, जो उसे विश्व के समृद्ध देशों और वर्गों से तो उत्तरोत्तर जोड़ती चली जाती है, लेकिन अपने*

देश की गरीबी और अशिक्षा से आक्रांत जन-साधारण से उसका अलगाव बढ़ाती जाती है। वह आधुनिक संचार-साधनों—प्रेस, रेडियो, टेलीविजन, फिल्म आदि—का उपयोग भी जन-शिक्षण, जन-जागरण और जन-मनोरंजन के लिए नहीं बल्कि विलासोन्मुख (यानी कनज्यूमरिज़्म की) प्रवृत्तियों को मध्यवर्ग में बढ़ाने के लिए कर रहा है।

यह भी ध्यान देने योग्य है कि यह नव-धनाढ्य वर्ग परंपरा के समता-विरोधी, न्याय-विरोधी आचारों-व्यवहारों से तो जुड़ा हुआ है लेकिन वह परंपरा के उन जनवादी, मानववादी मूल्यों के प्रति प्रतिबद्ध नहीं है जो सही माने में नवजागरण के लिए आधार प्रदान करते हैं। साथ ही यह नवोदित वर्ग आधुनिकता के नाम पर पश्चिमी सभ्यता की बाहरी तड़क-भड़क का नकलची बनता जा रहा है, जिसे भूमंडलीकरण की तेज होती प्रक्रिया द्वारा अभूतपूर्व बल और प्रोत्साहन मिला है।

स्मरण रहे कि स्वतंत्रता प्राप्ति के पहले भारत के शिक्षित वर्ग की अंग्रेजी सभ्यता के **अंधानुकरण** की प्रवृत्ति की राष्ट्र के राजनीतिक और सांस्कृतिक क्षेत्रों में जाने-माने नेताओं ने कड़ी आलोचना की थी। इन आलोचकों में गाँधीजी तो प्रमुख थे ही, लेकिन आधुनिक सभ्यता के प्रशंसक रवींद्रनाथ ठाकुर और जवाहरलाल नेहरू ने भी पश्चिमी सभ्यता के अंधानुकरण की प्रवृत्ति को उतना ही हानिकारक माना जितना भारतीय सभ्यता की पूर्णरूपेण अंध-भक्ति को। रवि ठाकुर के निम्न सारगर्भित शब्द आज के महानगरों पर आधारित शिक्षित-वर्ग और नव-धनाढ्य वर्ग की नकलची प्रवृत्ति के संदर्भ में अत्यंत प्रासंगिक हैं :

''आधुनिकता न यूरोपवासियों की पोशाक में है, न उन अशोभन इमारतों में ही जहाँ जाकर उनके बच्चे शिक्षा पाते हैं। न उन नजरबंद सपाट, सीधे सन्ताहोंवाले वर्गाकार मकानों में है, जहाँ लोग जीवन-भर बंदी की तरह निवास करते हैं। न आधुनिकता उनकी महिलाओं की टोपियों में है। यह सब आधुनिकता के प्रतीक नहीं, यूरोपीय संस्कृति के उपकरण हैं। **सच्ची आधुनिकता तो दिमागी स्वतंत्रता में है, रुचि की अनुरूपता और दासता में नहीं। यह विचार और कर्म की स्वतंत्रता में है, यूरोपीय अध्यापकों के अभिभावकत्व में नहीं।** आधुनिकता विज्ञान में है, उसके गलत उपयोग में नहीं।''

इसी विचार को रवि ठाकुर अधिक स्पष्ट करते हुए फिर कहते हैं :

''**आप दूसरों से ज्ञान उधार ले सकते हैं लेकिन स्वभाव नहीं। अपने शिक्षण के अनुकरणशील दौर में हम जरूरी और गैर-जरूरी में अंतर नहीं देख पाते, न हम समझ पाते हैं कि एक देश से दूसरे देश में क्या स्थानांतरित किया जा सकता है और क्या नहीं किया जा सकता।** ऐसे ही जिस प्रकार आदिम जातियों के लोग बाह्य जगत की सभी वस्तुओं को देखकर सम्मोहित होते हैं और हितकारी-अहितकारी तत्त्वों का बोध नहीं रखते, हम इस डर से कि कहीं कोई मूल्यवान वस्तु छूट न जाए, सभी को समेटने की चेष्टा करते हैं। लेकिन जहाँ हमारी लिप्सा खाद्य और अखाद्य में भेद नहीं करती, हमारी जीव-संरचना उसे ही ग्रहण करती है, जो लाभकारी है और अस्वास्थ्यकर तत्त्वों का

परित्याग करती है। अपनी प्रकृति खोकर या निर्विवेक ग्रहण की प्रवृत्ति से किसी भी सजीव संरचना का सशक्त और स्वस्थ रूप में विकास नहीं हो सकता।''

आज के संदर्भ में संचार-साधनों के आधुनिकीकरण के फलस्वरूप अमेरिका जैसे धनी देशों से आनेवाले उपभोगवादी संस्कृति के प्रभाव आँधी-तूफान की गति से भारत-जैसे गरीब देशों में प्रवेश करने लगे हैं। नई संचार-व्यवस्था का ही परिणाम है कि अंधानुकरण की प्रवृत्ति का प्रदूषण भी संक्रामक रोग की तरह फैलने लगा है। **क्या हमारा देश राजनीतिक रूप से स्वतंत्र होते हुए भी अमेरिका और अन्य देशों की उपभोग-विलास की संस्कृति की नकल करने की होड़ में अपनी सांस्कृतिक स्वतंत्रता और सृजनात्मकता, अनेकता और व्यक्तित्व खो बैठेगा ?** यह प्रश्न आज अत्यंत महत्त्वपूर्ण प्रश्न बनकर सामने आया है। सच तो यह है कि आधुनिकीकरण के नाम पर पश्चिमी सभ्यता के महान नैतिक आदर्श, मूल्य और मान्यताएँ तो हमारे नए शिक्षित वर्ग और नव-धनाढ्य वर्ग की जीवन-प्रणाली का अंग नहीं बन रहे हैं। किंतु आधुनिकता के ऐसे अभद्र और नग्न स्वरूप उभरकर आ रहे हैं, जिन्हें देखकर देश के सांस्कृतिक भविष्य के बारे में गहरी चिंता होती है। आधुनिकता के जो नग्न रूप पूर्वी एशिया के नगरों—बैंकाक, स्योल, सिंगापुर आदि—में प्रथम दिखाई दिए उनकी झलक अब दिल्ली, कलकत्ता, मुंबई आदि—शहरों में भी 'पंचसितारा' होटलों के साथ जुड़ी हुई नई सभ्यता के रूप में दिखाई देने लगी है।

सच तो यह है कि वस्त्र-भूषा, उपभोग-उपकरणों, विलास-शैलियों और बाहरी तड़क-भड़क के आधुनिक स्वरूपों को तो अमेरिका जैसे उन्नत देशों से गरीब देशों में आसानी से स्थानांतरित किया जा सकता है, किंतु मूल्यों, मान्यताओं और आदर्शों और चारित्रिक गुणों को न तो खरीदा जा सकता है और न उधार लिया जा सकता है। राष्ट्र के चरित्र का निर्माण बिना साधना, तपस्या और सांस्कृतिक परिष्कार के संभव नहीं। इसी संदर्भ में गाँधीजी का निम्न वक्तव्य आज के संदर्भ में पहले की अपेक्षा अधिक महत्त्वपूर्ण और प्रासंगिक है :

''मैं चाहता हूँ कि सभी देशों की संस्कृति की हवाएँ खुले रूप से मेरे घर में प्रवेश कर सकें। लेकिन मैं यह नहीं चाहता कि मेरे पाँव किसी भी हवा के झोंके से अपनी स्थिरता या संतुलन खो बैठें। मैं दूसरों के घरों में एक भिखारी, दास या नकलची के रूप में कदापि नहीं रहना चाहता।''

गाँधीजी की तरह नेहरूजी ने भी अपने विचार प्रकट करते हुए जो बातें कही थीं, वह आज के संदर्भ में बड़ी महत्त्वपूर्ण मालूम होती हैं :

''यह स्पष्ट है कि भारत को अपने संकीर्ण दायरे से बाहर निकलना है और आधुनिक युग के जीवन और कार्य-कलापों में पूर्ण रूप से भाग लेना है। साथ ही यह भी स्पष्ट है कि **अनुकरण के आधार पर कोई भी वास्तविक सांस्कृतिक या आध्यात्मिक विकास नहीं हो सकता।** ऐसा अनुकरण हमेशा एक ऐसे अल्पसंख्यक वर्ग तक ही सीमित रहेगा जिसने अपने को जनता से और राष्ट्रीय जीवन से काट लिया है। **सच्ची संस्कृति**

विश्व के सभी भागों से प्रेरणा लेती है, लेकिन मुख्य रूप से उसकी जड़ें अपने ही घर में, अपनी ही जमीन में होती हैं और वह व्यापक सर्वसाधारण के जीवन पर आधारित होती हैं। कला और साहित्य निर्जीव हो जाते हैं यदि वे विदेशी प्रतिमानों की नकल ही करते रहें। एक छोटे-से नाजुक मिजाज समुदाय तक ही सीमित संस्कृति के दिन अब गुजर गए। हमें अब सर्वसाधारण को लेकर सोचना होगा और ऐसे सर्वसाधारण की संस्कृति पुरानी (स्वस्थ) प्रवृत्तियों की निरंतरता और उनके विकास से ही बनेगी और वह नई प्रेरणाओं और सृजनात्मकता को भी व्यक्त करेगी।" (डिस्कवरी ऑफ इंडिया)।

उपर्युक्त कथन से यह स्पष्ट है कि *एक नकलची शिक्षित वर्ग और नव-धनाढ्य वर्ग जनसाधारण पर आधारित सांस्कृतिक पुनर्जागरण को नेतृत्व नहीं प्रदान कर सकता।* यही नहीं, इन वर्गों की ऐसी प्रवृत्ति सांस्कृतिक पुनर्जागरण के रास्ते में सबसे बड़ी बाधा बनकर आती है। इसलिए आज इन उभरते नए वर्गों में नए मूल्यों के आधार पर आंतरिक, आत्मिक परिवर्तन नए सांस्कृतिक पुनर्जागरण की अनिवार्य शर्त बन गई है। इस परिवर्तन की विषम बाधाएँ हमारे समाज में हैं तो इसकी विशाल संभावनाएँ भी।

एक ओर उत्पादन-व्यवस्था को पुनर्जीवित-पुनर्निर्मित कर देश को आर्थिक स्वराज और गरीबी-उन्मूलन के रास्ते पर ले जानेवाले देश-प्रेमी और जन-प्रेमी सामाजिक और आर्थिक तत्त्व हैं, तो दूसरी ओर अपार श्रम-शक्ति का भंडार ग्राम और शहर की जनता है जिसे नई जागृति की लहर उद्वेलित कर रही है और जो विषमता और शोषण पर आधारित समाज के स्थान पर नई व्यवस्था निर्माण करने के लिए कटिबद्ध है। इन दोनों सामाजिक धाराओं को परंपरा के जीवनदायी मूल्यों और आधुनिक दर्शन की मुक्तिदायी मान्यताओं से अपने को जोड़ना है।

यदि ऐतिहासिक परंपरा को लें तो भारत की महान सांस्कृतिक विरासत के स्थायी मूल्य भारत के बुद्धिजीवी वर्ग को प्रेरणा देते रहे हैं। चाहे उपनिषदों के मूल मंत्र 'चरैवेति-चरैवेति' को लें, या बुद्ध के 'बहुजन हिताय बहुजन सुखाय' सिद्धांत को लें या नानक, कबीर आदि संतों की करुणा और समतामूलक, जनवादी, मानववादी, क्रांतिकारी वाणी को लें, या 'वैष्णव जन तो तैणें कहिए जे पीर पराई जाणै रे' के उद्बोधन को लें, या निकट इतिहास से गाँधी के इस विचार को लें कि "प्रत्येक दुखी प्राणी के आँसू पोंछना ही हमारे जीवन की सार्थकता है" तो सदियों पुरानी इस समस्त परंपरा से जनसाधारण के अधिक-से-अधिक निकट जाने की ही प्रेरणा मिलती है।

इतिहास बताता है कि जब-जब हमारी संस्कृति की 'पहली परंपरा' ने जो प्रबुद्ध वर्ग की है और जिसने हमारी शास्त्रीय संस्कृति का रूप लिया है, 'दूसरी-परंपरा' यानी जनसाधारण की संस्कृति से अपने-आपको अलगाया है, तो वह पहली परंपरा रूढ़ियों में और कुंठाओं में जकड़कर संकीर्ण होती गई है और उसकी सृजनात्मकता और सजीवता समाप्त हो गई है। आज के जनयुग के संदर्भ में सांस्कृतिक पुनर्जागरण की नई दिशा लोकजीवन के निकट आने और उसके हितों, आशाओं-आकांक्षाओं को नए विचारों, चेतना के रूप में वाणी देने में ही है।

इस पृष्ठभूमि में हमें बुद्धिजीवी, शिक्षितवर्ग की द्विमुखी प्रवृत्तियों को नजरअंदाज नहीं करना चाहिए। इसका एक अंग यदि आर्थिक और सामाजिक शक्ति से संपन्न वर्गों के साथ जुड़कर सांस्कृतिक विघटन का कारण बन रहा है तो दूसरी ओर इसके अन्य हिस्से की भूमिका को भी नहीं भूलना चाहिए जो भारत की विरासत और आधुनिक सभ्यता के जनवादी मूल्यों के समन्वय के रास्ते पर चल रहा है और इसी उद्देश्य से जनसाधारण के साथ अपना संबंध कायम कर रहा है। अभी अल्पसंख्यक होते हुए भी गुणात्मक दृष्टि से भारत के राष्ट्रीय हितों और सांस्कृतिक मूल्यों के परिरक्षक और प्रवर्द्धक यही देश-प्रेमी और जनसेवी तत्त्व हैं। इन तत्वों में अभी सौष्ठव न हो लेकिन सजीवता है, परिष्कार न हो लेकिन ओज और सृजनात्मक शक्ति है, संगठन न हो लेकिन भविष्य में सांस्कृतिक नेतृत्व की क्षमता उभर रही है। इसी संदर्भ में श्री पंत के निम्न शब्दों पर हमें पुनर्विचार करना होगा, जो विशिष्ट वर्ग के बुद्धिजीवियों की पुरानी मानसिकता के सूचक हैं—ऐसी मानसिकता जो स्वयं को जनसाधारण का मुक्तिदाता मानती है :

तुम वहन कर सको जन-मन में मेरे विचार,
वाणी मेरी चाहिए तुम्हें क्या अलंकार।

नए दौर के बुद्धिजीवी को अपने समक्ष नया लक्ष्य रखना होगा कि वह जनसाधारण में उभर रही मुक्ति की चेतना के उभार को वाणी दे सके। यानी पंतजी के शब्दों में ही फेरबदल के साथ इस नए लक्ष्य की अभिव्यक्ति निम्न पंक्तियों में होगी :

मैं वहन कर सकूँ निज मन में जन के विचार,
वाणी उनकी चाहिए मुझे ना अलंकार।

मानसिक स्वराज और नवमध्यम वर्ग की संरचना, स्वभाव और सीमाएँ

"आज की दुनिया में निर्मम पण्यीकरण (कमौडीफिकेशन) और विशिष्टीकरण (स्पेशिएलाइजेशन) के प्रश्न को उठाना समस्त सांस्कृतिक संवाद पर अमेरिकी वर्चस्व के कारण सुविज्ञता (एक्सपर्टीज) और प्रोफेशलिज्म पर प्रश्नचिह्न लगाना है। हमारी दृष्टि खंडित और हमारा मनोबल क्षीण होता गया है। मानव इतिहास में शक्ति और विचारों का साथ-साथ इतना विशाल हस्तक्षेप एक संस्कृति द्वारा दूसरी संस्कृतियों पर शायद ही कभी इतने प्रभावशाली ढंग से हुआ है, जितना अमेरिका द्वारा दूसरे देशों पर हो रहा है। लेकिन यह भी सही है कि मुख्य रूप से हमने शायद ही कभी इतना खंडित, तीक्ष्ण रूप से पराजित और पूर्ण रूप से इतना क्षुद्र महसूस नहीं किया, जितना आज इस बात को लेकर करते हैं कि हमारी असली अस्मिता क्या है। विशिष्ट और पृथक्कारी ज्ञान का अभूतपूर्व विस्फोट हमारी आज की स्थिति के लिए आंशिक रूप से दोषी है। ज्ञान का इस प्रकार का विभाजन हमें सक्षम और प्रबुद्ध बनाने के बदले अशक्त और असमर्थ बनाता है।"—एडवर्ड सईद, *कल्चर एंड इंपीरिएलिज्म,* 1993।

भारत आज जिस दौर से गुजर रहा है, वह विश्व और स्वेदश के स्तर पर बृहत चुनौतियों का या बहुमुखी परिवर्तनों का दौर है। ऐसी स्थिति में मानव-स्थिति (ह्यूमन कंडीशन) को समुचित रूप से गहराई और व्यापकता में समझ पाने के लिए नई विचार-पद्धति, अंतर्दृष्टियों, नई कार्यशैलियों तथा ज्ञान और कार्य-क्षेत्र के बीच नए रचनात्मक संबंधों की अपेक्षा है। ऐसे दौर में पिछले युग की विचार-पद्धतियाँ और कार्य-शैलियाँ अपनी उपयोगिता खोती जा रही हैं। दूसरे शब्दों में, आज विचार और व्यवहार, ज्ञान और कर्म, विज्ञान और संस्कृति, प्राकृतिक और जीव-विज्ञान तथा समाज-विज्ञान के बीच की खाई आज के परिवर्तनों की प्रकृति को समझने और उन्हें राष्ट्रीय स्वायत्तता तथा मानव-कल्याण और मानव-मुक्ति की दिशा में मोड़ने में बाधक बन गई है। साथ ही हम ज्ञान-विज्ञान को विभिन्न शाखाओं में विभाजित कर ज्ञान के विशिष्टीकरण की ओर तेजी से प्रगति कर रहे हैं, लेकिन समाज-परिवर्तन और विकास को समग्र और संश्लिष्ट रूप में समझ पाने की हमारी क्षमता भी घटती जा रही है।

इस प्रकार बाह्य जगत के परिवर्तनों की तेजी और उन परिवर्तनों को समझने की विचार-पद्धतियों के पुनर्गठन और विकास की मंदता या जड़ता के कारण जो गंभीर

वैचारिक संकट उत्पन्न हुआ है, वह समस्त मानव-समाज के समक्ष और विशेषकर भारत जैसे देशों के समक्ष एक बृहत सांस्कृतिक समस्या या चुनौती बनकर आया है।

उपर्युक्त संदर्भ में आज के परिवर्तनों के प्रति एक समग्र और बहुमुखी मूल दृष्टि की अपेक्षा और अनिवार्यता पर जोर दिया जाना चाहिए। **यह इसलिए कि आज के तेजी से बदलते समाज में संस्कृति के क्षेत्र में जो भी समस्याएँ उत्पन्न हो रही हैं, उनकी प्रेरक शक्तियाँ अधिकाधिक संस्कृति के क्षेत्र के बाहर और आर्थिक तथा राजनीतिक क्षेत्र में हैं।** यानी इन सांस्कृतिक समस्याओं का मूल आर्थिक और राजनीतिक क्षेत्र में एक ओर विशिष्ट वर्ग के विभिन्न हिस्सों के बीच पारस्परिक द्वंद्वों और तनावों में है, तो दूसरी ओर विशिष्ट वर्ग और जनसाधारण के बीच के तीव्र होते हुए अंतर्विरोधों और अलगाव में है। साथ ही यह भी सही है कि आर्थिक और राजनीतिक क्षेत्र में जो अवरोध उत्पन्न होते जा रहे हैं और इन क्षेत्रों में जो दिशा-शून्यता है या विकास-प्रक्रियाओं का सामाजिक मूल्यों और उद्‌देश्यों से जो विचलन और संबंध-विच्छेद तीव्र होता जा रहा है, उसके कारण अर्थ और राजनीति के दायरे के बाहर हैं, यानी उनका संबंध संस्कृति के क्षेत्र में अवरुद्ध या विलंबित परिवर्तनों और प्रक्रियाओं से है।

इस प्रकार अपूर्ण और अवरुद्ध आर्थिक और सांस्कृतिक परिवर्तनों के दुष्चक्र में फँसे भारतीय समाज को यदि कोई शक्ति मुक्त कर सकती है तो वह कोई अवतार या दैवी शक्ति कदापि नहीं होगी। समाज के वर्ग-अंतर्विरोधों और तनावों और मानसिक मंथन से ही उत्पन्न कोई नई सामाजिक शक्ति ही समाज को परिवर्तन की दिशा में नया मोड़ दे सकती है। भारतीय इतिहास के ऐसे ही संदर्भ में जवाहरलाल नेहरू ने 'एक सृजनशील अल्पमत' की समाज के विकास में निर्णायक भूमिका की चर्चा की थी। नेहरूजी ने कहा था :

''एक सृजनशील अल्पमत सदैव संख्या में कम होता है, लेकिन यदि वह बहुमत के प्रति संवेदी है और उसे ऊपर उठाने के लिए और उसे तरक्की की ओर ले जाने के लिए सक्रिय है ताकि अल्पमत और बहुमत के बीच की दूरी कम हो सके, तो एक स्थायी और प्रगतिशील संस्कृति की रचना होती है। उस सृजनशील अल्पमत के बिना एक सभ्यता का ह्रास अनिवार्य है। लेकिन उसका तब भी ह्रास अनिवार्य है, अगर अल्पमत और बहुमत का संबंध टूट जाए और समाज की आंतरिक एकता में दरार आ जाए। परिणामस्वरूप वह अल्पमत अपनी सृजनशीलता खो बैठता है और स्वयं निष्प्राण और निष्क्रिय हो जाता है। ऐसी स्थिति में इस अल्पमत का स्थान एक अन्य सृजनशील और स्फूर्तिवान समुदाय ले लेता है जिसे समाज पैदा करता है।'' (जवाहरलाल नेहरू, डिस्कवरी ऑफ इंडिया, 1956, 82-83)।

यह विचारणीय है कि जो 'सृजनशील अल्पमत' आजादी के संघर्ष की अग्निपरीक्षा में तपा हुआ निकला था और भारतीय नवजागरण के मूल्यों और आदर्शों की निरंतरता का जिसे बोध था वह 'सृजनशील वर्ग' तो इतिहास के गर्भ में विलीन हो गया है और जो नया समूह प्रभुत्व में उभरा है और सत्तावान बना है, क्या वह उस 'सृजनशील

अल्पमत' की भूमिका निभा सकता है जिसकी कल्पना नेहरूजी की अवधारणा में निहित है। सत्ता में आने से ही कोई वर्ग वर्चस्व के योग्य हो, 'सृजनशील' हो, यह अनिवार्य नहीं है।

ऐसे ही संदर्भ में इटली के महान मार्क्सवादी विचारक एंतोनियो ग्राम्शी की वर्चस्व (हेजेमनी) की अवधारणा प्रासंगिक है। ऐसे ही युगांतरकारी परिवर्तनों के संदर्भ में ग्राम्शी ने 'प्रभुत्व' और 'वर्चस्व' में भेद किया था। नैतिक और बौद्धिक नेतृत्व यानी 'वर्चस्व' की क्षमता के बिना 'प्रभुत्व' सृजनशील नहीं हो सकता। भारतीय संदर्भ में संकट का कारण यही है कि उभरते नव-मध्यम वर्ग में प्रभुत्व की आकांक्षा तो है, लेकिन वर्चस्व की क्षमता का अभाव है। आज भारत में ऐसे नव वर्ग की अपेक्षा है जो अवरुद्ध और अपूर्ण सामाजिक और आर्थिक क्रांति की शक्तियों को सांस्कृतिक पुनर्जागरण द्वारा अवरोध-मुक्त कर सकता है, जो इस क्रांति के दोनों पहलुओं—राष्ट्रीय-पक्ष (औपनिवेशिक मानसिकता से मुक्ति) और जनवादी-पक्ष (आंतरिक औपनिवेशीकरण की मनोवृत्ति से मुक्ति) को नई गहराई, नया प्रसार, नए मूल्य और अर्थ प्रदान कर सकता है। इसी राष्ट्रीय और जनवादी नवोदय को ही 'सांस्कृतिक रिनेसाँ' की संज्ञा दी गई है।

प्रश्न उठता है कि क्या अर्धशताब्दी के अंत में हम ऐसे नवोदय की शक्तियों के उभार में भागीदार हैं या हम इसके विपरीत एक 'रिग्रेशन' की प्रक्रिया के शिकार हैं, जिसकी परिणति एक नव-उपनिवेशवाद में ही हो सकती है। यदि हम पूर्व इतिहास से सबक लें तो देखेंगे कि यूरोप के रिनेसाँ में ऐसे सामाजिक वर्ग के अभ्युदय को ही यूरोपीय विचारकों ने युगांतरकारी माना है, जो समाज के समस्त वर्ग के हितों का प्रतिनिधित्व कर सके और जिसमें कार्ल मार्क्स के शब्दों में, 'समाज के दिल और दिमाग' बन जाने की क्षमता हो। यूरोप में ऐसे वर्ग की भूमिका क्रांतिकारी 'मध्यवर्ग' या 'बुर्जुआ' ने पूर्ण की थी। इक्कीसवीं सदी में प्रवेश कर रहे और आधुनिकता से मोहभंग के फलस्वरूप उत्तर-आधुनिक दुविधाओं और शंकाओं से जूझने को विवश आज के भारत का 'रिनेसाँ' क्या नव-मध्यम वर्ग पर केंद्रित, बुर्जुआ के वर्चस्व पर आधारित, यूरोपीय परिवर्तन के मॉडल को ही दोहराएगा ?

हमें इस बात को नजरअंदाज नहीं करना चाहिए कि आज की परिवर्तन-प्रक्रिया कहीं अधिक पेचीदा है और उसका नई दिशा में संचालन बुद्धिजीवी वर्ग के लिए नए प्रकार के जटिल प्रश्न और वृहत चुनौतियाँ प्रस्तुत करता है। लेकिन यूरोप से भारत का मॉडल इस माने में भिन्न होगा कि आज के भारत में उभरते हुए नव-मध्यम वर्ग द्वारा स्वयं को ही 'रिनेसाँ' की प्रेरक शक्ति मानने के बजाय बहुजन और सर्वसाधारण को इस परिवर्तन में भागीदार बनाना होगा। उसे 'रिनेसाँ' का व्यापक आधार खोजना होगा और अंतर्राष्ट्रीयता, राष्ट्रीयता और स्थानीयता तीनों के साथ समुचित न्याय करना होगा। यानी एक ओर यदि विश्व के सभी देशों के प्रबुद्ध और सृजनशील तत्त्वों के साथ बराबरी के आधार पर संवाद करना होगा तो दूसरी ओर आज बहुजन को सांस्कृतिक ऊर्जा और शक्ति का स्रोत बनाना होगा। साथ ही आज के संदर्भ में सांस्कृतिक

'रिनेसाँ', आर्थिक क्रांति, जनतांत्रिक विकेंद्रीकरण और भूमंडलीकरण—ये चारों प्रक्रियाएँ एक के बाद एक ऐतिहासिक क्रम में नहीं, बल्कि एक साथ, अन्योन्याश्रित रूप से, उभर रही हैं। यूरोपीय मॉडल से हमारी भिन्नता इसमें भी है कि हमारा 'रिनेसाँ' नव-औपनिवेशिक मानसिकता के प्रतिरोध से आज भी जुड़ा है यानी 'स्वायत्तता' तथा 'मानसिक स्वराज्य' की खोज इसकी मुख्य प्रेरक-शक्ति है। स्वायत्तता का लक्ष्य आज की विशेष परिस्थितियों में एक सर्वोपरि लक्ष्य विशेष कारणों से बन गया है। इनमें मुख्य कारण है—भूमंडलीकरण की द्विमुखी प्रतिक्रिया, जो एक ओर मैकब्राइड कमीशन की रिपोर्ट के शब्दों में, 'मैनी भौइसेज वन वर्ल्ड' (विश्व एक, वाणी अनेक) या विश्वस्तर पर विविधता की रक्षा करते हुए मानवजाति की एकता की बात करती है और इस महत् उद्देश्य में संप्रेषण क्रांति को मानव-विविधता की पोषक के रूप में संचालित करने की चुनौती पेश करती है। दूसरी ओर भूमंडलीकरण की मुख्य प्रेरक-शक्ति संप्रेषण क्रांति आज के विश्व में सत्ता और अर्थ दोनों के विषमतापूर्ण विभाजन को अभूतपूर्व रूप से सशक्त कर सांस्कृतिक विविधता की पोषक नहीं, सांस्कृतिक विविधता की विनाशक बनकर उभरी है। औपनिवेशिक दासता से मुक्ति का साधन न बनकर वह एक नव-औपनिवेशिक मानसिकता के प्रसार का साधन बन चुकी है। आर्थिक शक्ति और राजनीतिक सत्ता के जबर्दस्त केंद्रीकरण के पुराने नग्न उपनिवेशवाद से मुक्त देश आज एक अत्यधिक सूक्ष्म, अत्यधिक दूरगामी और इसी कारण अत्यधिक अनर्थकारी नव-उपनिवेशवाद, यानी मानसिक दासता के शिकार बनते जा रहे हैं।

इस बात को प्रकाश में लाना जरूरी है कि संप्रेषण क्रांति विश्व-स्तर पर आर्थिक और राजनीतिक केंद्रीकरण के कारण मानसिक और व्यावहारिक दोनों स्तरों पर पश्चिमी विचार तथा सत्ता-केंद्रों के वर्चस्व को स्वीकार करने की प्रवृत्ति को सुदृढ़ कर रही है और नव-मध्यम वर्ग को तेजी से औपनिवेशिक मानसिकता का वाहक बना रही है। इस प्रकार पश्चिम की बहुद्देशीय कंपनियों द्वारा संचालित संप्रेषण क्रांति एशियाई देशों की जन चेतना के विघटन, प्रदूषण और विकृतीकरण का मुख्य यंत्र बन चुकी है। गाँधी का यह प्रश्न आज फिर जीवंत हो गया है कि आज हम अपनी जीवनशैली निर्धारित करने के प्रश्न पर पश्चिम के नक्काल बनने को बाध्य होंगे या एक विकल्प की खोज के अग्रणी बनेंगे, जो अन्य देशों को भी अपनी सांस्कृतिक अस्मिता पुनर्गठित और पुनः स्थापित करने का मार्ग दिखाएगा। गाँधी का यह कथन आज हमें फिर से सोचने को विवश कर रहा है। यह भी हमें प्रकाश में लाना चाहिए कि मध्यम वर्ग की नव-औपनिवेशिक मानसिकता नव-मध्यम वर्ग और जनसाधारण के बीच अलगाव पैदा कर आंतरिक औपनिवेशीकरण की प्रक्रियाओं को भी तेज करती है। दोनों प्रक्रियाएँ एक दूसरे से जुड़ी हैं और एक का प्रतिरोध किए बिना दूसरी प्रवृत्ति और प्रक्रिया का प्रतिरोध नहीं किया जा सकता।

यह भी न भूलना चाहिए कि आज के संदर्भ में सदियों से पिछड़े हुए भारत जैसे देशों का सचमुच स्वायत्त विकास विश्व के अर्थतंत्र और सत्ता पर पश्चिम के समृद्ध और

सक्षम देशों के एकाधिकार और वर्चस्व को चुनौती देगा। साथ ही वह विश्व-स्तर पर पिछड़े हुए देशों के आर्थिक शोषण और पराधीनता की जड़ों पर प्रहार हेतु नव उपनिवेशवादी व्यवस्था पर भी गहरी चोट करेगा। दूसरे शब्दों में, पिछड़े हुए देशों के आर्थिक विकास और सामाजिक परिवर्तन की दिशा को तेज करने का कार्य इन देशों के राजनीतिक स्वराज को आर्थिक स्वराज यानी आर्थिक आत्म-निर्भरता और आर्थिक शक्ति में बदलने के महत् कार्य से जुड़ा है। आर्थिक स्वराज का लक्ष्य, जिसके लिए पिछड़े देशों में आज की पीढ़ी महत् संघर्ष कर रही है, राजनीतिक स्वतंत्रता के उस लक्ष्य की तुलना में, जिसके लिए कल की पीढ़ी ने संघर्ष किया था, कई गुना अधिक राष्ट्रीय मनोबल और प्रतिबद्धता, ज्ञान और बुद्धिमत्ता, संगठन-शक्ति और जन-चेतना तथा त्याग और बलिदान की अपेक्षा करता है। इस महान कार्य को संपन्न करना राष्ट्र के सभी तत्त्वों के मिले-जुले अभियान के बिना संभव नहीं। उभरते हुए नव-मध्यम वर्ग की देश के विकास में भूमिका की सर्वोच्च कसौटी यही है कि वह कहाँ तक देश की अपूर्ण आर्थिक और अवरुद्ध सामाजिक क्रांतियों के उद्देश्य के लिए व्यापक राष्ट्रीय एकता बनाने और व्यापक राष्ट्रीय अभियान चलाने में समर्थ है।

नव-मध्यम वर्ग में उभरता हुआ नव-औद्योगिक पूँजीपति वर्ग भी शामिल है, जिसकी भूमिका भी अत्यंत महत्त्वपूर्ण और निर्णायक है। यह वर्ग बहूद्देशीय कंपनियों से गठजोड़ कर एक जूनियर पार्टनर की भूमिका अदा करने पर तैयार होगा और इस प्रकार देश की आर्थिक स्वायत्तता से समझौता करने के लिए तैयार होगा या आर्थिक उन्नति को स्वायत्तता के लक्ष्य से जोड़कर विश्व की स्वायत्तता-हितैषी सत्ताओं और वर्गों से संबंध जोड़ने की पहल करेगा तथा एक ऐसे अर्थतंत्र की स्थापना राष्ट्रीय और अंतर्राष्ट्रीय स्तर पर करने में सहायक होगा, जिसमें औपनिवेशिक युग के ही नहीं, नव-औपनिवेशिक मानसिकता और कार्यक्रम के स्थान पर सच्चे विश्वबंधुत्व और सच्ची स्वायत्तता की अभिव्यक्ति होगी। इस नव-मध्यम वर्ग में वह वैज्ञानिक, तकनीकी विशेषज्ञ, इंजीनियर तथा संप्रेषण और प्रबंध विज्ञानवेत्ता भी शामिल हैं, जो आज के विज्ञान संचालित जगत में कई गुना महत्त्वपूर्ण और किसी माने में निर्णायक बनकर निकले हैं। क्या ये सब अपने विशेष ज्ञान, हुनर और कौशल तथा तकनीकी योग्यता को देश के पुनर्निर्माण के लक्ष्य की खोज में अपने राष्ट्र और अपने देशवासियों को समर्पित करेंगे और राष्ट्रहित तथा देशवासियों के हित की सीमाओं के अंदर अपने स्वहित की पूर्ति के मार्ग खोजेंगे ? या अपनी कैरियर एवं पेशेवर उन्नति तथा भौतिक ऐश्वर्य के सबसे कारगर रास्ते की खोज में प्रतिभा पलायन के लिए तैयार रहेंगे और समृद्ध देशों में प्रारंभ में प्रवास और कालांतर में अपने देश की नागरिकता के स्थान पर विदेशों की नागरिकता प्राप्त करने का मार्ग अपनाएँगे।

देश की प्रतिभा किस मार्ग को चुनेगी, किस लक्ष्य की प्राप्ति के लिए सक्रिय होगी, इस पर देश का आर्थिक ही नहीं, सांस्कृतिक भविष्य भी निर्भर होगा। राष्ट्रीय संग्राम के युग में विदेशी शिक्षा प्राप्त कर उस शिक्षा को अपने देश के हित में समर्पित करने

के लिए तैयार आदर्शवादी युवकों की बड़ी भूमिंका थी। किंतु आज अपने गरीब देश और जन के साधनों से शिक्षा प्राप्त कर शिक्षित लोग बड़े पैमाने पर उस शिक्षा का फल समृद्ध देशों को समर्पित कर रहे हैं। उनका व्यवहार उस ग्रामीण कहावत के अनुकूल है कि चारा और अन्य भोजन तो गाय गरीब के घर से लेती है लेकिन दूध देने का समय आने पर अमीर के घर जा खड़ी होती है। इस प्रकार शिक्षित वर्ग की भूमिका आज के संदर्भ में देश के विकास की दिशा को निर्धारित करने में महत्त्वपूर्ण ही नहीं, ऐतिहासिक महत्त्व की है, निर्णायक है। शताब्दी के अंत में शिक्षित वर्ग, देश के नवोदय में सहायक होगा या नवउपनिवेशवाद में—देश के सामने यह ऐतिहासिक महत्त्व का प्रश्न है।

जिस तरह की चुनौती आज देश के समक्ष शताब्दी के अंतिम वर्षों में है उससे जूझने की सामर्थ्य देश और समाज के उन्हीं सामाजिक तत्त्वों में हो सकती है, जो वर्गीय हितों की संकीर्ण परिधि से ऊपर उठ सकें, जो नए विस्फोटक रूप से उभरते हुए, भोगवादी जीवन-दर्शन और जीवन-शैली को नहीं, बल्कि भोग पर संयम और 'बहुजन सेवा, बहुजन हित' पर आधारित जीवन-दर्शन और जीवन-शैली को ही आनंद के कभी न सूखनेवाले स्रोत के रूप में स्वीकार कर सकें। यानी आज के संदर्भ में स्वार्थ-केंद्रित व्यक्तिवाद के स्थान पर व्यक्ति के विकास और समूह के विकास में नए सामंजस्य को प्रोत्साहित करनेवाले नए जीवन-दर्शन की अपेक्षा है और पिछड़े हुए देशों के विकास और परिवर्तन की यही अनिवार्यता उन्हें यूरोपीय पूँजीवादी दर्शन और जीवन-व्यवहार के इतिहास को न दोहराकर विकास और परिवर्तन की नई दिशाएँ खोजने को प्रेरित भी करती है।

ऐसी स्थिति में पिछड़े हुए देशों की आर्थिक स्वतंत्रता और आर्थिक समानता के राष्ट्रीय अभियान में आत्म-संयमी, जनसेवी और प्रबुद्ध पूँजीवादी तत्त्वों का तो आवश्यक स्थान है, लेकिन अमानुष, स्वार्थ-केंद्रित और निर्बंध भोगलिप्सा को उभाड़नेवाले तथा अक्षमों के सक्षमों द्वारा दमन की डारविनवादी प्रतिस्पर्धामूलक प्रवृत्तियों को खुली छूट देनेवाले उत्तर-आधुनिक जीवन-दर्शन और जीवन-व्यवहार तथा राष्ट्र और देश की स्वायत्तता को नष्ट करनेवाली वैश्विक अर्थव्यवस्था और विकास-क्रम की नैतिक मान्यता और वैधता कदापि नहीं है। इस दृष्टि से नए मूल्यों की खोज का मार्ग एक साधन के रूप में बाजार का उपयोग करते हुए भी बाजार केंद्रित नहीं हो सकता, न वह राज्य केंद्रित ही होगा। राज्य और बाजार का उचित उपयोग करते हुए भी वह इनकी सीमाओं से परे एक नई प्रबुद्ध सामुदायिकता को केंद्रबिंदु बनाकर चले, यही आज के नए चिंतन की मुख्य दिशा है और जो भारत के लिए प्रासंगिक है। हमें यह न भूलना चाहिए कि अधिकांश भारत परिवार-केंद्रित, छोटी जोतों, छोटे कुटीर उद्योगों, छोटी सेवाओं के तहत और विशाल असंगठित आर्थिक गतिविधियों का भारत है। *भारत की स्थिति, उसके अर्थतंत्र का चरित्र मुख्य रूप से स्थानीय और क्षेत्रीय है, असंगठित है संगठित नहीं।* वह विकेंद्रीकरण की माँग करता है। इन परिस्थितियों में यदि राज्य-केंद्रित विकास

स्थानीय और क्षेत्रीय स्वायत्तता का हनन करता है तो बाजार केंद्रित विकास राष्ट्रीय स्वायत्तता और मानवीय मूल्यों का। वह मानवीकरण की ओर नहीं, बर्बरता यानी अमानुषीकरण की ओर ही अनिवार्य रूप से ले जाता है, जिसका अकाट्य प्रमाण बाल मजदूरों और नारी मजदूरों की तेजी से बढ़ती हुई संख्या से मिलता है। वह विश्व तथा राष्ट्रीय दोनों स्तरों पर अर्थ और सत्ता के विकेंद्रीकरण की ओर नहीं, केंद्रीकरण की ओर ले जाता है। इस संदर्भ में इक्कीसवीं सदी की ओर उन्मुख देशों का सांस्कृतिक भविष्य परिवर्तन और विकास के विकेंद्रीकरण से प्रेरित सामुदायिकता के विकास से जुड़ा है।

स्पष्ट है कि भारत जैसे देशों में आर्थिक विकास और सामाजिक परिवर्तन को नई दिशा में स्फूर्ति और गति तभी प्राप्त हो सकती है, जब विकास और परिवर्तन की प्रेरक शक्ति के रूप में स्वार्थ और भोग-लिप्सा, प्रतिस्पर्धा और ईर्ष्या के स्थान पर नए सामुदायिक मूल्यों और मान्यताओं का आग्रह हो। यानी जिसके पीछे ऐसे जीवन-दर्शन की प्रेरणा हो जो सक्षम द्वारा अक्षम को दबाने के बजाय ऊपर उठाने, संपत्तिशालियों द्वारा भोग-साधनों को अपने हाथों में केंद्रीकरण के स्थान पर संपत्ति के विकेंद्रीकरण और उत्पादन के फलों को भाईचारे के आधार पर आपस में बाँटने, प्रतिस्पर्धा और हिंसात्मक भावनाओं के स्थान पर सहयोग और सहानुभूति को उभारने तथा संयम और करुणा को जगाने के लिए निरंतर प्रयत्नशील हो। विकास की इस नई दिशा की खोज ही हमें भारतीय जागरण की सांस्कृतिक परंपराओं और राष्ट्रीय आंदोलन के आदर्शों और स्वप्नों से विरासत में मिली है। नई दिशा का यही आग्रह हमारी लोक-संस्कृति का है जो अपने उत्कृष्ट रूप में व्यक्ति को समूह से जोड़ती थी।

भारत के आज के वर्तमान आंतरिक संकट के मूल में ऐसे अग्रगामी तत्त्वों का अभाव है जो राष्ट्रीय आंदोलन की और लोकजीवन की इसी सांस्कृतिक विरासत तथा मूल्यों और आग्रहों को आर्थिक विकास और सामाजिक परिवर्तन की प्रेरक शक्ति के रूप में स्वीकार कर उसके अनुरूप आर्थिक और सामाजिक कार्यक्रम प्रस्तुत कर सकें। साथ ही विज्ञान, तकनीकी और संचार के क्षेत्र में महान क्रांतियों द्वारा जो अभूतपूर्व संभावनाएँ पैदा हुई हैं, उनका विश्वहित, राष्ट्रहित, जनहित में सदुपयोग कर सकें।

राष्ट्रीय संकट की गहराई का इससे भी पता लगता है कि देश में शासक वर्ग यानी नव-मध्यम वर्ग का उभरता हुआ चरित्र मुख्य रूप से स्वयं आज की समस्याओं का समाधान नहीं, उसकी मूल्यहीनता और चरित्रहीनता समस्याओं का मूल बन गए हैं। भूमंडलीकरण के संदर्भ में जोर पकड़ती हुई प्रक्रियाओं ने मध्यम वर्ग को मुख्य रूप से राष्ट्रीय स्वायत्तता के उभार का साधन नहीं, नव उपनिवेशीकरण के विस्फोट का साधन बनाने का खतरा पैदा किया है। आज के भारत के उभरते हुए नव-मध्यम वर्ग को आरंभ से ही संप्रेषण क्रांति के प्रसार ने संयमहीन उपभोक्तावाद की संस्कृति के प्रभाव-क्षेत्र में लाकर देश की अधिकांश जनता और उसके बीच भयावह अलगाव पैदा किया गया है। एक ऐसे देश में जहाँ का अधिकांश जन-समूह अभाव, दरिद्रता और गरीबी से ग्रस्त हो, अनियंत्रित भोग की ओर उन्मुख कोई भी वर्ग नेतृत्व की भूमिका निबाहने में असमर्थ

रहेगा, वह जनसाधारण में ईर्ष्या और आक्रोश तो उभार सकता है लेकिन उनके आदर का पात्र नहीं बन सकता, न उनकी नैतिक स्वीकृति प्राप्त कर सकता है। ऐसा वर्ग पश्चिम के उद्योगों का बाजार तो बन जाएगा, किंतु राष्ट्रीय औद्योगीकरण की प्रक्रिया की प्रेरक शक्ति नहीं। नई आर्थिक नीति के प्रचारकों का यह कथन कि नव-धनाढ्य, मध्यम वर्ग दरिद्र जन के लिए संपन्न बनने का एक 'मॉडल', एक मिसाल प्रस्तुत करता है और आज अपनी समृद्धि के द्वारा आनेवाले कल की समृद्धि के द्वार भी खोलता है, विचारधारा द्वारा यथार्थ के मिथकीकरण का सबसे बड़ा प्रमाण है। यह 'अपवर्ड मोबिलिटी' के नियम द्वारा दरिद्र समाज के भीतर भी एक अल्प मध्यम वर्ग की संरचना का संकेत है। मध्यम वर्ग को एक अधिक विस्तृत सामाजिक आधार विकास की नई प्रक्रिया द्वारा अवश्य मिलता है। लेकिन इसके द्वारा समस्त दरिद्र समाज को दरिद्रता और शोषण से मुक्ति मिलेगी, इस भ्रांति के प्रसार में संप्रेषण क्रांति एक सशक्त भूमिका निभा रही है। संप्रेषण क्रांति इस दृष्टि से नए संदर्भ में मिथकीकरण का मुख्य माध्यम है और इस प्रकार व्यवस्था को चुनौती देनेवाली मानसिकता के प्रतिरोध की रणनीति का प्रधान अस्त्र है।

इस दृष्टि से संप्रेषण-क्रांति राष्ट्र विरोधी भी है और दरिद्रजन विरोधी भी। यह राष्ट्रीय अस्मिता के लिए एक ओर गंभीर संकट पैदा करती है तो दूसरी ओर दरिद्रजन के जागरण को चेतना में रूपांतरित करने में भी सबसे बड़ी रुकावट है। यह भी इस बात का प्रमाण है कि वर्चस्व की जिम्मेदारी को नव-मध्यम वर्ग पर आधारित शासक वर्ग नहीं निभा पा रहा है। संप्रेषण के नए और आधुनिक साधनों ने महानगरों और उनके निकट के ग्रामीण प्रदेश में उभरते नव-धनाढ्य वर्ग और अभावग्रस्त जनसाधारण के बीच की खाई को बढ़ाया है। साथ ही संप्रेषण क्रांति विश्व के विकसित देशों के समृद्ध वर्गों के साथ नव-धनाढ्य वर्ग के संबंध सुदृढ़ करने और अपने देश के बहुजन से अलगाव पैदा करने में सहायक बनी है। आधुनिक संप्रेषण व्यवस्था भारतीय ऐतिहासिक परंपराओं के जनवादी, समतावादी और मानववादी तत्त्वों के संरक्षण का तो साधन नहीं बनी है, लेकिन धर्मांधता और सांप्रदायिकता, जातीयता और प्रादेशिक संकीर्णता और स्त्री-पुरुषों के बीच स्वस्थ संबंधों और सहयोग पर आधारित लोक-संस्कृति के विघटन और नारीत्व के व्यवसायीकरण की एक नई अप-संस्कृति के प्रसार की प्रक्रियाओं को अभूतपूर्व रूप से सक्रिय करने में कारगर हो रही है। इन सबका नतीजा है कि देश की सांस्कृतिक परंपराओं और जड़ों से कटता हुआ और भोगवादी जीवन-शैली को बड़े ओज और स्फूर्ति से अपनाता हुआ अधिकांश नव-धनाढ्य वर्ग राष्ट्रीय अस्मिता को गर्व से नकारता है और राष्ट्रीय अस्मिता के सभी प्रतीकों, मूल्यों, आदर्शों व मानकों का अवमूल्यन करता है। वह एक औपनिवेशिक और नव-सामंतवादी मानसिकता के प्रसार का माध्यम भी बन गया है।

स्पष्ट है कि उभरता नव-मध्यम वर्ग देश को सामंती, मध्ययुगीन संस्कारों और अंधविश्वासों से मुक्ति के लक्ष्य को त्याग कर एक नव-सामंती ज्ञानोदय-विरोधी

अभियान का मुख्य माध्यम भी बन रहा है। हमारे देश में जनसाधारण को अज्ञान, अशिक्षा, निरक्षरता, अंधविश्वासों और रूढ़ियों के अंधकार से ज्ञान और विज्ञान के प्रकाश में लाने का कार्य भी अधूरा ही है। देश के मेहनतकशों और दलित वर्गों को संपत्ति-वितरण की विषमताओं से और तकनीक के पिछड़ेपन और आजीविका के संकट से तथा पुरानी वर्ग-व्यवस्था के दमनकारी और अत्याचारी स्वरूपों से, सदियों से चले आ रहे छुआछूत और अस्पृश्यता से और नारी-समाज को सदियों के उत्पीड़न, असमानता और अपमान से मुक्त करने, यानी दूसरे शब्दों में, जनवादी क्रांति को पूर्ण करने का कार्य अभी अधूरा ही है। अवरुद्ध सामाजिक क्रांति का ही यह परिणाम है कि पुराने सामाजिक ढाँचे को बिना परिवर्तित किए देश के अंदर आधुनिक तकनीकी उपकरणों का प्रवेश झूठी और सारहीन आधुनिकता को जन्म दे रहा है, जिसका जोर बाहरी तड़क-भड़क और चमक-दमक पर ही है, आत्मा और मस्तिष्क के परिष्कार पर नहीं। एक ओर व्यापक रूप से फैलती हुई पाश्चात्य अभिजात वर्ग की भोगवादी जीवन-शैली के अंधानुकरण की और दूसरी ओर इसको हासिल करने के लिए श्रम और उद्यम का नहीं, आर्थिक परजीविता की प्रवृत्तियों का विस्फोट इसी अपूर्ण सामाजिक क्रांति की देन है। इस विकृत आधुनिकता (उत्तर-आधुनिकता की मूल्यहीनता) का मार्ग चुनने की प्रवृत्ति की प्रतिक्रिया ने एक **काउंटर-रिफोर्मेशन** को जन्म दिया है। इस 'काउंटर रिफोर्मेशन' की तेज लहर ने भारत में रूढ़ियों को चुनौती देनेवाले तथा भारतीय चेतना को झकझोरकर उसका बार-बार परिष्कार करनेवाले और पुराने आदर्शों को युग की चुनौतियों के अनुकूल ढालनेवाले महान सुधारकों—बुद्ध, कबीर, गुरु नानक तथा सूफी संतों—की परंपरा को जन-मानस से मिटा देने की जबर्दस्त साजिश की है और इस अभियान में संप्रेषण-साधनों का व्यापक और कारगर रूप से इस्तेमाल किया है।

प्रश्न उठता है कि आज के संदर्भ में भारतीय समाज में ऐसा कौन-सा वर्ग है या कौन-से वर्ग हैं, जो इन ऐतिहासिक और अपूर्ण कार्यों को पूर्ण कर सकेंगे और भारत को नव-मानसिक उपनिवेशवाद की ओर नहीं, मानसिक स्वायत्तता की दिशा में ले जा सकेंगे।

क्या हम एक ऐसे दौर में हैं जिसमें एक नया वर्ग समाज की कोख में जन्म लेकर पल रहा है, जो वर्चस्व होने के पूर्व की स्थिति, यानी बौद्धिक और नैतिक नेतृत्व की क्षमता प्राप्त करने के दौर से गुजर रहा है ? यह आज के भारत का मुख्य प्रश्न है, जिसे हाशियों के केंद्र में लाना बुद्धिजीवियों का कर्तव्य है।

इस संदर्भ में कार्ल मार्क्स का यह कथन अत्यंत प्रासंगिक है कि जो सामाजिक परिस्थितियाँ और प्रक्रियाएँ समस्याओं, उद्वेलन और संकटों को जन्म देती है उन्हीं के आंतरिक अंतर्विरोध उन समस्याओं को सुलझाने और उस संकट से उबारने के मानवीय कर्ताओं (ह्यूमन एजेंट्स) को भी जन्म देने में सक्षम होते हैं। आजादी के बाद की गतिशील स्थिति में भी यह विचार हताशा के अंधकार के बीच आशा की किरण दिखाता है, यथास्थिति की जड़ता के बीच परिवर्तन की संभावनाओं का संकेत देता है।

ऊपर परिभाषित किए प्रश्नों की दृष्टि से आजादी के बाद की अर्धशताब्दि की प्रक्रियाओं पर दृष्टि डालने की आवश्यकता है। जरूरी है कि हम इस बात की जाँच-पड़ताल की कोशिश करें कि भारतीय बुद्धिजीवी समुदाय की आंतरिक संरचना में क्या वर्गीय, जातीय और लिंग संबंधी परिवर्तन हो रहे हैं, जो आज के बुद्धिजीवी समुदाय की गुणात्मक भिन्नता और चारित्रिक विभेद का परिचय देते हैं। आजादी के बाद के दशकों में सांस्कृतिक दृष्टि से निर्णायक महत्त्व के उस परिवर्तन का संकेत हम ऊपर दे चुके हैं जिसे द्विमुखी संभावनावाले महानगरीय नव-मध्यम वर्ग के अभ्युदय के रूप में परिभाषित कर चुके हैं। यह नव-मध्यम वर्ग औपनिवेशिक युग के पुराने मध्यम वर्ग से किस माने में गुणात्मक रूप से भिन्न नए मूल्यों, नई चेतना और नई मानसिकता का अग्रदूत है और किस माने में इस वर्ग का अभी औपनिवेशिक युग की जहनियत से पूरी तरह संबंध विच्छेद नहीं हुआ है, यह गहन चिंतन और शोध का विषय है। साथ ही यह भी महत्त्वपूर्ण प्रश्न है कि आज के नव-मध्यम वर्ग का ऐतिहासिक संदर्भ और उसकी भूमिका औपनिवेशिक युग के नव-मध्यम वर्ग की ऐतिहासिक पृष्ठभूमि और भूमिका से किस माने में भिन्न है। इन प्रश्नों पर गंभीर अध्ययन, जाँच-पड़ताल और विवेचन की आवश्यकता को रेखांकित करना ही इस लेख का मुख्य लक्ष्य है।

भारत आज और कल :
कुछ प्रश्न, कुछ चिंताएँ, कुछ विचार

बदलता भारतीय समाज : बहुआयामी दृष्टि

आजादी के बाद भारतीय समाज में कौन-से महत्त्वपूर्ण और उल्लेखनीय परिवर्तन हुए हैं, पाँच दशकों के इस महत्त्वपूर्ण दौर के अंत में जो चरित्र और संरचना, अंतर्संबंध, अंतर्द्वंद्व और अंतर्विरोध लेकर नया समाज उभरा है, उसकी समझ अभी सतही, आंशिक और 'इंप्रेशनिस्टिक' है। मेरी राय में इस नए समाज को गहराई में समझने और आँकने के लिए चार प्रमुख परिप्रेक्ष्यों, दृष्टियों से इसका अवलोकन और मूल्यांकन करना पड़ेगा। इन्हें ऐतिहासिक, क्षेत्रीय, तुलनात्मक और मानकीय (नारमेटिव) परिप्रेक्ष्यों के नाम से परिभाषित किया जा सकता है। हम आजादी के पहले क्या थे और आज, आजादी के पचास वर्षों के बाद, क्या हैं, यह ऐतिहासिक दृष्टि है। भारत एक उपमहाद्वीप है, जिसमें रवींद्रनाथ ठाकुर के शब्दों में एक वृहत देश में जैसे अनेक छोटे देश समाए हैं, जिनका अपना-अपना भूगोल, इतिहास, भाषा, आर्थिक व्यवस्थाएँ, समान संरचना और संस्कृति है। एक अखिल भारतीय दृष्टि यदि क्षेत्रीय दृष्टियों से न जोड़ी गई तो भारतीय समाज की समझ अपूर्ण नहीं, दोषपूर्ण भी होगी। तीसरी दृष्टि तुलनात्मक दृष्टि है। हम विश्व के उन्नत देशों एवं उन देशों की तुलना में कहाँ हैं, जिन्होंने हमारे साथ आजादी हासिल की थी और जिनकी पूर्वस्थिति हमारे समान थी, यह तुलनात्मक दृष्टि है। मानकीय दृष्टि के अनुसार हम जाँच-पड़ताल करते हैं कि आज के सभी देशों के विचारकों ने मानवीय विकास के जो नए मानदंड तय किए हैं, उनके आधार पर भारतीय समाज की स्थिति क्या है। भारतीय समाज की कोई भी तसवीर तभी विश्वसनीय और वास्तविक होगी जो इन चारों दृष्टियों के आधार पर किए गए सर्वेक्षण और समीक्षण पर आधारित होगी।

जैसा मैंने कहा, पहला आधार ऐतिहासिक परिप्रेक्ष्य से संबंधित है। इसी से समझा जा सकता है कि समाज में किन मायनों में निरंतरता है और किन मामलों में विच्छेद। इन पचास वर्षों के पूर्व की सामाजिक स्थिति को परिभाषित करनेवाला मुख्य तत्त्व था—हमारे समाज का औपनिवेशिक चरित्र। ब्रिटिश साम्राज्यवाद का हस्तक्षेप इस औपनिवेशिक समाज की संरचना के पीछे मुख्य प्रेरक शक्ति थी। दूसरी तरफ, इस औपनिवेशिक व्यवस्था के प्रतिरोध में स्वाधीनता व नवजागरण का आंदोलन हुआ था। ब्रिटिश साम्राज्यवाद के विरुद्ध अपने सपनों का भारत और उसके अनुरूप समाज बनाने के लिए हमने संघर्ष किया, जिसमें हमारी स्वायत्तता, स्वाभिमान और अस्मिता को अभिव्यक्ति मिल सके तथा उसी के आधार पर हमारा नया समाज बने। औपनिवेशिक युग की

तमाम बुराइयाँ भी हमें विरासत में मिलीं। इस औपनिवेशिक युग का प्रतीक और प्रतिनिधि था नव-मध्यम वर्ग, जो पचास वर्षों के पूर्व और बाद के समाज को समझने की कुंजी है। यह वर्ग परजीवी था, जिसे उपनिवेशवाद ने अपने स्तंभ के रूप में पैदा किया था। यह वर्ग नकलची था, इसी कारण हम पश्चिम के विशेषकर इंग्लिस्तान के पिछलग्गू बन गए। हमारी अस्मिता को गहरा आघात लगा। भारत को आर्थिक और राजनीतिक रूप में ही नहीं, बल्कि मानसिक और सांस्कृतिक रूप में इंग्लिस्तान के उपनिवेश में बदलने में गाँधीजी के शब्दों में परिभाषित इस 'आधे अँगरेज और आधे हिंदुस्तानी' वर्ग की भूमिका अत्यंत महत्त्वपूर्ण थी। लेकिन जहाँ इस मध्यम वर्ग की भूमिका उपनिवेशवाद के मुख्य औजार या स्तंभ के रूप में महत्त्वपूर्ण थी, वहाँ इसी मध्यम वर्ग से ऐसे प्रबुद्ध तत्त्व निकले जो भारतीय नवजागरण और स्वाधीनता-संग्राम के भी अग्रदूत बने। इस नवजागरण की शुरुआत बंगाल के नवजागरण से हुई थी और बाद में महाराष्ट्र के नवजागरण से। इसी बात को दोहराकर मैं कहूँ तो इसी मध्यम वर्ग के अंदर से उपजे एक प्रबुद्ध अल्पमत ने औपनिवेशिक मानसिकता के प्रतिरोध में मानसिक स्वराज के अभियान का श्रीगणेश किया था और गाँधीजी के नेतृत्व में उसने मानसिक स्वराज और 'मेरे सपनों के भारत' का लक्ष्य देश के सामने रखा। उन्होंने एक ओर परंपरा के जड़ीभूत और रूढ़िग्रस्त तत्त्वों के त्यागने का अभियान चलाया तो दूसरी ओर **आधुनिकता** और **औपनिवेशिकता** में भेद कर एक ऐसी आधुनिकता का अभियान भी चलाया जो देश की स्थिति, प्रकृति और स्वभाव के अनुकूल हो। प्रश्न उठता है कि उपनिवेशवाद के बाद के युग का समाज क्या एक नव-उपनिवेशवाद पर आधारित समाज है या भारत की स्वायत्त अस्मिता को अभिव्यक्ति देनेवाला समाज ? क्या उत्तर-औपनिवेशी मध्यम वर्ग का चरित्र पुराने औपनिवेशी मध्यम वर्ग के चरित्र से गुणात्मक रूप से भिन्न है या उसी पुराने वर्ग का नया रूप है ?

संक्षेप में मैं यह कहना चाहूँगा कि पचास साल के बाद का भारत कृषि और औद्योगिक क्रांति से उभरा हुआ भारत है, जो अपने औपनिवेशिक चोले को मूल रूप से त्याग चुका है। यह 'साहब, बाबू और चपरासी' वाले परजीवी मध्यम वर्ग का भारत नहीं है। यह तो विकासशील कृषि और उद्योगों से जुड़े, विज्ञान और टेक्नोलॉजी के ज्ञान और दक्षता के वाहक एक आर्थिक आत्मनिर्भरता, उत्पादकता, उद्यमशीलता, जोखिम उठाने की क्षमता आदि नए मूल्यों और मानकों के प्रतिनिधि नए मध्यम वर्ग का भारत है, जिसने भारत का मस्तक पूरे विश्व में ऊँचा किया है। भारत में नए-नए पेशों, व्यवसाय, दक्षता और प्रवीणता के बहुआयामी प्रसार और विविधता ने इस नव-मध्यम वर्ग को नया चरित्र, नया विस्तार और गहराई प्रदान की है। साथ ही भारत में शिक्षा के क्षेत्र में हुई क्रांति, उसके द्वारा विज्ञान और आधुनिक तकनीक की दिशा में अभूतपूर्व प्रगति और फैलाव ने जिस शिक्षित वर्ग को जन्म दिया है, उसका चरित्र, उसकी आकांक्षाएँ, उसके लक्ष्य, उसके नए कैरियर के क्षितिज और उसकी भूमिका, उस अँगरेजी राज की शिक्षा व्यवस्था से पैदा हुए मध्यम वर्ग से बिलकुल भिन्न है जिसके समक्ष न

ये युगांतरकारी संभावनाएँ थीं, न अवसर थे। सच तो यह है कि भारत के नए समाज के नए चरित्र की न ठीक प्रकार से जाँच-पड़ताल हुई है, न जाँच-पड़ताल से जो भी आँकड़े, तथ्य आदि इकट्ठा हुए हैं उनका ही सही आकलन हुआ है। पचास साल के बाद उभरे हुए नव-मध्यम वर्ग के संबंध में तो वैज्ञानिक शोध पर आधारित कोई ठोस अध्ययन भी नहीं है। इधर मध्यवर्ग पर विदेश मंत्रालय के एक अफसर द्वारा लिखी हुई अंग्रेजी पुस्तक बहुचर्चित रही है। लेकिन पुस्तक की विवेचना सतही और उसके नतीजे भी गहरे अध्ययन और सोच का परिचय नहीं देते। न उसमें पुराने औपनिवेशिक और आजादी के बाद उभरे नए मध्यम वर्ग की संरचना और चरित्र की गुणात्मक भिन्नता का संकेत है, न नव-मध्यम वर्ग की शक्ति और संभावनाओं तथा कमजोरियों की पैनी दृष्टि ही है। इस नव-मध्यम वर्ग की कमजोरियों को भी नजरअंदाज नहीं करना चाहिए जिसमें ऊर्जा है, दक्षता है, महत्त्वाकांक्षा है किंतु नैतिक मूल्यों के प्रति आस्था और समाज के कमजोर वर्गों के प्रति सहानुभूति और करुणा नहीं। साथ ही नव-मध्यम वर्ग का विकसित देशों में बड़े पैमाने पर जो पलायन हुआ है, न इस वस्तुस्थिति के कारणों की खोज है, न उसके दूरगामी परिणामों की। भारत के प्रवासी, अनिवासी मध्यम वर्ग की नए बदलते संदर्भ में अहम भूमिका है, जिसे वैश्वीकरण की प्रक्रिया ने निर्णायक बनाया है। इस पहलू पर गंभीर अध्ययन और विचार की आवश्यकता है। नए समाज का जो सबसे महत्त्वपूर्ण अन्य पहलू है, वह है--गाँव और शहर के बीच की दूरी का कम होना। गाँव से शहरों में जनशक्ति का बड़े पैमाने पर जो विस्थापन हुआ है, उसने यदि शहरों का ग्रामीकरण किया है, शहर को आधा गाँव बना दिया है तो गाँव में कृषि क्रांति और आर्थिक उन्नति ने अधिक नहीं तो गाँव के आधे हिस्से का शहरीकरण किया है, यानी उसमें शहरी जीवन-शैली का विकास किया है। मैं यहाँ कुछ मुख्य परिवर्तनों की ओर ही इंगित कर रहा हूँ। दूसरा मापदंड है—भारत को संपूर्णता-समग्रता में आँकने के साथ भारत की क्षेत्रीय विशिष्टता और विविधता का आकलन। आजादी के बाद भारत के विभिन्न भागों, प्रदेशों, समुदायों, वर्गों, जातियों, धर्मावलंबियों के जीवन में जो परिवर्तन हुए हैं, वे किस हद तक समान हैं, एक ही दिशा में हैं और किस हद तक वे भिन्न रूप से प्रभावित हुए हैं। हर क्षेत्र की विविधता और विशिष्टता का आकलन किए बिना और उसका अखिल भारतीय आकलन में समावेश किए बिना समग्र आकलन दोषपूर्ण और अपूर्ण होगा। उदाहरण के तौर पर उत्तरी भारत के वे हिंदीभाषी प्रदेश जो जागीरदारी-जमींदारी व्यवस्था में थे, जिन पर उपनिवेशवाद का हस्तक्षेप और उनकी नीतियों का घातक प्रभाव सबसे अधिक था, वे आजादी के बाद उपजे अवसरों का पूरा-पूरा लाभ उठाने में अक्षम रहे हैं, दूसरी ओर दक्षिण भारत के प्रदेश, जैसे—केरल, सामाजिक कल्याण के क्षेत्र में पश्चिमी प्रदेश, जैसे—गुजरात औद्योगिक और व्यापारिक क्षेत्र में और उत्तर-पश्चिमी प्रदेश, जैसे—पंजाब हरित क्रांति के क्षेत्र में और कर्नाटक और आंध्र प्रदेश तकनीकी जैसे इलैक्ट्रॉनिक्स और साफ्टवेयर के क्षेत्र देश के अन्य भागों से बहुत आगे बढ़ गए हैं। देश की प्रगति की यदि राष्ट्रीय औसत आमदनी, विकास दर,

सामाजिक आँकड़ों के आधार पर आँकने से जो तसवीर उभरती है, वह उस तसवीर से भिन्न है, जो क्षेत्रीय विशिष्टताओं और विविधताओं का पूरा-पूरा जायजा लेने से उभरती है।

तीसरा आधार है, सामाजिक स्थिति को आँकने का तुलनात्मक ढंग या तुलनात्मक अध्ययन। हर स्तर पर देखना है कि विश्व के विकसित और अन्य विकासशील देशों की तुलना में हम कहाँ हैं। विशेषतौर पर उन देशों की तुलना में, जैसे—चीन, पूर्वी एशियाई देश, जो उसी दौर में औपनिवेशिक गुलामी से मुक्त हुए थे। हम पाते हैं कि इस लिहाज से भी हमारे नए समाज की स्थिति कई नए तथ्य और नए नतीजे सामने लाती है। वह एक ऐसी तसवीर सामने लाती है, जो अनेक अंतर्विरोधों से भरी है। जैसा मैं कह चुका हूँ, तुलनात्मक अवलोकन में यह भी शामिल होना चाहिए कि नए समाज की भारत के ही अंदर भिन्न-भिन्न प्रदेशों और क्षेत्रों में क्या तसवीर सामने आती है। इस दृष्टि से देखें तो एक ओर केरल जैसे प्रदेश हैं, जिन्होंने बच्चों की मृत्यु-दर, गर्भवती स्त्रियों की मृत्यु-दर, शिशु जन्म-दर (बर्थ रेट), निरक्षरता निवारण, प्रारंभिक शिक्षा, नारी शिक्षा और रोजगार, औसत आयु (लौंगेमिटी) आदि सभी सामाजिक विकास-अंकों की दृष्टि से अभूतपूर्व प्रगति की है और भारत के अन्य क्षेत्रों को पीछे छोड़ दिया है। दूसरी ओर उत्तर प्रदेश, बिहार, मध्य प्रदेश, राजस्थान का विशाल भूभाग है जिसके अधिकांश भाग सामाजिक विकास की दृष्टि से अभी बहुत पीछे हैं, यद्यपि पचास साल पहले की तुलना में वे अवश्य विकास की दिशा में आगे बढ़े हैं। उल्लेखनीय है कि जहाँ-जहाँ भूमि सुधार, साक्षरता प्रसार और स्वास्थ्य सेवाओं का प्रसार हुआ है और जहाँ इन सब कार्यक्रमों में स्त्रियों की भागीदारी रही है, वहाँ सामाजिक प्रगति में गति आई है। अन्य एशियाई देशों, जैसे—चीन, दक्खिन कोरिया, ताइवान, सिंगापुर आदि की तुलना में भारत अभी बहुत पीछे है। ये देश गरीबी और अभाव के अभिशाप से मुक्त होने में सफल हुए हैं। इन देशों के सफल प्रयोगों की कुंजी है कि उन्होंने एक ओर जनसाधारण की निरक्षरता निवारण और उनको दक्ष, हुनरमंद और जागरूक बनाने के लिए नीचे के स्तर पर शिक्षा को प्राथमिकता दी। शिक्षा को आर्थिक विकास की प्रेरक शक्ति बनाकर अपने देश की श्रमशक्ति को विकास प्रक्रिया में भागीदार बनाने की उनकी योजना ने विकास के अर्थशास्त्र में एक नया अध्याय जोड़ा। दूसरी ओर भारत का शिक्षा मॉडल सरकारी नौकर तैयार करनेवाला रहा और जहाँ उसने उच्च स्तर की शिक्षा पर जोर दिया, वहाँ यह शिक्षा का मॉडल देश-देश के शिक्षित और दक्ष युवाओं को विदेश में उन्नति के अवसर खोजने के लिए उत्साही बनाने का मॉडल साबित हुआ, जिनका अपने देश की उन्नति में योगदान घटता गया। इस प्रकार एक गरीब देश शिक्षा को राष्ट्रीय उन्नति का माध्यम बनाने में असफल रहा है। एशिया के अन्य विकासशील देशों ने स्वास्थ्य और सामाजिक कल्याण की योजनाओं को भी उच्च प्राथमिकता दी, उसके प्रभाव आर्थिक क्षेत्र के लिए अत्यंत लाभकारी रहे। जहाँ तक पश्चिम के उन्नत देशों से हमारी तुलना का प्रश्न है, प्रति व्यक्ति औसत आमदनी, शिक्षा, स्वास्थ्य और बेहतर जीवन की

सुविधाओं आदि की सृष्टि से भारत और इन देशों की असमानता में अत्यंत वृद्धि हुई है। लेकिन यह भी सच है कि उच्च शिक्षा, साहित्य, संस्कृति के क्षेत्र में एक सुदृढ़ जनतंत्र के आधार पर तथा वैज्ञानिक ज्ञान और टेक्निकल दक्षतावाले प्रतिभावान वर्ग की संख्या और श्रेष्ठता के आधार पर भारत विश्व-स्तर पर पहुँच चुका है। जैसे कंप्यूटर 'साफ्टवेयर' के क्षेत्र में भारत की गणना सर्वोच्च देशों में होती है।

अब हम नए समाज पर चौथी दृष्टि यानी 'मानकीय दृष्टि' से विचार करें। आज विश्व संगठनों ने विकास को मानकीय रूप देने के लिए जो मानक तय किए हैं, जैसे—बच्चों की असुरक्षा, बाल श्रमिकों के शोषण, नारी शोषण आदि का अंत तथा भुखमरी और गृहहीनता (होमलेसनेस) के विरुद्ध अभिमान और राजकीय हस्तक्षेप, साथ ही शिक्षा का, रोजगार का, कम-से-कम मजदूरी का और स्त्री-पुरुषों को समान मजदूरी का अधिकार, अल्पसंख्यकों को सुरक्षा और आर्थिक-सामाजिक क्षेत्र में बराबरी के अधिकार, पर्यावरण की सुरक्षा और प्राकृतिक साधनों के विनाश पर रोक, वृद्धों और विकलांगों की सुरक्षा और संरक्षण, धार्मिक असहिष्णुता और राजनीतिक उत्पीड़न से सुरक्षा आदि-आदि। यदि आज़ के इन सर्वमान्य मानकों के आधार पर भारत के नए समाज का समीक्षण किया जाए, तो आदर्श और वास्तविक स्थिति के बीच की बहुत बड़ी खाई हमें दिखाई देती है। चिंता की बात यह है कि संक्रमण के इस दौर में पारंपरिक सुरक्षाओं का तेजी से ह्रास हुआ है और आधुनिक सुरक्षाओं के अभाव में असुरक्षा की लपेट में अधिक वर्ग और समुदाय आते जा रहे हैं। साथ ही परिवार के विघटन, पुराने रोजगारों के ह्रास के फलस्वरूप विस्थापना की समस्या जिस बड़े पैमाने पर पैदा हुई है, वह आज के संदर्भ में विकराल समस्या बनकर उपस्थित हुई है। वृहत्तर दिल्ली, कलकत्ता, मुंबई आदि शहरों की ओर विस्थापितों का प्रवाह, बड़े पैमाने पर झुग्गी-झोंपड़ियों के नए सुरक्षाहीन आधे ग्रामीण आधे शहरी समाज की संरचना और नुक्कड़ समाजों का उभार—नीचे के स्तर पर यह नए समाज का ऐसा विकट स्वरूप है, जिसकी न जाँच-पड़ताल हुई है, न उसकी समस्याओं का अध्ययन। जितने सरकारी स्टेटिस्टिकल सर्वे हैं, उनमें इन विस्थापितों का कभी भी शुमार नहीं होता। जब इस विस्थापन से अपराधीकरण और असुरक्षा उपजते हैं, तभी इसकी ओर कभी-कभी राज्य-व्यवस्था का तथा प्रबुद्ध जनों का, मीडिया का ध्यान जाता है।

मेरा कहने का मतलब है, सामाजिक और आर्थिक संक्रमण की प्रक्रिया किस प्रकार की समाजिक संरचनाओं, संकटों और असुरक्षाओं को जन्म देती है, उस पर गंभीरता से विचार होना चाहिए। यहाँ मैं कुछ प्रमुख पहलुओं को उजागर कर रहा हूँ, उन पर गहराई से विचार मैंने अपनी समाजशास्त्रीय रचनाओं में किया है।

भारत में जातीयता और सांप्रदायिकता के उभार भी नए सामाजिक परिदृश्य का अभिन्न अंग हैं। इसके पीछे प्रमुख कारण आर्थिक हैं। हमारी अर्थव्यवस्था ऐसी है जिसमें जीवन-स्तर सुधारने के मौके कम हैं। अमेरिका जैसे देश में हर व्यक्ति अपनी दृष्टि रखता है, जबकि भारत में लोग समूह बनाकर चलते हैं और जाति को महत्त्व दिया

जाता है। हमारें यहाँ प्रतिद्वंद्विता जाति और संप्रदाय के रूप में प्रकट हो रही है, वह भी सरकार पर दबाव बनाने के लिए। इसके बावजूद ये प्रवृत्तियाँ, विषमता और अन्याय की प्रतिरोधी हैं। इसे आक्रोश भी कह सकते हैं जिसे सही दिशा की दरकार है। चूँकि भारत में विकास की गति बेहद मंद है, इस वजह से जो असंतुलन और विषमता बढ़ी है, उससे भी जातीयता और सांप्रदायिकता बढ़ी है।

आज बाजारवाद और उससे उपजनेवाली विकृतियों पर चर्चा गर्म है। दरअसल बाजार का प्रभाव एकतरफा नहीं होता है। बाजार एक ओर एकाधिकार को तोड़ता है तो दूसरी ओर असमान समाज और उसके वैषम्य को भी बढ़ावा देता है। बाजार दुधारी तलवार जैसा है। वह किसी एक व्यक्ति की, समूह की जरूरत नहीं देखता, बल्कि सबकी क्रय-शक्ति पर नजर रखता है। अगर हमारे पास क्रय-शक्ति नहीं है, तो बाजार हमें मिटाकर रख देगा। जमींदार से आप अपील भी कर सकते हैं और वह आप पर कुछ खास परिस्थितियों में दया भी कर सकता है पर बाजार में दया नहीं होती, वह निर्मम होता है। भारत में भूमि-सुधार समग्र रूप से नहीं किया गया, न कल्याणकारी राज्य की सुरक्षाएँ ही लागू की गईं। ऐसे विषमता भरे समाज में बाजार को खोल दिया गया। ऐसे में जाहिर है कि वह बहुत सारी समस्याओं को जन्म देगा। होना तो यह चाहिए था कि ऐसी व्यवस्था बनाई जाती कि जिन क्षेत्रों में बाजार की जरूरत थी, वहाँ बाजार से काम लेना चाहिए था और जहाँ उसके बिना काम चल सकता था, जहाँ बाजार जरूरी नहीं था, उन क्षेत्रों को राज्य और सार्वजनिक संस्थाएँ स्वयं देखतीं। पर ऐसा नहीं किया गया। यही कारण है कि बाजार समाज का संचालन अधिकाधिक अपने हाथ में लेकर समाज का तेजी से विघटन कर रहा है और जब बाजार निर्णायक हो जाएगा, तो उसके दुष्प्रभावों से समाज को बचाया नहीं जा सकता।

हर नई आर्थिक प्रणाली की अपनी नैतिकताएँ होती हैं, जैसे—हमारी पारंपरिक अर्थव्यवस्था की अपनी नैतिकताएँ थीं, मूल्य थे। अर्थव्यवस्था में बदलाव के साथ-साथ मान्य नैतिकताओं, मूल्यों को जिस तरह से परिवर्तित व संवर्धित होना चाहिए था, वह नहीं हुआ, जिसकी वजह से आज नैतिक शून्य की स्थिति पैदा हुई है। बहुत सारे संकट इसी कारण उत्पन्न हो रहे हैं। आज हर क्षेत्र में इसी कारण नैतिक अनिश्चितता और असंयम और अनुशासनहीनता पैदा हुई है कि पुरानी नैतिक व्यवस्था ध्वस्त हो चुकी है और नई व्यवस्था की संरचना अभी हुई नहीं है। मिसाल के तौर पर धर्म और ईश्वर का भय तो मिट चुका है लेकिन राज्य और कानून का भय उसकी जगह नहीं ले पाया है। न अपनी आत्मा या अंतःकरण का अंकुश ही व्यक्ति या समुदाय दोनों के संदर्भ में सामाजिक नियंत्रण की शक्ति बन सका है। राजनीति के नैतिक मूल्यों से कट जाने और महज सत्ता की होड़ का माध्यम बन जाने से भी समस्याएँ पैदा हुई हैं। जनतांत्रिक समाज बिना आस्था और नैतिकता के सभ्य और सुस्थिर समाज नहीं बना रह सकता, यही नए समाज की समस्या है। यही नैतिक शून्य अन्य क्षेत्रों को भी संकटग्रस्त करता है। नया मध्यम वर्ग संतोष, कर्म फल से विमुखता, लाभ-लिप्सा के त्याग आदि आदर्शों

में विश्वास खो चुका है। लेकिन नए आदर्श क्या हैं, इसकी चेतना उसे अभी नहीं है। इसी प्रकार देशप्रेम, अपनी माटी से लगाव आदि मूल्य प्रभाव शून्य हो चुके हैं। परिवार में स्त्री-पुरुष, माँ-बाप और संतान, सगे-संबंधियों और पड़ोसियों संबंधी मूल्य भी आज अमान्य हैं। लेकिन उनकी जगह नए मूल्य स्थापित नहीं हुए हैं।

इस नए समाज में मीडिया और संचार माध्यमों की क्या भूमिका है, यह भी इस समाज के मूल्यांकन के लिए एक महत्त्वपूर्ण विषय है। इन माध्यमों ने हमें विश्व से बड़े आकस्मिक और प्रभावशाली ढंग से जोड़ दिया है। इनके द्वारा एकदम खुले समाज की जो सृष्टि हुई है उससे किस प्रकार जूझा जाए, यह एक महत्त्वपूर्ण प्रश्न है। इस बारे में महात्मा गाँधी का सुझाव सबसे अच्छा था। उनका कहना था, "मैं चाहता हूँ मेरे मकान की सभी खिड़कियाँ खुली रहें और बाहर की हवा मेरे घर में स्वच्छंदता के साथ आए। लेकिन मैं यह नहीं चाहता कि यह बाहरी हवा हमें अपनी जड़ों से ही उखाड़ दे।" जरूरत है संचार माध्यमों से आनेवाली समस्याओं से गाँधीजी द्वारा दिए गए निर्देश के अनुकूल निपटने की।

भारतीय समाज में दलितों के उभार की प्रक्रिया तेजी से चली है और चल रही है और यह केवल कल के अस्पृश्यों तक ही सीमित नहीं है। सवर्णों के भीतर भी नीचे के स्तर पर दलित और शोषित समूह उभरा है और तथाकथित दलितों में भी ऊपर के स्तर पर एक अभिजात श्रेणी (एलीट) का सृजन हुआ है। दलितों का प्रश्न इस दृष्टि से सवर्ण और नीची जातियों के विभाजन का प्रश्न नहीं, सभी जातियों के आंतरिक विभाजन और वर्गीकरण का प्रश्न है। सदियों से शोषण, उत्पीड़न व अन्याय के शिकार रहे लोगों में इस चेतना का जगना कि उनकी समस्याएँ भगवान की दी हुई नहीं हैं, बल्कि मानव प्रदत्त हैं, एक बड़ी उपलब्धि है। यह अपमान से विद्रोह की भावना है, जिसमें परिवर्तन और क्रांति के बीज हैं, लेकिन अभी इसे क्रांतिकारी शक्ति बनना है। जरूरत इस बात की है कि उसका लक्ष्य केवल सवर्ण विरोध न रह जाए। उसे दशा और दिशा बदलनेवाला अभियान बनना चाहिए। दशा और दिशा नहीं बदलेगी तो दूसरा उत्पीड़क वर्ग उन्हीं के बीच से पैदा हो जाएगा, जो हो भी रहा है। यही कारण है कि दलितों की हालत नहीं सुधर रही है और दलित प्रश्न के प्रतिरोध में अभियान का लाभ एक क्रीमी लेयर ने ही उठाया है और असली दलित सत्ता की सीढ़ी बनकर रह गए हैं। आनेवाले वर्षों का इतिहास इसी असली-नकली मुद्दे को लेकर लिखा जाएगा। नए भारत के सारे मुद्दे इसी से जुड़े होंगे।

उभरते हुए नए समाज में दलित जागरण के अलावा परिवर्तन जो अन्य प्रेरक शक्ति है, वह है नारी जागरण यानी भारतीय मानवता के आधे हिस्से पर सदियों से खुले हुए और छिपे, प्रत्यक्ष और अप्रत्यक्ष रूप से पुरुष प्रधान समाज द्वारा किए गए उत्पीड़न और दमन तथा नाना प्रकार की विषमताओं का नारी समाज द्वारा प्रतिरोध। किसी माने में आनेवाला युग दलित जागरण और नारी जागरण का ही युग है और जाग्रत दलित और नारी समुदाय ही नए समाज का पुनर्संगठन और उसकी पुनः संरचना करेंगे। बिना दलित

और नारी के मुक्ति संघर्ष के आजादी अधूरी है और नारी और दलित-मुक्ति ही आजादी को सच्चे स्वराज में बदलेगी। लेकिन जहाँ दलितों और नारी को समान दर्जा देकर उसे सदियों के दासत्व से मुक्त करने का आदर्श एक सर्वमान्य आदर्श बन गया है, वहाँ नारी और दलितों की मुक्ति का प्रश्न अधिक जटिल हो गया है। नारी मुक्ति की लहर को रोकने के लिए रूढ़िवादी मनुवादी परंपरा और मानसिकता को भारत की मुख्य धारा के रूप में प्रस्तुत करने और इस प्रकार नई चेतना को अक्षम करने के अभियान जोर पकड़ रहे हैं। इस दृष्टि से भारतीय समाज नए मूल्यों, नए संबंधों, नए व्यवहार, नई मानसिकता की रचना की ओर अग्रसर होगा या पुनरुत्थानवाद परिवर्तन की लहर को रोकने में सफल होगा, आगामी दशकों में नारी मुक्ति के प्रश्न का उत्तर ही भारत की दिशा और भारत के उभरते समाज का चरित्र तय करेगा।

अनेक सदियों से पुरुष और नारी के सुदृढ़ रूप में स्थापित संबंध जो पुरुष के नारी पर अधिकार और वर्चस्व पर आधारित हैं, उन संबंधों में परिवर्तन मानव समाज के सबसे कठिन परिवर्तनों में है। इसी बात को रेखांकित करते हुए यूरोप के प्रसिद्ध विचारक हैवेलोक एलिस ने कहा था कि यूरोप महान क्रांतियों की प्रयोग भूमि रहा है, जहाँ औद्योगिक क्रांति, वैज्ञानिक और तकनीकी क्रांति, लोकतांत्रिक राजनीतिक क्रांति आदि अनेक क्रांतियाँ हुई हैं। लेकिन पुरुष के वर्चस्व पर आधारित परिवार और परिवार के बाहरी क्षेत्रों में फ्रांस की महान क्रांति के सदृश पुरुष और नारी के संबंधों में आमूल परिवर्तन लानेवाली क्रांति होना अभी शेष है। वास्तव में ऐसी क्रांति होना आज भी विश्व मानवता के लिए एक चुनौती है और भारत में तो अभी इसका आरंभ ही है और इस दिशा में भारत को अभी एक लंबी यात्रा तय करनी है।

अंत में भारत किधर ? भारतीय समाज किधर ? इसकी एक बड़ी कुंजी भारत की युवाशक्ति है, जो नवजागरण और सामाजिक परिवर्तन की प्रेरक शक्ति बनेगी या पुनरुत्थानवाद और उग्र-राष्ट्रवाद की सहायक बनकर परिवर्तन का प्रतिरोध करेगी। पुनरुत्थानवाद और उग्र-राष्ट्रवाद युवाशक्ति को अपने परिवर्तन प्रतिरोधी अभियान का अग्रिम दस्ता बनाने के लिए सदा सचेष्ट रहा है। लेकिन इसमें वह अभी तक सफल नहीं हो पाया था। भारत में नवजागरण और साम्राज्य-विरोधी स्वतंत्रता-संग्राम जिन मूल्यों, आदर्शों और विचारों पर आधारित था, उन्होंने युवा मानस को पुनरुत्थानवाद का प्रभाव क्षेत्र नहीं बनने दिया था। लेकिन हाल के दशकों में स्वाधीनता-संघर्ष से उपजी राष्ट्रीय संस्थाओं में आदर्श विमुखता, नैतिक ह्रास, चारित्रिक विघटन और लक्ष्यहीनता के कारण जो राष्ट्रीय संकट की स्थिति पैदा हुई है, उस नैतिक शून्य की स्थिति में पुनरुत्थानवाद को युवा मानस पर फिर से प्रभाव जमाने का मौका मिला है। क्या पुनरुत्थानवाद और उग्र राष्ट्रवाद युवाशक्ति को राष्ट्रीय आंदोलन से विरासत में मिले लक्ष्यों, आदर्शों और मूल्यों से पथभ्रष्ट करने में सफल होगा ? क्या वह भारतीय समाज को बहुलता, विविधता और अनेकता में एकता खोजने के लक्ष्य को छोड़कर ऐसे 'सांस्कृतिक राष्ट्रवाद' को स्थापित करने में सफल होगा जिसकी परिणति उसी कट्टरता,

असहिष्णुता, रूढ़िवादी मानसिकता और कूपमंडूकता में होती है जो हमें 'धार्मिक फंडामेंटेलिज्म' पर आधारित राष्ट्रों में नजर आती है ? इस दृष्टि से भारत के भावी समाज का चरित्र युवाशक्ति का उभरता हुआ चरित्र ही तय करेगा। ऊपर मैंने भारतीय परिवार के भीतर पुरुष और नारी के रिश्तों में क्रांति की बात कही है, जो इन रिश्तों को समतामूलक और लोकतांत्रिक आधार दे और नारी को आत्महीनता, शोषण और दासता से मुक्त करे। युवा वर्ग की मानसिकता में बुनियादी परिवर्तन के बिना नारी मुक्ति का लक्ष्य अपूर्ण रहेगा। साथ ही इस क्रांति का एक अहम पहलू परिवार और परिवार के बाहर पितृ-सत्तात्मक पारिवारिक ढाँचे के अंदर के स्वाभाविक अवरोधों, मानसिक कुंठाओं और घुटन से भी युवाओं और युवतियों को मुक्त करना है, जो भारत के संदर्भ में अत्यंत प्रासंगिक है।

उपर्युक्त संदर्भ में भारत के भावी समाज का चरित्र परिवार की आंतरिक संरचना में अनिवार्य परिवर्तनों से जुड़ा हुआ है। नारी मुक्ति और युवा मुक्ति परिवार की संरचना में परिवर्तनों से अभिन्न रूप से जुड़ी है। क्या नारी मुक्ति और युवा मुक्ति की खोज 'परिवार' के ही विघटन, विखंडन और विनाश का रूप लेगी या वह नए मूल्यों के अनुकूल परिवार के पुनर्गठन का रचनात्मक रूप लेगी, यह प्रश्न आगामी समाज की संरचना के लिए सबसे अहम चुनौती है।

संवाद-I

आज का भारत : यह द्वंद्व और टकराव क्यों ?[1]

प्रश्न : आप आज के भारत की स्थिति को कैसे आँकते हैं ? आपकी राय में इस स्थिति को सही समझने के लिए किस प्रकार की दृष्टि अपेक्षित है ?

उत्तर : मैं वर्तमान दौर को धरातल के स्तर पर सामाजिक द्वंद्व और टकराव से उत्पन्न हुई चुनौतियों का दौर मानता हूँ जिनकी ओर अभी तक अधिकांश बुद्धिजीवियों की दृष्टि नहीं गई है। पिछले वर्ष मैंने और मेरी पत्नी ने अपने पुत्र, पुत्रवधू और पोते से मिलने और उनके साथ कुछ समय बिताने के लिए अमेरिका की यात्रा की थी। वहाँ मुझे अमेरिकावासी भारतीयों से विचार-विनिमय और संवाद के कई अवसर मिले थे। मुझे भारत के संबंध में जो अमेरिका-निवासी प्रवासी भारतीयों और भारत में रुचि रखनेवाले अमेरिकी नागरिकों के बीच होती है उसमें और भारत-निवासी मध्यमवर्गीय भारतीयों की बहस में बड़ी समानता नजर आती है।

भारत के महानगरीय मध्यम वर्ग और अमेरिका-निवासी प्रवासी भारतीय समुदाय, दोनों का ध्यान भारत के वैश्वीकरण की अनिवार्यता और उसे तेज करनेवाली रणनीति और कार्यक्रम तथा उसके अवरोधों पर ही केंद्रित है। उन दोनों के लिए भारत के आगामी परिवर्तन की यही मुख्य दिशा है। उन दोनों के लिए चिंता का मुख्य विषय यही है कि आगामी चुनावों के नतीजे भारत के आर्थिक उदारीकरण और खुलेपन तथा तेजी से वैश्वीकरण में सहायक होंगे या अवरोधक। मेरी राय में यह अनिवासी और निवासी भारतीयों यानी उभरते नवमध्यम वर्ग के दोनों हिस्सों की दृष्टि की संकीर्णता है, या उसमें दूर-दृष्टि का अभाव है कि पश्चिम के साथ भारत के आर्थिक संबंधों को मजबूत करने और भारतीय अर्थव्यवस्था को पश्चिम-अभिमुख बनाने के कार्यक्रम को ही वे आर्थिक सुधारों का पर्याय मान चुके हैं। वह भारत की स्थिति को उसकी संपूर्णता में समझने का और विशेषकर भारत की स्थिति को उसकी जड़ों से, धरातल से जाँचने का गाँधीजी द्वारा पढ़ाया हुआ पाठ भूल गए हैं। भारत की स्थिति को उसके वास्तविक रूप में आँकने के लिए जरूरी है कि हम महानगरीय भारत की सीमाओं के परे उस 'अन्य भारत' से संपर्क करें जो अधिकांश साधारण जन का भारत है, जो श्रमजीवी

1. प्रश्नोत्तर के रूप में यह संवाद आधी सदी और उससे उत्पन्न हुए अंतर्विरोधों और समस्याओं पर मेरी सोच और सरोकारों को व्यक्त करता है।

समुदायों का भारत है। इस 'अन्य भारत' में जो नवजागरण की लहर आई है, जो नव चेतना का उभार आया है, उससे हम अनजान अपरिचित ही रहेंगे यदि हमारी दृष्टि महानगरीय भारत की सतही हलचलों और गतिविधियों पर ही केंद्रित रहेगी। जो द्वंद्व और टकराव धरातल के भारतीय समाज को उद्वेलित कर रहे हैं, उन पर हमारी दृष्टि अभी केंद्रित नहीं है।

प्रश्न : इस 'अन्य भारत' और उसकी आज की बदलती स्थिति को आप किस रूप में देखते हैं, इस 'अन्य भारत' के बारे में आपकी धारणाएँ, आपकी समझ किस आधार पर बनी है, इस पर भी क्या आप रोशनी डालेंगे ?

उत्तर : इस 'अन्य भारत' के बारे में मेरी मूल स्थापना यह है कि इस भारत में पारंपरिक समाज और अर्थव्यवस्था का जिस तेजी से विघटन हुआ है, उसी गति से नवीन अर्थव्यवस्था और सामाजिक संबंधों की रचना नहीं हुई है, न हो रही है। इस असंतुलन ने एक ऐसी त्रासदी को जन्म दिया है जिसका श्रमजीवी समाज शिकार होता जा रहा है। इस त्रासदी की महानगरीय भारत की बहसों, संवाद और परिचर्चा में गूँज भी सुनाई नहीं पड़ती। प्रमाण के तौर पर डच समाजशास्त्री जैनब्रैमन के दक्षिणी गुजरात के ग्रामीण क्षेत्र के अध्ययन को लीजिए। अध्ययन के अनुसार पिछले दो दशकों में कई लाख मजदूरों का अपनी ग्रामीण जड़ों से विस्थापन हुआ। ये लाखों मजूर किसी निश्चित स्थान पर स्थायी रूप से मजदूरी नहीं करते। दक्खिन गुजरात तथा उसके पास के राज्यों में जहाँ भी जरूरत होती है, ठेकेदार और लेबर मार्केट उन्हें वहीं खींचकर ले जाते हैं। जैसा मैंने कहा, इस गतिशील या 'मोबाइल' श्रम-शक्ति (लेबर फोर्स) में कई राज्यों के मजदूर शामिल हैं। वास्तविकता यह है कि विस्थापित लोगों के समुदाय के समुदाय यायावर श्रमिक (फुटलूस लेबर) बन गए हैं यानी एकदम ऐसे खानाबदोश, जिनका कोई स्थायी घर-बार नहीं है। कभी सारे परिवार को लेकर चलते हैं, तो कभी पुरुष पहले अकेले चलते हैं, फिर शेष परिवार बाद में आता है। ये त्रिशंकु की तरह अधर में लटके हुए हैं, न इधर के हैं न उधर के। जहाँ भी जाते हैं वहाँ उनकी पशु से भी बदतर स्थिति है। उनके कोई मानवीय अधिकार नहीं। साथ ही काम के समय, रोजी-रोटी और मजूरी की दर, खाने-पीने और रहने की तथा चिकित्सा की सुविधाओं की कोई गारंटी नहीं। न बाल मजूरों को कोई सुरक्षा है, न नारी मजूरों को कोई विशेष सुविधाएँ हैं, न सुरक्षा। कुछ अन्य समस्याएँ भी हैं, जैसे पंजाब में काम कर रहे बिहारी मजदूरों की न तो जीवन की ही सुरक्षा है, न वेतन, घर-बार आदि की। वे बार-बार आतंकवाद की चपेट में आते हैं। बहुत बार इन्हीं मजदूरों को आतंकवाद ने लक्ष्य बनाया है। सच तो यह है कि ऐसा विस्थापित मजदूर वर्ग आज की उभरती पूँजीवादी अर्थव्यवस्था की अनिवार्य शर्त, बुनियादी जरूरत बन गया है। जो पंजाब के अपने क्षेत्र के मजदूर हैं, वे संगठित हैं, अपने अधिकारों के लिए सजग हैं और काम के नियंत्रित घंटे और नियंत्रित मजदूरी माँगते हैं। ऐसे संगठित मजदूरों को दबाने के लिए बाहर के पिछड़े इलाकों से कम

मजदूरी में काम करने के लिए राजी मजदूर लाए जाते हैं जो अपने क्षेत्रों में भुखमरी झेल रहे हैं, और विकसित क्षेत्रों में बहुत कम मजदूरी पर काम करने के लिए तैयार हो जाते हैं। इस प्रकार मजदूरों को मजदूरों से भिड़ाकर भूमिपति अपना स्वार्थ सिद्ध करते हैं।

भारत के विशाल श्रमजीवी समाज के जीवन में हो रहे ये परिवर्तन बिना धरातल की दृष्टि या स्थानिक क्षेत्रीय स्तर पर निरीक्षण की पकड़ में नहीं आ सकते। यही कारण है कि महानगरों के स्तर पर जो राजनीति चल रही है, उस राजनीति में असली मुद्दे तो आते ही नहीं।

प्रश्न : आप स्पष्ट करेंगे कि वे कौन-से असली मुद्दे हैं जिनकी महानगरीय राजनीति अनदेखी करती है, उपेक्षा करती है ?

उत्तर : मैं महानगरीय चिंतन विधि को ही दोषी समझता हूँ। मसलन, हम आजादी के बाद के समय को नेहरू युग, इंदिरा युग, राजीव युग, जनता युग आदि कहकर उसका काल-विभाजन करते हैं। वास्तव में अगर कहीं हमें रेखा खींचनी है तो मेरे खयाल से आजादी के बाद के लंबे समय में भारत की 'हरित क्रांति' एक ऐसी ऐतिहासिक महत्त्व की निर्णायक घटना है जिसने हमारी ग्रामीण संरचना को जबर्दस्त मोड़ दिया है। 'हरित क्रांति' के पहले और बाद—यह काल विभाजन ही भारत के आजादी के बाद के ग्रामीण जगत के परिवर्तनों को समझने के लिए अत्यंत प्रासंगिक है। 'हरित क्रांति' की रणनीति उस रणनीति से बिलकुल भिन्न थी जो पूर्वी एशिया के देशों ने कृषि को आधुनिक बनाने के लिए अपनाई थी। पूर्व एशियाई देशों की कृषि के आधुनिकीकरण की नीतियाँ तो एशियाई लघु किसान पर केंद्रित थीं। लघु किसान को 'हरित क्रांति' का वाहक बनाने की यह रणनीति उस रणनीति से बिलकुल विपरीत थी, जो यूरोप और अमेरिका ने अपनाई थी और जिनका मुख्य माध्यम थे बड़े किसान, बड़े भूमिपति और बड़े-बड़े फार्मों के मालिक। हमारी 'हरित क्रांति' ने यूरोप-अमेरिका को मॉडल माना, एशियाई देशों को नहीं। हमारी इस कृषि क्रांति की रणनीति का लाभ मिला मँझले किसान, बड़े किसान और एक हद तक पुराने भूमिपतियों को जिन्होंने कृषि क्रांति में अग्रणी भूमिका निभाई। तो इस 'हरित क्रांति' द्वारा नई तकनीक के आधार पर कई गुना अधिक अन्न तो पैदा किया गया जिससे आत्मनिर्भरता में वृद्धि हुई। 'हरित क्रांति' ने अवश्य हमें दुर्भिक्ष के भय से मुक्त कर दिया। लेकिन साथ ही 'हरित क्रांति' के परिणामस्वरूप ग्रामीण भारत में अमीर-गरीब, नव-धनाढ्य और विस्थापित गरीब मजदूरों के बीच दरार तीव्र हुई और इस प्रकार तनाव, विषमता और टकराव भी तीव्र हुए।

प्रश्न : आपने इस कृषि क्रांति-जन्य द्वंद्व की अधिक स्पष्ट रूप से व्याख्या कर

बताया कि इससे ग्राम के भीतर टकराव तीव्र हुआ। क्या शहर और ग्राम के टकराव में भी कृषि क्रांति सहायक हुई है ?

उत्तर : पहले इस कृषि क्रांति के चरित्र को हमें ठीक से समझना होगा। खेतों में वैज्ञानिक तरीकों के उपयोग तथा तकनीकी सुधारों के कारण एक ओर श्रम और रोजगार और दूसरी ओर तकनीकी प्रगति में टकराव पैदा हुआ, जिस कारण अधिक-से-अधिक श्रम-शक्ति अतिरिक्त होने लगी और उस श्रम-शक्ति पर गाँव से निकास और विस्थापन का दबाव बढ़ा तथा साथ ही विकास की ओर तेजी से अग्रसर इलाकों में पिछड़े हुए इलाकों से विस्थापित गरीब किसानों का मजदूरों के प्रवाह के रूप में दबाव बढ़ा। 'हरित क्रांति' ने बड़े पैमाने पर अतिरिक्त श्रम-शक्ति को गतिशील बनाकर तेजी से विकसित होते हुए श्रम बाजार (लेबर मार्किट) को जन्म दिया। यह दौर श्रम की गतिशीलता (लेबर मॉबिलिटी) में तेजी (एक्सीलरेशन) का दौर है। **पिछड़े ग्रामीण इलाकों से विकसित ग्रामीण इलाकों की ओर तथा ग्रामीण इलाकों से नगरों–विशेषकर महानगरों की ओर श्रम का प्रवाह इस नए दौर का विशेष आर्थिक नियम बनकर उभरा है।** आप दिल्ली को देखें, कलकत्ता को देखें, मुंबई को देखें या और अन्य बड़े नगरों को देखें–तो इन बड़े नगरों का महानगरों के साथ अपार विस्तार हुआ है। वृहत्तर दिल्ली की आबादी एक करोड़ से भी ऊपर पहुँच गई है। इसी प्रकार वृहत्तर मुंबई और वृहत्तर कलकत्ता का अप्रत्याशित विस्तार हुआ है। इन महानगरों के अंदर के भाग समृद्ध और संपन्न वर्गों के निवास के केंद्र बन-बनकर उभरे हैं, जहाँ वैभवयुक्त, ऐश्वर्यसंपन्न, सुविधासंपन्न, नव-धनाढ्यों की जरूरतों की पूर्ति में ही सरकारें लगी हुई हैं। लेकिन इन केंद्रों के बाहर फैले हुए महानगरों के उपनगरीय इलाके हैं। इन इलाकों में वे लोग झुग्गी-झोंपड़ियाँ बनाकर बसे हैं, जो ग्राम से उजड़ और उखड़ चुके हैं लेकिन वे शहरों में जड़ें जमाने में अक्षम हैं।

'हरित क्रांति' ने जिस 'नगरीकरण' को तेज किया है वह एक मायने में आर्थिक, सामाजिक और सांस्कृतिक अर्थ में 'नगरीकरण' की प्रक्रिया नहीं, वह तो एक प्रकार से नगरों के बड़े पैमाने पर 'ग्रामीणीकरण' की प्रक्रिया है। एक विशाल ग्रामीण जनसमूह अपनी जड़ों से उखड़कर महानगरों में आजीविका खोजने को विवश हुआ है। यह जीवन-शैली के हिसाब से तीन चौथाई ग्रामीण है और एक चौथाई नगरवासी। इस वृहत जन-समूह के लिए झुग्गी-झोंपड़ियाँ हैं, आवास नहीं, नगरोचित सुविधाएँ तो हैं नहीं, ग्रामोचित सुरक्षाएँ भी उनसे छिन गई हैं। बड़े-बड़े पार्क ही सार्वजनिक शौचालय बन गए हैं। यहाँ विस्थापित लोग, झुग्गी-झोंपड़ी के वासी, सबेरे हाथ में डिब्बा लेकर इन खुली जगहों में सबेरे नैत्यिक कर्म के लिए जाते दिखाई देते हैं। एक-एक सार्वजनिक नल पर अनेक पुरुष और स्त्री और बच्चे दिखाई देते हैं। औरतों को नहाते हुए अर्द्धनग्न सभी देखते हैं और वह लज्जा महसूस करती हैं। इस विशाल जनसमूह को जो भी काम मिलता है वही उनका रोजमर्रा बदलनेवाला रोजगार है। यह ऐसा असंगठित आर्थिक क्षेत्र भी है, जिसे अर्थशास्त्री 'अनौपचारिक सेक्टर' कहकर परिभाषित करते हैं। और इसका आर्थिक चरित्र और सामाजिक रूप क्या है–इसे नजरअंदाज करना इसकी जाँच-पड़ताल

न करना समाजशास्त्र और साहित्य के आंतरिक संकट का परिचय है। इसी से पता लगता है कि समाज विज्ञानी और समाज विज्ञान आम जनता से कितना कटा हुआ है। शायद ही कोई ऐसा समाजशास्त्रीय अध्ययन, साहित्यिक रचना होगी जो इस स्थिति को पूरी तरह समग्रता में सामने लाए। यही धरातल की असलियत है, जो आबादी के तेजी से बढ़ते दबाव और साधनों और सुविधाओं के लिए तीव्र होती हुई होड़ को स्पष्ट रूप से सामने लाती है।

श्रमिकों की जिंदगी आजीविका के तीव्र होते संघर्ष, साधनों पर बढ़ते दबावों तथा रोजमर्रा की कशमकश की जिंदगी है, जिससे अपराधीकरण और कानून तथा व्यवस्था का गंभीर संकट पैदा हो रहा है। इसी के साथ जुड़ा है हमारा नव-मध्यम वर्ग—जिस वर्ग में हम सभी लोग शामिल हैं—और आम गरीब जन के बीच अलगाव और तनाव भी। नव मध्यम वर्ग जिन आवासों में ग्राम और शहर में रहता है, वह सुरक्षा की घेराबंदी के कारण ऐसे लगते हैं जैसे आप सरकारी दफ्तरों के सेक्यूरिटी कक्ष के अंदर प्रवेश कर रहे हों। वहाँ बाकायदा लोहे के गेट बने हुए हैं सुरक्षा के लिए। यह सुरक्षा किससे ? यह सवाल अहम है। इस सुरक्षा के लिए जरूरी है झुग्गी-झोंपड़ीवालों से दूरी। अपने से नीचे अभावग्रस्त गरीबों का डर मध्यम वर्ग को अपनी सुरक्षा मजबूत करने पर मजबूर करता है। इस भय का कारण निम्न वर्गों की आर्थिक दुर्दशाजन्य ईर्ष्या ही नहीं, स्वयं नव धनाढ्य वर्ग का नैतिक खोखलापन भी है। इस वर्ग का नैतिक आधार अत्यंत कमजोर है। इसलिए नव धनाढ्य वर्ग का जन द्वारा अस्वीकार और नकार इस वर्ग में असुरक्षा की भावना का मूल कारण है। जिन अनैतिक तरीकों से नव धनाढ्य वर्ग ने धन कमाया है, उसके कारण इस वर्ग के प्रति ईर्ष्या और घृणा ही बढ़ी है, आदर नहीं। सबको मालूम है, कैसे यह 'काला धन' आता है। एक 'पैरेलल ब्लेक इकोनामी' से धन कमाने का यह रास्ता जुड़ा है। एक बार मैं टैक्सी में बैठा दिल्ली के नव धनाढ्य इलाके से गुजर रहा था। मैंने बड़ी-बड़ी इमारतें देखकर टैक्सी ड्राइवर से कहा, "सरदारजी, देखिए क्या शानदार कोठियाँ हैं।" सरदारजी बोले, "सब हराम की कमाई है, मेहनत की नहीं। हम 24 घंटे मशक्कत करते हैं, तब भी इतना नहीं कमा पाते कि परिवार पालने से कुछ अधिक जुटाकर छोटा-सा एक मकान भी बना सकें। इतनी बड़ी इमारत जो बनाएगा वह क्या ईमानदारी की कमाई से बना सकता है ? यह सब काला धंधा है, जिसको सरकार रोक नहीं सकी है।" इतनी हिकारत भरी थी उस टैक्सी ड्राइवर के शब्दों में। नव धनाढ्य वर्ग के प्रति आम लोगों के उग्र और आक्रामक रुख की यह एक मिसाल है।

प्रश्न : आपने नव धनाढ्य वर्ग की भूमिका पर तो रोशनी डाली है। लेकिन क्या यह पूँजीवादी विकास का नतीजा नहीं है, द्वंद्व और टकराव तो पूँजीवाद में ही निहित हैं ?

उत्तर : उमेशजी, हमें यथार्थ स्थिति का सरलीकरण नहीं करना चाहिए। द्वंद्व का

कारण पूँजीवाद नहीं, पूँजीवाद का पुराने सामंतवाद से समझौता है। मैं इसे बाद में स्पष्ट करूँगा। यह सही है कि पूँजीवाद का विघटनकारी जघन्य रूप है जो नव धनाढ्य और आजीविका के साधनों से वंचित अभावग्रस्त जनसमूह के बीच तीव्र तनाव और टकराव पैदा करता है। इस उग्र भावना और आक्रोश का किसी भी समय किसी भी रूप में विस्फोट हो सकता है। इस पूँजीवाद ने दलितों में भी एक समृद्ध श्रेणी (क्रीमी लेयर) को उभारा है, जो दलितों के आक्रोश को अपनी सीढ़ी बनाकर ऊपर उठे हैं और सवर्णों से होड़ कर रहे हैं। इस प्रकार का जाति संघर्ष जाति की विषमता से मुक्ति का मार्ग नहीं, जाति को महत्त्वाकांक्षी समुदायों द्वारा ऊपर उठने की सीढ़ी बनाने का प्रयास है। क्षेत्रीय स्तर पर भी एक ऐसी अर्थव्यवस्था उभरी है जिसने सरकार और जनता के बीच दलाल बनकर एक बिचौलिए वर्ग को जन्म दिया है—यही वर्ग राजनीति में प्रभुत्ववान बना है तो यही राजनीतिक सीढ़ी पर चढ़कर आर्थिक व्यवस्था में भी प्रभावशाली बना है। क्षेत्रीय स्तर पर उभरता नव धनाढ्य वर्ग अब राज्य सत्ता में भी हावी होना चाहता है। उसने स्थानिक स्तर पर जनता के हित में सत्ता के विकेंद्रीकरण और जन की सत्ता में भागीदारी के उभार को नव धनाढ्य को सत्ता में प्रतिष्ठित करने के दबाव में बदल दिया है। ये नव धनाढ्य अब एम. पी., एम. एल. ए. तथा मिनिस्टर और चीफ मिनिस्टर बनने के लिए अलग राज्य निर्माण के आंदोलन के भी अग्रणी बने हैं, जैसे उत्तराखंड में। इस पर्वतीय प्रदेश में स्वायत्त राज्य-स्थापना-अभियान के नेता भी यही हैं। इन्हीं शासक श्रेणी में शामिल होने के महत्त्वाकांक्षी नव धनाढ्य ने जाति, धर्म, भाषा, क्षेत्र आदि के मुद्दों को विघटन और तनाव की राजनीति का मुद्दा बना दिया है। वर्ण और जाति, वर्ग और सामाजिक वैषम्य, भाषा और धर्म के भेद तो हमारे समाज में पहले से चले आ रहे थे, लेकिन क्या कारण है कि इनके कारण आज सामाजिक और राजनीतिक तनाव की स्थिति पैदा होने लगी है।

मेरी राय में हमारा पूँजीवादी विकास उत्पादन में क्रांतिकारी सुधार और प्रगति तथा परिवर्तन लाने के बजाय पूँजी संचय और धन की वृद्धि के ऐसे तरीके अपना रहा है जो श्रम, उद्यम, तकनीकी उन्नति द्वारा उत्पादकता में सुधार और प्रसार के रास्ते नहीं हैं। मिसाल के तौर पर जैसे-जैसे नगरीकरण बढ़ता है तो जमीन की कीमत बढ़ती है और जमीन के बाजार के विस्तार के साथ-साथ जमीन में सट्टेबाजी करनेवाले वर्ग का विस्तार होता है, जो देखते-देखते लखपति बन गए हैं। गौर कीजिए, राजधानी दिल्ली में एक तरफ लैंड सीलिंग है, दूसरी तरफ दिल्ली-हरियाणा की सरहद पर फार्म हाउसों का एक जाल बिछ गया है जो नव-धनाढ्य वर्ग की तरह-तरह की गतिविधियों के केंद्र हैं। इसी प्रकार आजकल तरह-तरह के नए वित्तीय संस्थान खुले हैं, जो बहुत शीघ्र जमा की गई धनराशि को कई गुना करने का लोभ पैदा करते हैं। नव-धनाढ्य बनने का सबसे कारगर तरीका है राज्यसत्ता की भिन्न-भिन्न शाखा-प्रशाखाओं में अपनी जगह बनाकर उनका दौलत जमा करने के माध्यम के रूप में इस्तेमाल। इस प्रकार तुरंत धनी बनने की जो संभावनाएँ पैदा हुई हैं उन्हीं ने तरह-तरह के घोटालों को जन्म दिया है। बड़े-बड़े

नेता केंद्र और राज्य स्तर पर आए दिन भ्रष्टाचार में फँसे नजर आते हैं। ऊपर से राज्य द्वारा नियंत्रित विकास क्रम की कमजोरियों से ही इस बिचौलिए वर्ग को विकास की उर्वर भूमि नव-धनाढ्य बनने के लिए प्राप्त हुई है।

प्रश्न : हमारे विकास-कार्यक्रम ने किस प्रकार सामाजिक विस्फोट के लिए जमीन तैयार की है ?

उत्तर : हमारे विकास-कार्यक्रम की सबसे बड़ी कमजोरी थी हमारे आर्थिक उद्योग के पारिवारिक सेक्टर की उपेक्षा। हमारे विपरीत जापान, दक्खिन कोरिया, ताइवान ने इसी हाउसहोल्ड सेक्टर को नव-औद्योगिक क्रांति का माध्यम बनाया। इसी सेक्टर का आधुनिकीकरण किया। शिक्षा का व्यापक प्रसार कर तकनीकी प्रगति को छोटे किसान, दस्तकार के हित में मोड़कर तथा इन्हें सभी प्रकार की वित्तीय सहायता देकर, महाजनों के चंगुल से मुक्त कर और सत्ता का विकेंद्रीकरण कर पारिवारिक सेक्टर को प्रगति का सशक्त माध्यम बनाया। हमारे यहाँ इसका उलटा हुआ। विकास-प्रक्रिया नीचे से ऊपर नहीं, ऊपर से नीचे थोप दी जाती रही है। विकास में नीचे की भागीदारी जितनी होनी चाहिए थी, उतनी कभी नहीं हुई। हमारे संदर्भ में 'विकास' हिकारत का शब्द हो गया, क्योंकि इसका जन से अलगाव बना रहा। एक ओर विकास के वैषम्य को तीव्र करनेवाली प्रक्रिया और दूसरी ओर मानसिक स्तर पर जन साधारण द्वारा वैषम्य को दैव प्रदत्त समझने के अंधविश्वास का अंत और भाग्यवादी जहनियत के स्थान पर वैषम्य को व्यवस्थाजनित मानने की प्रवृत्ति का मजबूत होना—यह अंतर्विरोध आज की स्थिति को विस्फोटक बना रहा है। एक विचित्र स्थिति आज सामने है। एक तरफ विकास के युग में हमने प्रवेश कर लिया है। लोग गरीबी को भगवान की दी हुई चीज अब नहीं मानते। यह एक युगांतकारी परिवर्तन है। पुराने जमाने में गरीब सोचते थे कि उनकी गरीबी उनकी किस्मत में लिखी है। यह पूछने पर वे अमीर क्यों और तुम गरीब क्यों हो ? उत्तर था कि उन्होंने पूर्व जन्म में पुण्य किए होंगे, हमने पाप, इसलिए ऐसा हुआ। अब यह मानसिकता तेजी से बदल गई है, यद्यपि नया पुरोहित वर्ग अब भी उन पुरानी धारणाओं को वापस लाना चाहता है। लेकिन लोगों के मन में एक उबाल आ रहा है कि ये सब अन्याय है। यह अन्याय भगवान ने नहीं किया है, संपन्न लोगों ने हमारे साथ किया है। यह अहसास जबर्दस्त आक्रोश को जन्म देता है। यह एक नया तत्त्व है, जिसमें सामाजिक परिवर्तन, व्यवस्था परिवर्तन का बीज निहित है। फिर भी ताज्जुब की बात यह है कि आज बढ़ते हुए तनाव अब भी व्यवस्था में परिवर्तन के प्रेरक नहीं बन पाए हैं, जितनी उनकी संभावनाएँ हैं। अभी भी लोग कैसे अन्याय, अभाव के विरोध में व्यवस्था परिवर्तन की ओर कदम नहीं बढ़ाते। उनकी उग्र भावना व्यवस्था के प्रतीकों पर केंद्रित होती है जैसे संपत्ति-विनाश, शोषक वर्ग के प्रतिनिधियों पर हिंसात्मक प्रहार आदि। यह भी मानना पड़ेगा कि जन-जागृति का उभार अभी भी शुद्ध क्रांति की चेतना के उभार में नहीं प्रकट हो रहा है। इस उभार से बिचौलियों, नव धनाढ्यों का लाभ

हुआ है, यानी ऊपर की श्रेणी में स्थापित होने के आकांक्षी उन नए समूहों का जिन्हें समाजशास्त्री 'अपवर्ल्डली मोबाइल वर्ग' कहते हैं। ये समूह जन-जागृति को जातिवादी, धर्मवादी, क्षेत्रीयवादी, भाषावादी, नारीवादी, पर्यावरणवादी आदि विभिन्न दिशाओं में 'डाइवर्ट' कर रहे हैं। जैसे मेरी जन्मभूमि उत्तराखंड का विशाल जनजागरण आज एक बिंदु कार्यक्रम पर केंद्रित हो गया है यानी अलग उत्तराखंड राज्य की माँग। इस कार्यक्रम का लक्ष्य व्यवस्था परिवर्तन नहीं, शासक वर्ग में उनका सहयोजन (कोआप्शन) है।

प्रश्न : उत्तराखंड की समस्या यानी उत्तराखंड आंदोलन की व्याख्या करके बताइए कि उसकी मुख्य माँगें क्या हैं, मूल प्रेरणाएँ और आग्रह क्या हैं ?

उत्तर : उत्तराखंड आंदोलन की सीमित दृष्टि से भी व्याख्या हो सकती है और समग्र या व्यापक दृष्टि से भी। सीमित दृष्टि से देखें तो उत्तराखंडवासी उसी प्रकार के एक अलग राज्य की माँग कर रहे हैं, जैसे हिमालय के वृहत भूभाग के सभी हिस्सों में बन चुके हैं, जैसे हिमाचल प्रदेश, अरुणाचल प्रदेश, मेघालय, मिजोरम आदि। उत्तराखंड के नेताओं का कहना है कि पर्वतीय शृंखला में उत्तराखंड का ही एक ऐसा हिम प्रदेश है, जिसे अलग राज्य नहीं मिला है। उनका कहना है कि वे जिस विशाल राज्य का हिस्सा हैं यानी उत्तर प्रदेश के, वहाँ भी वे उपेक्षित ही रहते हैं। किसी माने में इस समस्त पर्वत शृंखला का सबसे खुला हुआ और शिक्षा, संस्कृति, सभ्यता की दृष्टि से उन्नत भाग उत्तराखंड ही रहा है जिसके ऐतिहासिक कारण हैं। उसकी सभ्यता एक ओर क्षेत्रीय रूप से विशिष्ट रूप लेती है तो दूसरी ओर वह एक अखिल भारतीय सभ्यता का भी अंग रहा है। भारत के अनेक तीर्थ स्थान इस क्षेत्र में हैं। इस कारण भारत के पुराने प्रबुद्ध वर्ग से यह सदा से संपर्क में रहा है। यदि पुराने बुद्धिजीवी वर्ग का यह केंद्र रहा तो नए आधुनिक बुद्धिजीवी वर्ग का भी यह केंद्र बनकर उभरा है। अंग्रेजों के आने पर यहाँ आरंभ में ही शिक्षा संस्थान तभी से खुले जब से कलकत्ता मद्रास में खुले थे। यहाँ का रामजे कॉलेज मशहूर रहा जिसने राजनीति, साहित्य, संस्कृति आदि के क्षेत्र में देश के उच्च कोटि के राजनीतिज्ञ, कवि, लेखक, डॉक्टर और प्रशासक पैदा किए। यहाँ का एक समाज आंतरिक रूप से विभाजित समाज भी है। एक ओर शिक्षित समाज है जो बाहर से यहाँ आया है तो दूसरी ओर आम जनता का, किसानों, दस्तकारों आदि का आदिम समाज है जो यहाँ की भूमि से आरंभ से ही जुड़ा है।

पर्वतीय प्रदेश होने के नाते यहाँ की समस्याएँ मैदानी इलाकों से भिन्न हैं। लेकिन यहाँ की प्रशासन व्यवस्था में ऐसे लोग प्रभावशाली रहे हैं जिन्हें पर्वतीय प्रदेश की विशेष परिस्थितियों और जरूरतों का ज्ञान नहीं था। अक्सर राज्य के अधिकारी पहाड़ी इलाकों के जिला तथा तहसील और ब्लाक अधिकारियों को ऐसी हिदायतें देते थे, उन पर ऐसे कार्यक्रम थोपते थे, जिनका उनकी परिस्थितियों से बिलकुल मेल नहीं था। मसलन खेती की उन्नति के लिए ट्यूबवेल के लिए कर्ज की व्यवस्था होती थी, जबकि पहाड़ों के छोटे-छोटे सीढ़ीनुमा जमीन के टुकड़ों में न ट्यूबवेल लग सकते हैं, न ट्रैक्टर चल सकते

हैं। इसी प्रकार पहाड़ों के लोगों के जीवन में जंगलों की भूमिका की अनेदखी की गई। जंगलों पर उनके पारंपरिक अधिकारों को छीन लिया गया। जंगलों पर पर्वतीय जन लकड़ी, घास, चरागाह आदि सभी प्रकार की जरूरतों के लिए निर्भर थे। पहाड़ के जीवन और समाज में इस प्रकार के बाहरी हस्तक्षेप होते गए जिनके द्वारा पहाड़ को एक प्रकार से 'आंतरिक उपनिवेश' यानी श्रमशक्ति और साधनों के स्रोत में बदल दिया गया। पहाड़ की जनता इसी आंतरिक औपनिवेशीकरण का आरंभ से ही विरोध करती आई है। इतिहास बताता है कि सर्वप्रथम गोरखा राज, बाद में अँगरेजी राज और हाल में आजाद भारत की सरकार की पहाड़ के स्थानीय हितों के प्रतिकूल नीतियों के विरोध में उत्तराखंड की जनता ने लगातार आंदोलन किए हैं। स्वायत्त राज्य की स्थापना की माँग उसी आंतरिक औपनिवेशीकरण के विरोध के व्यापक कार्यक्रम का एक हिस्सा है।

इस आंतरिक औपनिवेशीकरण का नतीजा है कि उत्तराखंड की अर्थव्यवस्था विघटित, असंतुलित होती गई है और एक मनीऑर्डर इकोनॉमि में तब्दील हो गई है। उत्तराखंड की करीब एक तिहाई आबादी उत्तराखंड के बाहर आजीविका की तलाश में विस्थापित होकर महानगरों में स्थानांतरित हो गई है। उत्तराखंड की यही त्रासदी यानी इतने बड़े पैमाने पर पहाड़ के लोगों का अपने मूल स्थान से विस्थापन उत्तराखंड के अविकास या अपविकास का ऐसा लक्षण है जिसकी अनदेखी नहीं की जा सकती। इस वास्तविकता का सामना कर ही इसके मूल कारणों का पता लगाने की सचमुच में कोशिश हो सकती है।

प्रश्न : उत्तराखंड में पृथक राज्य आंदोलन के मूल में कौन-से प्रश्न हैं जिन्हें आप मुख्य प्रश्न समझते हैं ?

उत्तर : इस पृष्ठभूमि में उत्तराखंड जो प्रश्न उठा रहा है वह विकास के नए मॉडल का प्रश्न है, साथ ही सत्ता के विकेंद्रीकरण का प्रश्न है। प्रश्न है कि क्या इतना बड़ा प्रदेश कुछ थोड़े-से केंद्रों से शासित हो सकता है ? आर्थिक और राजनीतिक मुद्दों के साथ संस्कृति की भी स्वायत्तता का प्रश्न है, लोकभाषा/भाषाओं को अँगरेजी के वर्चस्व से मुक्त करने का प्रश्न भी है। इस उत्तराखंड की समृद्ध लोक संस्कृति पर टी. वी. और सिनेमा की अपसंस्कृति हावी होती गई है और आज भी तेजी से हो रही है। इस लोक संस्कृति के पीढ़ी-दर-पीढ़ी संप्रेषण के, उसकी निरंतरता को कायम रखने के जो पारंपरिक तरीके और पारंपरिक संस्थाएँ (इंस्टीट्यूशंस) थे, उन पर आघात होता गया है और हो रहा है। आज स्थिति यह है कि लोकगीत, नृत्य, लोक कथा, लोक नाट्य की जो परंपरा थी, उसके जो महान प्रतिनिधि थे, जो हमारे युवाकाल तक जीवित थे, जीवंत थे, वे आज दिवंगत हो गए हैं और उनकी परंपरा को आगे बढ़ानेवाला उनके परिवार में और लोक समुदायों में कोई शेष नहीं रहा। मेलों, त्योहारों और सामूहिक

उत्सवों में अब लोक संस्कृति का नहीं, फिल्मी संस्कृति, टी. वी. संस्कृति हावी है। सदियों से नारी समाज ने लोक संस्कृति और लोकभाषा की रक्षा की थी। तब भी जब पुरुष समाज ने अपनी भाषा और संस्कृति से संबंध विच्छेद शुरू कर दिया था। आज नारी समाज पर भी टी. वी. की अपसंस्कृति हावी होने लगी है। प्रश्न है कि इस लोक संस्कृति और लोकभाषा की घातक झंझावातों से रक्षा के लिए क्या किया जा सकता है। प्रश्न है, क्या उत्तराखंड के पर्वतीय पर्यावरण और पर्वतीय अर्थव्यवस्था का और उसके पर्वतीय चरित्र का संरक्षण और संवर्द्धन किए बिना पर्वतीय संस्कृति के मूलभूत तत्त्वों और परंपराओं का संरक्षण और संवर्द्धन संभव है ? पर्वतीय सांस्कृतिक समस्या भी बुनियादी रूप से पर्वतीय आर्थिक समस्या से जुड़ी है। पर्वतीय संस्कृति को जो खतरा आज पैदा हुआ है, वह संस्कृति के बाहर के खतरों से जुड़ा है। पर्वतीय पर्यावरण, पर्वतीय संसाधनों और उनके द्वारा सदियों से पोषित पर्वतीय अर्थव्यवस्था के लिए बदलते संदर्भ में जो खतरा पैदा हुआ है, उसी से संस्कृति का खतरा अभिन्न रूप से जुड़ा है।

प्रश्न : उत्तराखंड आंदोलन में क्षेत्र और देश का टकराव क्यों पैदा हुआ और कैसे दूर हो सकता है।

उत्तर : हमें उत्तराखंड की समस्या को समस्त भारत के संदर्भ में भी देखना होगा। हमारा भारतीय शासक वर्ग क्षेत्र की समस्याओं को केवल क्षेत्रीय समस्याएँ समझकर उनकी अनदेखी करता जा रहा है। स्थानिक विकास के नए मॉडल, सत्ता के विकेंद्रीकरण, स्थानिक संस्कृति और भाषा की अस्मिता की चिंताएँ और आग्रह जो उत्तराखंड के स्तर पर उठ रहे हैं, वह महज क्षेत्रीय चिंताएँ और आग्रह नहीं हैं, उनसे समस्त देश के विकास और परिवर्तन की नई दिशा के प्रश्न जुड़े हैं। ये महज क्षेत्रीय हित के प्रश्न नहीं, पूरे देश के हित के प्रश्न हैं। इस सत्य के प्रमाणस्वरूप एक ही मुद्दा उठाना काफी है। उत्तराखंड में जंगलों का विनाश केवल स्थानीय समस्याएँ यानी स्थानीय समाज के लिए पर्यावरण, पानी, ईंधन, पशुओं के लिए घास और चरागाह, आवास के लिए लकड़ी आदि की समस्याओं को तो गंभीर बनाता है, वह समस्त उत्तरी भारत के पर्यावरण को, जल-वायु को, जल के प्रवाह को गंभीर रूप से प्रभावित करता है।

इसी संदर्भ में स्थानीय और राष्ट्रीय हितों का द्वंद्व और टकराव आज के भारतीय परिदृश्य का एक महत्त्वपूर्ण पक्ष बनकर उभरा है। मैं कहना चाहूँगा कि आज हमें स्थानिकता और क्षेत्रीयता के उभार को राष्ट्र विरोधी न मानकर इन्हें राष्ट्र को जन की बुनियादी जरूरतों और आकांक्षाओं से जोड़ने के आग्रह के रूप में स्वीकार करना होगा। उत्तराखंड में अलग राज्य बन भी गया तो वह स्थानीय स्तर पर स्वशासन और स्वराज के आधार को मजबूत करेगा या वह स्थानीय स्तर पर एक नए सत्ता-लोलुप वर्ग के वर्चस्व को सशक्त करेगा, आज इसी दोराहे पर उत्तराखंड खड़ा है। उत्तराखंड के इन नए प्रश्नों को आज एक नवोदित स्थानिक बुद्धिजीवी वर्ग ने उठाया है। उत्तराखंड में हाल के दशकों के नवजागरण की प्रक्रिया ने एक नए स्थानीय बुद्धिजीवी वर्ग को पैदा

किया है, जो धरातल की माटी से जुड़ा है और आज के प्रासंगिक नए-नए प्रश्न उठा रहा है। यह बुद्धिजीवी वर्ग पिछले पचास साल में जो कुछ भी बदलाव उत्तराखंड में आए हैं उनका जायजा (क्रिटिकल इन्मैल्युएशन) कर रहा है। खासतौर पर पुरानी पीढ़ी के सपने और आज के यथार्थ के बीच बड़ी दरार के अहसास ने, अनुभव ने इस बुद्धिजीवी वर्ग में एक भयंकर आक्रोश पैदा किया है। केंद्रीय और राज्य स्तर के नेतृत्व से इस वर्ग का जबर्दस्त मोह भंग हुआ है। बुद्धिजीवी वर्ग मोह भंग या स्वप्न भंग की स्थिति में ही अपने आक्रोश को उत्तराखंड आंदोलन में जन के साथ-साथ अपनी भागीदारी द्वारा अभिव्यक्त कर रहा है या इस आंदोलन द्वारा वह स्वप्न भंग की स्थिति से निकलकर नए सपनों की रचना की दिशा में सक्रिय होगा, वह आत्मरक्षात्मक प्रतिक्रिया और भावनात्मक उभार के स्तर से ऊपर उठेगा और एक नए विकल्प, नई दिशा, नए परिप्रेक्ष्य और कार्यक्रम की तलाश में लगकर इस आक्रोश और जागृति के उभार को रचनात्मक चिंतन और कार्यक्रम में तब्दील (ट्रांसफौर्म) करने में सफल होगा, यह भविष्य ही बता सकता है।

प्रश्न : उत्तराखंड की राजनीति इस बदलती स्थिति में क्या रूप लेगी, यह किस पार्टी का प्रभाव-क्षेत्र रहेगा, इस पर प्रकाश डालेंगे।

उत्तर : अभी तो उत्तराखंड जो स्वाधीनता-संघर्ष के सात-आठ दशकों से कांग्रेस का प्रभाव क्षेत्र रहा था, अकस्मात् भारतीय जनता पार्टी का प्रभाव क्षेत्र बन गया है। क्या उत्तराखंड के बुद्धिजीवी समाज और जनसाधारण की चेतना में यह एक स्थायी परिवर्तन (या प्रतिगमन) है या यह कांग्रेस पर विश्वास टूटने से पैदा हुए राजनीतिक प्रतिक्षेप (बैकलेश) का ही सूचक है, इस संबंध में अभी निश्चयपूर्वक कुछ नहीं कहा जा सकता। भारतीय जनता पार्टी के राष्ट्रीय नेतृत्व ने उत्तराखंड राज्य की स्थापना के प्रस्ताव को अपनाकर उत्तराखंडवासियों के मन को अपनी ओर मोड़ने की जो कोशिश की, वह फिलहाल कामयाब हुई है। विशेष रूप से कांग्रेस द्वारा कोई ठोस विकल्प प्रस्तुत न कर पाना भारतीय जनता पार्टी के हित में गया है। लेकिन अलग राज्य का प्रस्ताव स्वीकार करने के बाद उस प्रस्ताव को कार्यान्वित करने में भाजपा ने जो ढुलमुल रुख अपनाया है, जिस राजनीतिक मनोबल की कमजोरी या अवसरवाद का परिचय दिया है, उसके कारण जन का मन फिर भाजपा से कटकर कांग्रेस की ओर झुक सकता है, जो पारंपरिक रूप से उत्तराखंड में प्रभावशाली थी। लेकिन यह स्पष्ट है कि कांग्रेस को उत्तराखंड में जनमत फिर से हासिल करने के लिए केंद्रीकरण के आर्थिक, राजनीतिक और सांस्कृतिक विकास मॉडल को छोड़कर स्थानिकता और जन के प्रति सजग संवेदी और दायित्वपूर्ण होना पड़ेगा, उसे आर्थिक तथा राजनीतिक, विकेंद्रीकरण और सांस्कृतिक अस्मिता के प्रति संवेदनापूर्ण मॉडल की रचना करनी होगी और उसके कार्यान्वयन के लिए पक्के कदम उठाने पड़ेंगे, साथ ही स्वायत्तता (स्थानिकता) की अवधारणा की आर्थिक समता तथा सामाजिक न्याय के प्रति प्रतिबद्धता द्वारा नई व्याख्या प्रस्तुत करनी

होगी, जिसमें दलितों और नारी समाज की शोषण से मुक्ति और उनके सक्षमीकरण की भावनाओं और आग्रहों का समावेश हो। भारतीय जनता पार्टी का स्वायत्तता का मंच और कांग्रेस तथा अन्य प्रगति और परिवर्तनकामी शक्तियों का मंच एक नहीं हो सकता। भाजपा का स्वायत्तता का लक्ष्य सामाजिक यथास्थिति को बनाए रखने का मंच है, उससे वैचारिक डिमार्केशन नए मंच और कार्यक्रम की अनिवार्य शर्त है।

कांग्रेस इस दिशा में आत्म-परीक्षण और आंतरिक सुधार और परिवर्तन द्वारा बदले हुए समय के नए आग्रहों को आत्मसात् कर पाएगी या नहीं, इसके स्पष्ट संकेत अभी नहीं मिले हैं। अभी तो नेतृत्व के स्तर पर एक नैतिक शून्य की ही स्थिति है, कौन इस शून्य को भरेगा, इसके कोई स्पष्ट संकेत नहीं हैं।

साथ ही जन-आक्रोश और जन-जागृति का नया उभार स्वयं एक स्वायत्त शक्ति बनकर उभरा है, जो सभी राजनीतिक संगठनों और संरचनाओं पर दबाव डालने में सशक्त है। लेकिन यह उभार एक नए रचनात्मक कार्यक्रम और विकल्प में तभी तब्दील होगा जब इसे एक नए विचार, नए चिंतन, नई अवधारणा का बल देनेवाले समर्थ और सार्थक बुद्धिजीवी वर्ग का नेतृत्व प्राप्त हो। जन चेतना के उभार और नए और समर्थ बुद्धिजीवी समुदाय की रचना के बीच आज जो दूरी है, वह उत्तराखंड आंदोलन का सबसे बड़ा आंतरिक अवरोध है। किस प्रकार और कैसे यह आंतरिक अवरोध दूर होगा, इसी में उत्तराखंड का नया भविष्य निर्भर है। इस नए नेतृत्व की कमी के कारण स्थानिकता और राष्ट्रीयता में द्वंद्व और टकराव बना हुआ है, यह द्वंद्व और यथास्थिति और परिवर्तन की प्रवृत्तियों का टकराव एक सर्जनात्मक शक्ति का स्रोत बन सके, इसकी संभावना अभी नजर नहीं आती।

प्रश्न : हम फिर उस मुद्दे पर आते हैं जिस पर हमने बहस शुरू की थी। यानी, द्वंद्व और टकराव के प्रेरक कारण क्या हैं ? मेरा अगला प्रश्न है कि द्वंद्व और टकराव के तीव्र होने के संदर्भ में मंडलीकरण की क्या भूमिका है, उसको आप किस तरह आँकते हैं, उसकी जन-आक्रोश को उभारने और द्वंद्व और टकराव को तीव्र करने में क्या भूमिका है और उसने द्वंद्व और उससे पैदा होनेवाले आक्रोश और जागृति को किस दिशा में, किस कार्यक्रम के लिए 'मोबिलाइज' या संगठित किया है ?

उत्तर : उमेशजी, मंडलीकरण एक द्विमुखी प्रक्रिया है। उसने सामाजिक विषमता और राजनीतिक अक्षमता से पैदा हुए असंतोष, आक्रोश और जागृति को 'आउटलेट' दिया है, और फैलाव और दिशा भी। मंडलीकरण ने सामाजिक विषमता और राजनीतिक अक्षमता के प्रश्न को हाशिए से केंद्र पर, अँधेरे से प्रकाश में लाकर भारतीय राजनीति को एक ऐतिहासिक मोड़ दिया है, एक व्यापक जनाधार दिया है। लेकिन मंडलीकरण ने विषमता और आर्थिक शोषण के बहुआयामी प्रश्न को सिर्फ सरकारी नौकरी में रिजर्वेशन के मुद्दे तक सीमित रखा है और इसके द्वारा दर्मियानी और नीचे की जातियों के भीतर एक 'क्रीमी लेयर', एक समृद्ध श्रेणी के ही ऊपर उठने के लिए जमीन तैयार

की है, जाति की विषमता और उत्पीड़न से त्रस्त और राजनीतिक अक्षमता से ग्रस्त नीचे के स्तर पर समस्त दलित समुदाय और समस्त नारी समाज की शोषण और उत्पीड़न से मुक्ति और सत्ता में भागीदारी के लिए जमीन नहीं तैयार की है। इस दृष्टि से मंडलीकरण ने यदि जन चेतना को तीव्र करने की संभावनाएँ पैदा की हैं तो उसने उन्हें एक सीमित दायरे में अवरुद्ध रखकर स्थिति के मिथकीकरण द्वारा तथा मिथ्या चेतना के द्वारा जन चेतना को धूमिल और कुंठित (ब्लंट) भी किया है।

मैंने आरंभ में ही आर्थिक विकास और परिवर्तन की अर्द्ध-पूँजीवादी, अर्द्ध-सामंतवादी प्रवृत्ति और प्रक्रिया पर प्रकाश डाला था, जो एक ओर टेक्नालॉजी का आधुनिकीकरण करती नजर आती है लेकिन सामाजिक रिश्तों और ढाँचे (इंस्टीट्यूशंस) का नहीं, वह सामंती तथा अर्द्ध-सामंती संबंधों को श्रमजीवियों के कारगर शोषण के हथियार के रूप में कायम रखती है। हाल के अनेक अध्ययनों और निरीक्षणों ने इस बात को उजागर किया है कि पूँजी और भूमि के मालिकों ने शोषण के जो तरीके अख्तियार किए हैं, उसमें शोषक वर्ग शोषण के पुराने सामाजिक रिश्तों का नई उत्पादन व्यवस्था में बड़े कारगर ढंग से इस्तेमाल करता है। कार्ल मार्क्स के सहयोगी फ्रेडरिक एंगेल्स ने पूर्वी यूरोप में पूँजीवादी विकास और परिवर्तन के साथ कृषि दास प्रथा (सर्फडम) के पुनरावर्तन की बात कही थी। भारत के संदर्भ में भी यही बात लागू होती है जो कई अध्ययनों से साबित होती है। दक्खिनी गुजरात के अध्ययनों का जिक्र हम कर चुके हैं। इसी प्रकार बिहार आदि प्रदेशों के अध्ययन हैं जो दिखाते हैं कि पूँजीवाद अर्द्ध-सामंती रिश्तों का भी पूरी तरह इस्तेमाल करता है। मालिक और मजूरों का संबंध अर्द्धसामंती शोषण के तरीकों से तो मुक्त नहीं है, लेकिन इन संबंधों के साथ बाजार के शोषण के तरीकों का गठजोड़ कर पूँजीवाद श्रमजीवियों पर पूरी तरह हावी हो जाता है। तेजी से उभरता कृषि पूँजीवाद श्रमशक्ति पर इसी पुराने और नए शोषण के तरीकों के गठजोड़ द्वारा अपना संपूर्ण अधिकार बनाए हुए है। बाहर से टेक्नालॉजी की दृष्टि से आधुनिक लगनेवाली पूँजीवादी कृषि व्यवस्था सामाजिक शोषण के कितने भयावह रिश्तों को आधुनिकता के कुहासे में छिपाए है, इसे पहचानना गहन निरीक्षण और पैनी धरातली दृष्टि के बिना संभव नहीं।

अंतर्विरोधों से भरी इसी नई अर्थव्यवस्था की आंतरिक संरचना को समझे बिना मंडलीकरण की सही व्याख्या नहीं हो सकती। मंडलीकरण ने अवश्य दलितों में अपनी यथार्थ स्थिति के प्रति असंतोष और रोष पैदा किया तथा उनमें अपने अधिकारों की चेतना को जगाया, उनके स्वाभिमान को जगाया, सत्ता में भागीदारी की उनकी आकांक्षा को जगाया। लेकिन साथ ही मंडलीकरण ने उनकी मानवीय स्थिति के मूल कारणों पर प्रकाश डालने के बजाय उन पर जैसे मिथ्या चेतना का कुहासा फैला दिया। यही कारण है कि मंडलीकरण ने दलितों के असंतोष को उफान (बाइलिंग पाइंट) के बिंदु तक पहुँचाया, पर जैसे उस पर ढक्कन रख दिया और उसको व्यवस्था के लिए विस्फोटक शक्ति बनने के पूर्व ही दबा दिया। मंडलीकरण द्वारा दलित जागृति और चेतना को

कुंठित कर देनेवाला आंतरिक अवरोध किसी प्रकार बाहरी अवरोध से अधिक शक्तिशाली साबित हुआ। इस विशाल जाग्रत और उफान से दलित समाज के भीतर उपजी एक छोटी-सी विशिष्ट श्रेणी ने ही लाभ उठाया।

साथ ही परिवर्तन की जो संभावनाएँ मंडलीकरण ने पैदा की थीं, उन्हें राम मंदिर और कमंडल की राजनीतिक लहर ने छिन्न-भिन्न कर दिया। कमंडल (यानी राममंदिर) की राजनीति ने मनुवाद को और सवर्णों के वर्चस्व को पुनर्स्थापित करने की कोशिश की और उभरती हुई दलित चेतना को विघटित करने और उसे वर्चस्व के लिए सामर्थ्य जुटाने से रोक दिया। ऐसी परिस्थिति में शोषक और शोषितों का द्वंद्व और टकराव न तो शुद्ध वर्गीय रूप में दिखाई देता है, न वह शुद्ध वर्ग-संघर्ष के रूप में अभिव्यक्त होता है। उसकी आइडियालॉजी भी वर्गीय टकराहट की नहीं है। कहीं वह जातीय टकराहट का रूप लेती है, कहीं अलगाववाद और आतंकवाद का रूप लेती है। आज की स्थिति यह है कि वह जन-जागृति और चेतना-परिवर्तन की कारगर शक्ति नहीं बन सकी है। कई बार वह सामाजिक प्रतिगमन (रिग्रेशन या रिएक्शन) की सहायक बन रही है। पुरानी व्यवस्था नए आग्रहों को नाकाम करने के लिए प्रतिगमन को ही प्रोत्साहित कर रही है।

संक्षेप में, मैं यही कहना चाहूँगा कि यथास्थिति के भीतर तीव्र हो रहे सामाजिक अंतर्विरोधों का समाधान खोजना असंभव है। देश के हर कोने में यथास्थिति प्रतिरोध को जन्म दे रही है, जैसे—आसाम की बोडो समस्या, पंजाब में आतंकवाद, जिसका प्रभाव अब घटता नजर आता है, बिहार और आंध्र प्रदेश में भूमि और जाति व्यवस्था में सुधार न होने से पैदा हुई नक्सलवाद की समस्या, झारखंड और दूसरे आदिवासी इलाकों में स्वायत्त राज्य की समस्या। इतने बड़े पैमाने पर असंतोष, आक्रोश और आंतरिक द्वंद्व और तनाव आकस्मिक नहीं है, वह व्यवस्था के आंतरिक संकट का ही परिचायक है। संक्षेप में कहें तो इन सबके मूल में सत्ता के अतिकेंद्रीकरण की समस्या और शासक वर्ग द्वारा स्थानीय विशेषताओं, आग्रहों और जरूरतों की उपेक्षा है। संकट के मूल में किसी माने में है आंतरिक औपनिवेशीकरण का तीव्र होना और समाज के भीतर दरारों और विभाजन का घटने के बजाय बढ़ना।

प्रश्न : जोशीजी, आप किस दिशा में इन द्वंद्व और टकरावों के समाधान की संभावना देखते हैं। क्या इनका समाधान अलग होने की प्रवृत्ति को वैधता देने में है ?

उत्तर : कदापि नहीं। मेरी राय में स्थानीय आंदोलनों और विस्फोटों के पीछे जो आग्रह हैं, जो मूल प्रेरणाएँ, आकांक्षाएँ हैं उन्हें समझना बहुत जरूरी है। हमें नहीं भूलना चाहिए कि भारत जैसे सांस्कृतिक, आर्थिक और भौगोलिक विविधतावाले देश में साम्राज्यवाद ने देश को एक उपनिवेश के रूप में इस्तेमाल करने के लिए एक अर्थतंत्र तथा सत्ता और प्रशासन व्यवस्था कायम की थी, जो अतिकेंद्रित और 'टौप हेभी' थी। आजादी के पाँच दशकों में उस अतिकेंद्रित और 'टौप हेभी' अर्थतंत्र तथा सत्ता और

प्रशासन व्यवस्था में बुनियादी परिवर्तन नहीं हुआ, बल्कि स्थानीय संसाधनों और श्रमशक्ति का एकतरफा दोहन और शोषण ही अधिक मजबूत हुआ। साथ ही स्थानीय प्रतिभा और युवाशक्ति के महानगरों की ओर प्रवाह और पलायन ने स्थानीय जनसाधारण में यही भावना मजबूत की जैसे आंतरिक औपनिवेशीकरण का अंत होने के बजाय उसने नए-नए तरीके और स्वरूप अख्तियार किए हैं। वर्तमान संदर्भ में स्थानीयता और क्षेत्रीयता का उभार इसी आंतरिक औपनिवेशीकरण से उपजी प्रतिक्रिया है, उसका उपचेतन और चेतन रूप से प्रतिरोध है। इसे आंतरिक सुरक्षा के लिए खतरा मानकर इसे सैनिक शक्ति से दबाने की कोशिश इस समस्या को और अधिक जटिल बना देगी, उसको सुलझाएगी नहीं। आरंभ में जो असंतोष के रूप में व्यक्त हुआ और कालांतर में जिसने आक्रोश का रूप लिया, चूँकि उस असंतोष और आक्रोश को दूर करने के लिए रचनात्मक रणनीति नहीं अपनाई गई और सुरक्षा की रणनीति को प्राथमिकता दी गई, इसी कारण असंतोष और आक्रोश अलगाववाद में तब्दील हुआ है। राज्य की गलत नीतियाँ और हस्तक्षेप ही इस अलगाववाद के भड़क उठने में अचेतन रूप से सहायक हुए हैं।

अधिकतर असंतोषग्रस्त क्षेत्रों में अलगाववाद देश के संवैधानिक ढाँचे के भीतर ही अलग और स्वायत्त राज्य की माँग उठा रहा है, जैसे—हिमालय क्षेत्र में उत्तराखंड राज्य की माँग, बिहार में 'झारखंड राज्य' की माँग, मध्य प्रदेश के आदिवासी इलाके में छत्तीसगढ़ राज्य की माँग, आसाम में 'बोडो राज्य' और बंगाल के दार्जिलिंग इलाके में 'गोरखालैंड' की माँग, आंध्र प्रदेश में 'तेलंगाना' और महाराष्ट्र में विदर्भ आदि राज्यों की माँग। कुछ इलाके ऐसे भी हैं जैसे भारत में कश्मीर, चीन में तिब्बत जहाँ कुछ समुदाय और दल स्वतंत्र और अलग राज्य की माँग भी उठाते आए हैं।

संक्षेप में स्थानीयता और क्षेत्रीयता आज के युग धर्म के रूप में उभर चुकी है और इस समस्या से जूझना और इसका हल निकालना आज की ऐतिहासिक अनिवार्यता बन गई है। इसे केवल आंतरिक सुरक्षा की समस्या समझना एक अत्यंत जटिल समस्या का सरलीकरण होगा। सच तो यह है कि हमारी पुरानी चिंतन-विधि, हमारी पुरानी अवधारणाएँ, हमारी पुरानी सोच और दृष्टि, हमारी स्थापित 'कैटेगरीज़ ऑफ अंडर स्टैंडिंग' इस समस्या को पहचानने, उसे समझने और उसे सही रूप से परिभाषित करने और उसका हल खोजने में सहायक नहीं अवरोधक बन गए हैं। हम स्थानिकता को एक विकृति (एबिरेशन) और प्रतिगामी दृष्टि मानने के आदी हो गए हैं। स्थान-संवेदी हुए बिना आज स्थान की—बदले हुए संदर्भ में—भूमिका को नहीं समझा जा सकता है। यदि हम चाहते हैं कि अलगाववाद सर्जनात्मक चिंतन और रचनात्मक पहल में सहायक हो, वह राष्ट्रीय राज्य से संपूर्ण संबंध-विच्छेद (सेसेशन) या उसके विरुद्ध सशस्त्र विद्रोह का रूप न ले तो हमें स्थानिक आग्रहों, आकांक्षाओं और संवेदनाओं के आधार पर अतिकेंद्रित और 'टौप हेभी' अर्थतंत्र प्रशासन और राज्यसत्ता का सचमुच में विकेंद्रीकरण करना पड़ेगा। स्थानिकता के उभार के प्रति एक रचनात्मक रुख की अनिवार्य शर्त है कि ऊपर से

सशक्त केंद्र नीचे जन पर हावी न हों, बल्कि धरातल और शिखर के बीच दोतरफा संवाद हों, 'नीचे से ऊपर' भी निर्णय प्रक्रिया की दिशा हो, केवल 'ऊपर से नीचे' नहीं। साथ ही स्थानीय संसाधन और श्रमशक्ति नए स्थानीय अर्थतंत्र को पुनः संगठित और सुदृढ़ करने में सहायक हों। यह राष्ट्र निर्माण की नई दिशा और नया लक्ष्य बनना चाहिए। यदि ऐसा न हुआ तो अलगाववाद अधिक भयावह रूप ले सकता है।

प्रश्न : इस बिंदु पर बताइए कि वैश्वीकरण और स्थानीकरण के मुद्दे पर यानी उनके उभरते अंतर्विरोध पर आपके क्या विचार हैं ?

उत्तर : उमेशजी, यह स्वयं एक बड़ा विषय है जिस पर कभी स्वतंत्र बातचीत होनी चाहिए। संक्षेप में मैं कहना चाहता हूँ कि ये दोनों—'यानी वैश्वीकरण और स्थानीकरण आज के समय की दो प्रभावशाली प्रेरक शक्तियाँ हैं, जो एक दूसरे की विरोधी बनकर उभरी हैं, एक दूसरे से टकरा रही हैं। लेकिन वैश्वीकरण अधिक सशक्त शक्ति बनकर उभर रही है, जो स्थानीकरण पर हावी हो गई है। इसी में देश के लिए खतरा है। आज का उभरता हुआ प्रभावशाली नव-मध्यम वर्ग यानी 20-25 करोड़ संपन्न महानगरीय भारत के वासी वैश्वीकरण की प्रक्रिया को बल दे रहे हैं। महानगरवासी संपन्न भारतीय और अनिवासी भारतीय यानी अमेरिका आदि देशों के पश्चिमवासी भारतीयों के बीच एक सशक्त संबंध कायम हुआ है, जो भारत को वैश्वीकरण की दिशा में खींचता जा रहा है, धकेल रहा है। लेकिन भारत के 70-75 करोड़ जनसाधारण जिनकी जड़ें ग्राम और छोटे शहरों में रही हैं, जो सदियों से स्थानबद्ध रहे हैं, जिनकी जीवनशैली पर 'स्थान' की छाप है—स्थानीय भूगोल, स्थानीय इतिहास, स्थानीय अर्थतंत्र, स्थानीय समाज, स्थानीय संस्कृति के आधार साधारण जन आज न स्थान के हैं, न देश के। यह अजीब विरोधाभास है कि स्थान से उखड़े हुए, अपनी स्थानीय जड़ों से विस्थापित विशाल जन समुदाय में स्थानीय चेतना और मानसिकता का उभार ऐसे काल बिंदु पर हो रहा है, जब वैश्वीकरण की आँधी राष्ट्रीय राज्य और राष्ट्रीय मानसिकता पर आघात कर उसकी बुनियादें तो हिला ही रही है, इसके साथ ही वह उन सभी सुरक्षाओं पर भी आघात कर रही है, जो स्थान और स्थानिकता का, स्थानीय अर्थतंत्र, स्थानीय समाज और स्थानीय संस्कृति का पोषण और संरक्षण करती थी। ऐसी गतिशील स्थिति में स्थान और स्थानिकता को समय के अनुकूल नया अर्थ देकर ही जनसाधारण के हितों की रक्षा हो सकती है। नव-मध्यम वर्ग के शिक्षित और हुनरमंद सक्षम और समर्थ समुदायों को वैश्वीकरण का सम्मोहन विश्व के किसी भाग में, विशेषकर समृद्ध पश्चिमी देशों में उन्नति और प्रगति के अवसर खोजने की प्रेरणा देता है, लेकिन अधिकांश जनसाधारण का तो 'स्थान' और 'क्षेत्र' से कटकर कोई भविष्य नहीं है। वे तो 'जैसे उड़ि जहाज को पंछी पुनि जहाज पर आवै' की तरह अपने 'स्थान' और 'क्षेत्र' से बार-बार पलायन के बावजूद वापस लौटकर 'स्थान' और 'क्षेत्र' से फिर जुड़ने को बेचैन रहते हैं।

इसीलिए विकास का वही मॉडल टिकाऊ (सस्टेनेबल) और स्थायी है जो 'स्थान'

और 'क्षेत्र' के संसाधनों का आंतरिक उपनिवेश के मातहत दोहन और शोषण के लिए नहीं, 'स्थान' और 'क्षेत्र' के विकास और विस्तार के लिए प्रतिबद्ध है, जो वृहत्तर महानगरों की असुरक्षाओं और अँधेरी नारकीय बस्तियों में ग्राम और छोटे शहरों की बढ़ती हुई आबादी को धकेलता नहीं जाता, उनके लिए आजीविका के अवसर 'स्थान' और 'क्षेत्र' के भीतर ही ग्राम और शहर के संतुलित विकास द्वारा सुलभ बनाता है। वृहत्तर महानगरों के रूप में अनियंत्रित नगरीकरण आज की जरूरत नहीं, ग्राम और नगर की परस्पर निर्भरता (इंटरडिपेंडेंस) का मॉडल ही स्थानिकता को एक गतिशील संदर्भ में नया अर्थ दे सकता है, छोटी इकाइयों का बड़ी इकाइयों से औपनिवेशिक पराधीनता का संबंध नहीं, परस्पर निर्भरता का अंतर्संबंध स्थापित कर सकता है।

इस दृष्टि से वैश्वीकरण और स्थानीकरण को परस्पर विरोधी नहीं, परस्पर पूरक और सहयोगी बनाना आज की सबसे बड़ी चुनौती है। दूसरे शब्दों में, नव-मध्यम वर्ग को और अधिकांश जनसाधारण के हितों के द्वंद्व और टकराव को पारस्परिक निर्भरता (इंटरडिपेंडेंस) और सहयोग में बदलना आज के संदर्भ में एक वृहत कार्य है, उनको एक दूसरे का विरोधी नहीं, पूरक और सहयोगी बनाना एक चुनौती भी है और अवसर भी। इसीलिए स्थानीयता को अलगाववादी नहीं, अलगाव-प्रतिरोधी होना पड़ेगा। अलगाववादी स्थानिकता और अलगाव-प्रतिरोधी स्थानिकता में मुख्य भेद वही है जो आगे देखनेवाली सर्जनात्मक स्थानीयता और पीछे देखनेवाली, आत्मरक्षात्मक (वास्तव में आत्मघाती) स्थानीयता में है।

उत्तराखंड आंदोलन की जड़ें उस राष्ट्रीय आंदोलन में हैं जो गाँधी के नेतृत्व में 'राष्ट्र' को 'स्थान' से तथा राष्ट्रीयता को स्थानीयता से जोड़ने के लिए सदा सक्रिय और सचेष्ट रहा। यही कारण है कि उत्तराखंड आंदोलन ने वह अलगाववादी और आत्मघाती रुख नहीं अपनाया है, जो देश के कुछ अन्य भागों में क्षेत्रीय आंदोलन अपना रहे हैं। इस परंपरा को बनाए रखना राष्ट्रीय राज्य और राष्ट्रीय नेताओं की उतनी ही जिम्मेदारी है, जितनी स्थानीय कार्यकर्ताओं और बुद्धिजीवियों की। उत्तराखंड अलगाववाद का नहीं, सेतु-बंध (ब्रिज-बिल्डिंग) की चिंतन-धारा का प्रतिनिधित्व करता है।

संवाद-II

भारत अगले पचास वर्षों में[1]

प्रश्न : अगले पचास वर्षों के भारत की परिकल्पना संबंधी चिंतन-प्रक्रिया को आप कैसे व्याख्यायित करेंगे ? आपकी दृष्टि में इसका क्या महत्त्व है ?

उत्तर : यह एक प्रकार से नया संवाद है। अभी तक कम-से-कम पिछले एक साल से तो संपूर्ण बहस व संवाद आजादी के बाद के पचास वर्षों के लेखे-जोखे तक सीमित था। दूसरे शब्दों में कहें तो हमारा पूरा प्रयास पीछे देखने की तरफ था। यानी हमने क्या खोया, क्या पाया ? हम क्या चाहते थे और हमें क्या मिला ? इस प्रयास में यह भी विषय आया कि जो देश हमारे साथ आजाद हुए, वे कहाँ पहुँचे एवं हम कहाँ हैं? उन देशों की उपलब्धियों के साथ हमने भारत की तुलनात्मक विवेचना भी की। इस संदर्भ में हमने विश्व के नए मानकीय आधारों (नॉर्मेटिव बेस) यानी मानव अधिकार, स्त्री-पुरुष समानता, बाल श्रम का अंत आदि पर भी नजर रखकर स्वयं को परखा। अब इस संवाद-प्रक्रिया को पीछे देखने की बजाय आगे विस्तारित करके एक नया मोड़ दिया गया है।

यह एक अच्छा प्रयास है कि हम अतीत में झाँकने की बजाय अब विकासोन्मुख और भविष्योन्मुखी भी हों। अर्थात् हम कुछ नए प्रश्नों पर ध्यान केंद्रित करें—अगले पचास सालों में भारत की क्या तसवीर होगी ? हम उसकी कैसी तसवीर चाहते हैं ? क्या पिछले पचास सालों के साथ आगे के पचास सालों का कोई तालमेल हो सकता है या नहीं ? बीते पचास साल के अनुभवों के आलोक में हम अब आगे आनेवाले पाँच दशकों में क्या कर सकते हैं ? कहीं हमारे अनुभवों ने हमारे भविष्य की कल्पनाओं को ज्यादा सीमित और संकीर्ण तो नहीं कर दिया है ? पिछले दशकों में सपनों और यथार्थ की टकराहटों ने हमें केवल सीमाएँ या कठिनाइयाँ ही दी हैं या किन्हीं मायनों में उनसे हमारी पीढ़ी के लिए संभव विकल्प विस्तृत भी हुए हैं ? यानी हमारे पूर्वज जो नहीं सोच सकते थे, वह हम सोच सकते हैं या उनके लिए जो असंभाव्य था, वह हमारे लिए अब संभाव्य हो सकता है ? निराशा व आशा के सम्मिलन से उपजे ये प्रश्न अपने साथ अनेक नए प्रश्न, नई दिशाएँ, नए क्षितिज हमारे सामने लाते हैं।

---

1. पिछले पचास वर्षों के भारत के मूल्यांकन के आधार पर प्रश्नोत्तर के रूप में यह संवाद अगले पचास वर्षों के भारत की परिकल्पना और नए भारत के सपनों पर रोशनी डालता है।

प्रश्न : इस चिंतन प्रक्रिया का क्या स्वरूप हो सकता है ? भविष्य में झाँकने की हमारी प्रक्रिया क्या हो सकती है ?

उत्तर : इस पर निश्चित रूप से कुछ कहने के पहले मैं कुछ बातें और स्पष्ट करना चाहूँगा। फ्यूचरालॉजी यानी भविष्य-चिंतन भी अब ज्ञान की एक नई शाखा ही हो गई है। हम कोई भी चीज भविष्य के बारे में कह सकें कि आगे सामाजिक प्रवृत्तियों की दिशा क्या होगी या समय क्या नया मोड़ ले सकता है—यह सब हमारे चिंतन के विस्तार (रेंज या स्कोप) पर निर्भर करता है। जितना हमारा चिंतन निर्भीक और पूर्वाग्रहों से मुक्त होगा, नई दिशाओं को खोजनेवाला होगा, घिसी-पिटी विचार-पद्धति से विच्छेद के लिए समर्थ होगा, उतनी ही नई संभावनाएँ हमें नजर आएँगी और नया आत्म-विश्वास भी जागेगा। जहाँ तक आंशिक रूप से हर समस्या के संदर्भ में अलग-अलग सोचने का सवाल हो तो आप किसी एक सेक्टर के बारे में ही अपना सीमित निष्कर्ष दे सकते हैं। उदाहरण के लिए कृषि विशेषज्ञ यह सोचेंगे कि कृषि का अगले पचास साल में क्या रूप होनेवाला है। जनसंख्या विशेषज्ञ इस पर विचार करेंगे कि अगले पचास वर्षों में जनसंख्या में क्या संख्यात्मक और गुणात्मक परिवर्तन होंगे, साथ ही भारत ग्रामप्रधान देश ही रहेगा या शहरों और शहरों की आबादी का विस्तार होगा। इन सबके संदर्भ में भविष्य को तभी सही आँका जा सकता है, जब हम अपनी धारणा या अनुमान को नहीं, ठोस तथ्यों को आधार बनाकर सोचें। भविष्य के प्रति वैज्ञानिक दृष्टि में महज 'ओपिनियन' के लिए गुंजाइश नहीं के बराबर है। वैज्ञानिक चिंतन-विधि ठोस तथ्यों की व्यापक जाँच-पड़ताल की माँग करती है। सही निष्कर्ष हमेशा तथ्यों की जाँच-पड़ताल से ही निकलेंगे। दूसरी ओर भविष्य-निरीक्षण पर आधारित विचार करने के लिए कल्पना-शक्ति की भी उतनी ही जरूरत है, जितनी तथ्यों और उनकी जाँच-पड़ताल की। साथ ही आंशिक, खंडित विवेचनाओं को समेटकर एक समग्र और संश्लिष्ट सिंहावलोकन के बिना भविष्य को समझने की कोशिश संभव नहीं। भविष्य के लिए भविष्य का एक 'विजन' या दूरदृष्टि की अपेक्षा है जो 'एक्सपर्ट्स' से नहीं, मनीषियों द्वारा मिलती है।

प्रश्न : तो अगले पचास सालों में कौन-कौन से सवाल हमारे सामने चुनौतियों के रूप में खड़े हैं और फिर इन सवालों पर किस-किस नजरिए से विचार करने की जरूरत होगी ?

उत्तर : भारत के संदर्भ में अगले पचास सालों पर विचार करते समय हमें अनेक सवाल उद्वेलित कर रहे हैं, जिनके उत्तर भविष्य के गर्भ में ही छिपे हैं। मसलन इतिहासकार एरिक हॉब्सबौम ने इस सदी पर जो पुस्तक लिखी 'द शार्ट ट्वेंटीयथ सेंचुरी', उसने एक निष्कर्ष यह दिया कि इस सदी की सबसे बड़ी विशेषता यह है कि जिसे किसानी अर्थव्यवस्था या 'ग्रामीण सभ्यता' कहते थे, उसका पश्चिम के सभी भूभागों में अंत हो गया है। तो वहाँ यह सवाल उठता है कि क्या एशिया में जहाँ पूरे समाज का आधार ही मूलतः किसान एवं ग्राम रहा है या जिस भारत को हम गाँवों,

किसानों, दस्तकारों आदि का देश कहते रहे हैं—क्या ऐसे भारत का ग्रामीण चरित्र, किसान केंद्रित चरित्र पूरी तरह बदल जाएगा ? क्या हमारे समाज का ग्रामीण आधार एवं हमारी अर्थव्यवस्था का किसानी आधार बिलकुल समाप्त हो जाएगा ? बाजार के लिए नहीं, बल्कि स्वयं अपने उपभोग के लिए चलनेवाली उत्पादन व्यवस्था का भी क्या यही भविष्य है जिसका पूर्वाभास यूरोपीय देश देते हैं ? क्या इसे बाजार एवं मुनाफे के लिए उत्पादन व्यवस्था स्थानापन्न कर देगी ? क्या जो बाजार एवं मुनाफे के लिए उत्पादन प्रणाली का हिस्सा नहीं हो सकेंगे, वे केवल मजदूर बनकर रह जाएँगे ?

इन सवालों से जुड़ी संभावनाएँ यह स्पष्ट करती हैं कि अगले पचास सालों में यदि सब कुछ ऐसे ही जारी रहा तो फिर शहरीकरण की ओर विस्थापन-प्रवृत्ति अत्यंत तीव्र होती जाएगी। इसलिए हमें यह सोचना पड़ेगा कि विकास की प्रक्रिया में हम पश्चिम के ही अनुगामी बने रहेंगे या कुछ नए रास्ते भी हम तलाशेंगे, क्योंकि पश्चिम में विकास का मतलब ही रहा है—ग्रामीण व्यवस्था का विघटन और अंत, शहर की ग्राम पर विजय एवं खेती का औद्योगिकीकरण। साथ ही हमें यह सोचना होगा कि जनसंख्या की वृद्धि क्या इसी गति से जारी रहेगी एवं हम अगले पचास साल में प्रतिवर्ष एक करोड़ सत्तर लाख के लगभग बढ़ोतरी करते रहेंगे या उसे सीमित किया जाएगा ? फिर उद्योगों का स्वरूप क्या होगा ? क्या छोटे उद्योगों का अंत हो जाएगा ? क्या पश्चिम की तरह वृहत सेवा उद्योग हमारे यहाँ भी फूलने-फलने लगेंगे ? गहराई से सोचिए तो उन सारे सवालों में महज 'ओपीनियन' की गुंजाइश नहीं है। ये सब ठोस तथ्यों की माँग करते हैं। इन सभी सवालों को आज अर्थशास्त्री उठा रहे हैं, और उनमें से कई अर्थशास्त्र के साथ-साथ आर्थिक और सामाजिक इतिहास के विशेषज्ञ भी हैं।

इसी से जुड़े सवाल आज के समाजशास्त्री भी उठा रहे हैं। भारतीय समाज के जो बुनियादी स्तंभ थे—गाँव, संयुक्त परिवार, जाति एवं धार्मिकता—इनका बदलते संदर्भ में भविष्य क्या है ? गाँव, जो लोगों को बाँधे रखता था क्या एक समुदाय के रूप में बचा रहेगा ? पश्चिम में संयुक्त परिवार से छोटे परिवार और उसके बाद आज परिवारविहीनता की स्थिति है। हमारे यहाँ परिवार के लिए जीने-मरने के जो मूल्य थे, वे भी क्या नष्ट हो जाएँगे या रहेंगे ? क्या परिवार नाम की संस्था और मूल्य रहेंगे या नहीं ? फिर परिवार के अंदर भी पुरुष और स्त्री, वरिष्ठ पीढ़ी एवं युवा पीढ़ी के आपसी रिश्ते पारंपरिक होंगे या पुरुष और वरिष्ठ पीढ़ी के वर्चस्व से मुक्त। क्या नारी समुदाय और युवा पीढ़ी इतने स्वायत्त हो जाएँगे कि वह सारे निर्णय स्वयं करने में समर्थ होंगे ? क्या मध्यम वर्ग की स्त्री को रोजगार एवं अन्य क्षेत्र में पुरुष की प्रतिद्वंद्वी की तरह उभरने की स्वतंत्रता होगी ? आनेवाले दशकों में यौन संबंधों का क्या रूप होगा ? इस संबंध में नैतिक-अनैतिक की स्थापित धारणाओं में क्या बदलाव आएगा ? इसी तरह उपभोग और व्यय के मामले में हमारे यहाँ संतोष एवं संयम को महिमामंडित किया जाता था। अब बाजार और उपभोक्तावाद के इस दौर में भोगलिप्सा का विस्फोट हो रहा है। पूरी जीवन-शैली पर ही भोग हावी होता जा रहा है, तो इस संदर्भ में मुख्य प्रश्न यह है कि

अगले पचास सालों में हमारे नागरिक की जीवन-शैली क्या होगी ?

प्रगति का और 'श्रेष्ठ जीवन' की परिभाषा का पश्चिमी मॉडल भौतिक प्रगति और उग्र भोगवाद को ही मान्यता देता है। यानी अपनी जरूरतों का और अपनी इच्छाओं का निरंतर विस्तार हो, यह प्रवृत्ति पश्चिमीकरण की मूल वृत्ति है। फलतः मनुष्य पर दिनोदिन नई जरूरतों का दबाव बढ़ रहा है एवं माँग आधारित विकास का नियम मूल प्रेरक शक्ति बनकर उभरा है। तो क्या हमारी समस्त जीवन-शैली यानी जीवन के गैर-आर्थिक पहलुओं पर भी क्या पश्चिमीकरण की इसी प्रवृत्ति का प्रभाव बढ़ता जाएगा? भारत के सामाजिक चिंतकों के लिए यह सबसे महत्त्वपूर्ण मुद्दा बनकर उभरा है। साथ ही यह प्रश्न भी अत्यधिक महत्त्व का है कि धर्म-प्रधान कही जानेवाली हमारी संस्कृति में आनेवाले दशकों में जिसमें ऐहिकीकरण की प्रवृत्ति अत्यंत प्रभावकारी होगी, धर्म और धार्मिक विश्वासों में किस प्रकार के परिवर्तन होंगे। धर्म का राजनीति में प्रवेश क्या रूप लेगा ? ये प्रश्न अत्यंत महत्त्वपूर्ण बनकर उभर रहे हैं और अधिक प्रखर बनकर उभरेंगे।

प्रश्न : यहाँ आर्थिक नीतियों और प्रक्रियाओं के वर्ग-समीकरण में खासकर कुछ नए वर्गों एवं उनके बीच के विभाजन और टकराव का भी सवाल उभरता है...?

उत्तर : हाँ, हमारे समाज में एक नव-धनाढ्य वर्ग जिसे आप नव-मध्यम वर्ग भी कह सकते हैं, उभर चुका है। श्रेष्ठ जीवन, सुखी जीवन, अच्छे जीवन की इनकी परिभाषा महात्मा गाँधी के युग के मध्यम वर्ग की परिभाषा से बिलकुल भिन्न है, यहाँ तक कि नेहरू युग की परिभाषा से भी भिन्न है। इस नए वर्ग के अधिकांश लोगों का हमारे देश, हमारी माटी से लगाव तेजी से घटा है। ज्यादा आमदनी के लालच में इस वर्ग से प्रतिभाशाली तत्त्वों की एक बड़ी तादाद अमेरिका सहित पश्चिमी देशों में पलायन कर गई है। जो शिक्षित लोग शरीर से यहाँ रहते हैं, वे भी मन से अमेरिकी जीवन-शैली के ही कायल हैं। उनके बारे में अमेरिकी भाषाशास्त्री और सामाजिक चिंतक नॉम चौम्स्की ने अपने भारत प्रवास के दौरान बड़ी दिलचस्प टिप्पणी की थी। चौम्स्की ने कहा कि उन्हें यह देखकर बड़ा आश्चर्य हुआ कि आधुनिक जीवन की ऐसी कोई सुख-सुविधा नहीं जो कि भारत के मध्यम वर्ग को महानगरीय भारत में उपलब्ध नहीं है। उनके अनुसार अपने सुख और विलास के लिए इस वर्ग ने भारत के अंदर ही एक छोटा-मोटा अमेरिका तैयार कर लिया है।

यदि एक तरफ इस नव-धनाढ्य मध्यम वर्ग की सुख-सुविधा-संपन्न अपनी छोटी-सी दुनिया है तो दूसरी तरफ है—गरीबी और तंगहाली से जूझता अधिकांश समाज। अब यहाँ यह ठोस सवाल उठता है कि इस मूल वर्ग विभाजन की पृष्ठभूमि में आगामी पचास वर्षों में खुशहाल भारत की कल्पना क्या होगी ? पचास सालों में नव-धनाढ्य और गरीब का विभाजन बना रहेगा या इन सुख-सुविधाओं का प्रवेश शेष अभावग्रस्त भारत के अंदर भी होगा ? इक्कीसवीं सदी के पूर्वार्द्ध में भारत के अधिकांश जनों की भी इस

सुख-सुविधा के विस्तार में भागीदारी बढ़ेगी या इन सबसे अभावग्रस्त जन के भारत का आज का अलगाव ही और भी बढ़ जाएगा और तीव्र होगा ? ये सवाल निश्चय ही अगले पचास वर्ष के भारत के चरित्र को निर्धारित करनेवाले बुनियादी सवाल होंगे ? ये ही भावी भारत की दशा और दिशा तय करेंगे।

प्रश्न : आजादी के बाद के वर्षों में सामाजिक उत्पीड़न की समस्या हमारे लिए एक बड़ी चुनौती रही है। अगले पचास वर्षों की समयावधि के हिसाब से इस समस्या को किस तरह देखने की जरूरत होगी ?

उत्तर : हाँ, यह बहुआयामी सवाल काफी महत्त्वपूर्ण है। पिछले पचास वर्षों में आर्थिक दासता और सामाजिक विषमता के कुछ उग्र रूप ही समाप्त हुए या कम हुए हैं। लेकिन बाल शोषण, जातीय विषमता, नारी के यौन तथा अन्य प्रकार के शोषण तथा अत्याचारों के रूप में सामाजिक उत्पीड़न घटा नहीं है, निश्चित रूप से हर स्तर पर नए-पुराने रूपों में जारी है। साथ ही उत्पीड़ितों में अपने उत्पीड़न की चेतना जागी है और प्रतिरोध की शक्ति भी उभरी है। उत्पीड़ितों में चेतना के उभार को रोकने के लिए सुधार-विरोधी, परिवर्तन-विरोधी प्रवृत्तियाँ भी इसी जागरण, इसी आक्रोश की प्रतिक्रिया स्वरूप जोर पकड़ने लगी हैं। हिंदुत्व का अभियान इसी प्रतिक्रिया का एक सशक्त रूप है। इसी के साथ जहाँ एक ओर विज्ञान समाज में अज्ञान और दकियानूसी (पुराणपंथी) मानसिकता के स्थान पर ज्ञान का आलोक और मानसिक खुलेपन को ला रहा है, वहाँ ही विपरीत प्रक्रियाएँ दिमागों की खिड़कियों को फिर से बंद करने और तंगदिली की ओर खींचने की कोशिश कर रही हैं। धार्मिक अंधविश्वासों के ठेकेदार पुराने समाज के पुरोहित पुराने विधि-विधान और भाग्यवाद आदि के विचार फिर से वापस लाने की कोशिश कर रहे हैं। फिर जाति-विभाजन यानी कौन छोटी जाति का है, कौन बड़ी जाति का, कौन स्पृश्य है तो कौन अस्पृश्य आदि का भाव व्यवहार में समाज को अभी भी जकड़े हुए है। इसी तरह पुरुष प्रधान व्यवस्था की आधारशिला के रूप में दहेज प्रथा और यौन शोषण नए व्यावसायिक समाज के साथ जुड़कर नारी-उत्पीड़न को अधिक भयानक बना रहे हैं। फिर बाल शोषण का प्रश्न भी है।

सबको मिलाकर अगले पचास वर्षों में जाति, लिंग तथा वर्ग आदि के आधार पर सामाजिक दासता, सामाजिक विषमता एवं उत्पीड़न की तसवीर क्या होगी ? लोकतंत्र ने राजनीतिक क्षेत्र में जो चेतना पैदा की है, वह सामाजिक रूपांतरण के लिए भी क्या बाध्यकारी ताकत साबित होगी या सिर्फ वोट की राजनीति तक ही वह सीमित रह जाएगी ?

प्रश्न : फिर भारत का एक नए प्रकार के राष्ट्र के रूप में अस्तित्व का सवाल कहाँ खड़ा होता है ? निश्चित रूप से इस सवाल का स्वरूप अगले पचास साल में पिछले पचास साल की तुलना में क्या भिन्न होगा या किस रूप में भिन्न होगा ? इस संदर्भ

में आपके विचार क्या हैं ?

उत्तर : समग्र भारत की दृष्टि से देखा जाए तो यह एक बहुत बड़ा सवाल है, बल्कि एक असली सवाल भी है। जिस ढंग से क्षेत्रीय दबाव बढ़ रहे हैं, आंतरिक विद्रोहों व आतंकवादी गतिविधियों का सिलसिला तेज हुआ है, उसमें भारत की एकता, अखंडता खतरे में पड़ी जान पड़ती है। अभी तक चाहे लड़खड़ाते, गिरते-पड़ते लेकिन तब भी भारत अखंड रहा है। तमाम तनावों, संघर्षों व रक्तपातों के बावजूद एकीकृत भारत का अस्तित्व बना हुआ है। लेकिन जिस तरह पूर्वोत्तर और अन्य भागों में केंद्र के साथ टकराहट और मुख्यधारा से अलगाव की भावनाएँ जोर पकड़ रही हैं, ये अच्छे संकेत नहीं हैं, खतरे की घंटी हैं। भारत से जोड़नेवाली संचार व्यवस्था को काट दो, तेल की पाइपलाइन तथा रेलों को उड़ा दो, भारत के साथ एकता की प्रतीक तमाम चीजों पर प्रश्नचिह्न, ये सब इस क्षेत्र के एक शक्तिशाली अल्पमत का भारत से मानसिक अलगाव प्रकट करते हैं।

प्रसिद्ध अमेरिकी राजनीतिक समीक्षक सैलिग हैरिसन ने सन् 1970 के दशक के आरंभ में 'इंडिया द मोस्ट डेंजरस डिकेडस' पुस्तक में यह आशंका प्रकट की थी कि भारत एक ऐसे खतरनाक दौर में प्रवेश कर चुका है जिसमें उसकी एकता और अखंडता ही खतरे में पड़ चुकी है। यह भविष्यवाणी सच नहीं साबित हुई। लेकिन जिस विघटन की प्रवृत्ति के उभरने का हैरिसन ने जिक्र किया था, वह आज भी है।

साथ ही अभी तक विघटन की प्रक्रियाओं के समानांतर भारत को जोड़नेवाली प्रक्रियाएँ भी उभरती रही हैं और मजबूत हुई हैं। परिणामस्वरूप भारत का आर्थिक, राजनीतिक, सांस्कृतिक, इंटीग्रेशन मजबूत ही हुआ है कमजोर नहीं, यहाँ तक कि अमर्त्य सेन जैसे विज्ञ और विचारशील अर्थशास्त्री के इस कथन को कभी नहीं भुलाना चाहिए कि भारतीय एकता की जड़ें और उसकी बुनियाद अत्यंत गहरी और सशक्त है, जिसे हिला पाना अत्यंत कठिन है। अनेक सामाजिक और राजनीतिक समीक्षक क्षेत्रीयता और स्थानीयता के उभार को राष्ट्रीय एकता के लिए विघटनकारी मानते हैं। मेरी राय में यह एक भ्रांत धारणा है। लेकिन यह सही है कि राष्ट्रीय एकता क्षेत्रीयता और स्थानीयता को नकारकर नहीं, उसे एकौमोडेट कर ही मजबूत हो सकती है। क्षेत्रीय स्वायत्तता और राष्ट्रीय एकता एक-दूसरे के विरोधी नहीं, एक-दूसरे के पूरक हैं। यह आर्थिक, राजनीतिक और सांस्कृतिक स्तर पर एक बड़ी चुनौती है। भारतीय राष्ट्रवाद विविधता और बहुलता के आधार पर ही मजबूत हो सकता है। अतः आनेवाले समय के लिए हमें यह सोचना होगा कि क्षेत्रीय सरोकार एवं राष्ट्रीय सरोकार के बीच किस प्रकार सामंजस्य हो, इन दोनों के बीच सेतु बने ताकि भारत की एकता और अखंडता सुरक्षित रहे और स्थानीय और क्षेत्रीय चरित्र को भी व्यक्त होने और विकसित होने का मौका मिले।

प्रश्न : राष्ट्रीय चेतना के जिक्र के साथ आज हमें संचार क्रांति या सूचना क्रांति के फलस्वरूप आ रहे परिवर्तनों के बारे में भी सोचना होगा। संचार क्रांति ने जिस प्रकार

हमारे परंपरागत रहन-सहन, सोच, संस्कृति आदि हर क्षेत्र को प्रभावित किया है, वैसा अतीत में नहीं था। भारत के अगले पचास वर्ष की बदलती जीवन-शैली के संदर्भ में आप संचार क्रांति की संभावनाओं और परिणामों पर किस प्रकार विचार करेंगे ?

उत्तर : बेशक, नई संचार क्रांति ने शिक्षित वर्ग को अपनी जड़ों से काटकर 'सर्वदेशीय' (काजमौपौलीटन) बना दिया है। उनकी खाने-पीने की आदतें, लिबास और पोशाक, उनके फैशन, उनकी सोच, भाषा—यहाँ तक कि हास-परिहास की शैली भी एक 'काजमौपौलीटन मोल्ड' में यानी एक 'अंतर्देशीय' (असल में अमेरिकन) साँचे में ढलती जा रही है। दूसरे शब्दों में कहें तो मध्यम वर्ग की जीवन-शैली अब पश्चिमी शैली, वास्तव में अमेरिकन शैली में ढलती जा रही है। इसमें भाषा का सवाल भी जुड़ा हुआ है। महानगरीय मध्यम वर्ग की भाषा अब अंग्रेजी होती जा रही है। छोटे-छोटे बच्चों को भी अंग्रेजी में बातचीत करने के लिए प्रोत्साहित किया जा रहा है। देखादेखी कम आमदनीवाले परिवार भी अपने बच्चों को अंग्रेजी भाषा के विद्यालयों में पढ़ाने के लिए आतुर हैं। तो क्या अपनी भाषा के प्रति लगाव—जिसने एक बुनियादी प्रतिबद्धता के रूप में हमारे नवजागरण के दिनों में नवजागरण के एक मुख्य प्रेरणा-स्रोत का रूप लिया था—हमारे राष्ट्रीय चरित्र और सांस्कृतिक अस्मिता के निर्माण में वह लगाव अब क्षीण हो गया है। आज तो सम्मान व धन उसको मिलता है जो अंग्रेजी में लिखता है। अरुंधती रॉय अंग्रेजी में अपने प्रथम उपन्यास के आधार पर अंग्रेजी मीडिया द्वारा प्रचारित और अंग्रेजी संस्थाओं द्वारा पुरस्कृत होकर 'हाउसहोल्ड नेम' बन जाती है। लेकिन यहाँ हिंदी तथा क्षेत्रीय भाषाओं में लंबे अरसे में लिखनेवाले अनेक प्रतिभाशाली लेखकों और उनकी कृतियों को दुनिया के सामने लाने की न कोई व्यवस्था है, न इस दिशा में कोई प्रयास ही। अच्छे साहित्य की परिभाषा ही यही बन गई है जिसे पश्चिम से स्वीकृति और मान्यता मिले। इसी कारण अंग्रेजी में लिखने का एक जबर्दस्त दबाव युवा पीढ़ी पर है।

भारतीय स्वतंत्रता-संग्राम और नवजागरण के दिनों में भारतीय भाषाओं में लिखना गौरव की बात बन गई थी। रवींद्रनाथ ठाकुर ने अपनी मूल कृति बँगला में लिखी थी, जिसका अंग्रेजी अनुवाद तो बाद में हुआ। रवींद्रनाथ का ही अनुसरण कर भारतीय भाषाओं में भी सर्जनात्मकता का उभार हुआ। लेकिन आज भारतीयों में अंग्रेजी के प्रति एक नया सम्मोहन, एक नया लगाव उपजा है, जो भारतीय साहित्य के चरित्र और मौलिकता को मजबूत करेगा या कमजोर करेगा, यह आनेवाले दशक ही बताएँगे। प्रश्न उठता है, अगले पचास साल के संदर्भ में हमारा सांस्कृतिक परिदृश्य और परिवेश क्या होगा ? क्या हमारी स्थिति फिर ऐसी होगी जैसे गाँधी एवं अरविंद ने कहा था कि अपनी वेशभूषा एवं भाषा में हम दो तिहाई अंग्रेज और एक तिहाई भारतीय हैं। हम घर में कुछ भारतीय वस्त्र भले ही पहन लें पर ज्यादातर अपने पहनावे में और मानसिक रूप से हम विदेशी या अंग्रेज हैं। इसी तरह अपनी माँ-बहन के साथ भले ही हम अपनी भाषा में बातें कर लें, हमारे काम और संवाद की भाषा अधिकतर जगहों में अंग्रेजी है। यहाँ तक कि चिट्ठियाँ भी हम अंग्रेजी में ही लिखते हैं। तो क्या आगे पचास साल का

लेखा-जोखा जब हम करेंगे तो फिर इसी बात का रोना रोएँगे कि हम सांस्कृतिक दृष्टि से नव-औपनिवेशीकरण की लपेट में या नव-औपनिवेशिक मानसिकता के प्रभाव में आ गए हैं। या फिर नव-उपनिवेशवाद की प्रतिक्रिया में अपनी अस्मिता की रक्षा के लिए एक नवजागरण की लहर उठेगी जो भारतीय मानस का मंथन कर नई सर्जनात्मक ऊर्जा को जन्म देगी।

किंतु यहाँ यह ध्यान रखना आवश्यक है कि पहले जैसे हमने निष्कर्ष के लिए ठोस तथ्यों की वकालत की थी, वह इस सांस्कृतिक संदर्भ में पूरी तरह सही नहीं होगा। यहाँ केवल ठोस तथ्यों से काम नहीं चलेगा। इस क्षेत्र में वैज्ञानिक रुख काफी नहीं, मानवीय दृष्टि या संवेदना, कल्पनाशीलता की अधिक अपेक्षा है। मानवीय दृष्टि जो संवेदना और कल्पना को आधार बनाती है तथा वैज्ञानिक दृष्टि जो तथ्य को आधार बनाती है, इन दोनों का समन्वय करना होगा। हमें आज एक द्रष्टा और मनीषी की जरूरत है, जो भविष्य का एक नया 'विजन' दे सके।

प्रश्न : संचार क्रांति एवं बाजार ने मिलकर भारत को जो एक बहुराष्ट्रीय और बहुसांस्कृतिक स्वरूप देने की प्रक्रिया शुरू की है—वह भी तो अगली सदी में हमें प्रभावित करती रहेगी...?

उत्तर : ...जैसा मैंने आरंभ में कहा था कि क्या सन् 2050 का भारत भी पारंपरिक ग्रामीण भारत ही कहलाएगा या आधुनिक विज्ञान और तकनीक के प्रभाव में, कृषि के औद्योगीकरण और ग्रामों के शहरीकरण के फलस्वरूप ग्राम और ग्रामीण की परिभाषा ही बदल जाएगी। परिवर्तन की प्रक्रियाओं से कोई भी जीवन क्षेत्र अछूता नहीं है। परिवर्तन शहरों का ग्रामीकरण कर रहा है। झुग्गी-झोंपड़ियों के प्रसार ने महानगरों के चरित्र को ही बदल डाला है और 'इनर सिटी' को छोड़कर जो भद्र और नव-धनाढ्यों की बस्ती है, शेष भाग तो ग्रामों का शहर में विस्तार ही लगता है। इसी प्रकार संपन्न प्रदेशों में कृषि क्रांति के बाद धनी किसानों और भूमिपतियों की बस्ती का भाग शहर की सब सुख-सुविधाओं से संपन्न है और शहर की याद दिलाता है।

साथ ही सभी प्रदेशों का भाषीय चरित्र अंतप्रदिशिक माइग्रेशन यानी जनसंख्या के स्थानांतरण के प्रभाव में एक भाषीय से बहुभाषीय हो गया है। आसाम में केवल आसामी भाषी, बंगाल में केवल बँगला भाषी, गुजरात में केवल गुजराती भाषी, आंध्रप्रदेश और तमिलनाडु में केवल तेलुगु और तमिल भाषी नहीं रहते। ये सभी क्षेत्र बहुभाषीय हो गए हैं और होते जा रहे हैं। महानगर तो बहुभाषीय होकर एक नई साझा संस्कृति के केंद्र बन गए हैं। अगले पचास वर्षों में इस बहुभाषीय दिशा में परिवर्तन एक प्रभावशाली प्रक्रिया बनकर उभरेगा। भारतीय सिनेमा इस दिशा में सशक्त माध्यम बना है। उदाहरण के रूप में दक्खिन में हिंदी का प्रसार हिंदी सिनेमा ने जितना किया है,

उतना न राज्य ने, न राष्ट्र भाषा प्रचारक संस्थाओं ने। इलैक्ट्रॉनिक मीडिया टी. वी., रेडियो इसी प्रक्रिया को और तेज कर रहे हैं। अजूबा यह है कि इसी के साथ-साथ भाषा को अस्मिता से जोड़नेवाले आंदोलन भी प्रबल होंगे, ऐसा स्पष्ट संकेत मिलता है। बहुभाषीय और काजमौपौलीटन मुंबई में शिवसेना का उभार इसी प्रवृत्ति के विस्फोट की एक मिसाल है।

इस अंतर्विरोधी परिवर्तन-प्रक्रियाओं में हम किस प्रक्रिया को प्रोत्साहन दें, किसको नहीं, यह हमें सोचना है। परिवर्तनों के इस दौर में संकीर्ण-राष्ट्रवादी, संकुचित क्षेत्रवादी दृष्टि की एकदम गुंजाइश नहीं। यह चिंता का विषय है कि अब कई जगहों से क्षेत्रीय भाषा या संस्कृति के आधार पर अलगाववादी आवाजें भी उठ रही हैं। मसलन, आसाम से गैर आसामी बाहर जाएँ, महाराष्ट्र केवल महाराष्ट्रियों का है, आदि। लेकिन यहाँ यह समझना चाहिए कि हमारी जनसंख्या का मिश्रित और बहुभाषीय स्वरूप अलगाव की ओर नहीं, सहअस्तित्व, भाईचारे और सहिष्णुता के आग्रह की ओर ले जा रहा है। परिवर्तन की यह बहुजातीय, बहुभाषीय, बहुसांस्कृतिक प्रक्रिया निश्चय ही हमारे देश के भाषीय, सांस्कृतिक स्वरूप को अनेकता में एकता की ओर ले जा रही है। अनेकता में एकता के सांस्कृतिक स्वरूप को यदि सुदृढ़ आर्थिक आधार न मिला यानी अगर आर्थिक विकास में तेजी और बढ़ती समृद्धि में सभी के लिए भागीदारी न हुई तो अनेकता में एकता के सपने को धक्का लगेगा।

प्रश्न : भारत की अंतर्राष्ट्रीय स्थिति और वैश्विक भूमिका के बारे में आप क्या सोचते हैं ? और अगले पाँच दशकों में इस भूमिका का क्या रूप होगा ?

उत्तर : मैं समझता हूँ कि अगले पचास वर्षों के भारत के संदर्भ में यह मेरे विचार का आखिरी पड़ाव होगा। यह एक प्रश्न हमारे सामने बना हुआ है कि विश्व परिदृश्य में हमारा क्या स्थान होगा और हम क्या होंगे ? हम कहाँ होंगे ? आकार की दृष्टि से, जनसंख्या की दृष्टि से तथा विविध भौतिक व मानवीय संपदाओं से समृद्ध होने के बावजूद औपनिवेशिक काल से ही विश्व में भारत एक प्रकार से हाशिए पर रहा है। इतिहास ने भारत को पश्चिम के एक सशक्त देश के हाथों का खिलौना बनने पर मजबूर किया था। भारत विश्व मैदान में कभी मुख्य खिलाड़ी नहीं बन पाया। पिछली दो-तीन सदियाँ पश्चिम के वर्चस्व की सदियाँ रहीं। स्वाधीनता-संघर्ष के दौरान हमारा एक सपना था कि आनेवाले समय में पश्चिम का यह वर्चस्व मिटेगा एवं अगली सदी विश्व के गुलामी से मुक्त हुए देशों—यानी एशिया की, अफ्रीका की, लातिनी अमेरिका की सदी होगी तथा भारत इसमें मुख्य भूमिका अदा करनेवाला देश होगा। तो क्या अगले पचास वर्षों में हम इस सपने को पूरा कर पाएँगे ? यह हमारे सामने एक बड़ा प्रश्न है।

आजादी के आरंभिक डेढ़ दशक में नेहरू के नेतृत्व में भारत अपनी आर्थिक

कमजोरी के बावजूद विश्व-स्तर पर एक बड़े स्वतंत्रता, शांति और सद्भावना और सामरिक अस्त्रों की होड़ और तनाव से मुक्ति के अग्रदूत के रूप में मुख्य खिलाड़ी के रूप में उभरा था। शीतयुद्ध के युग में भारत दो खेमों को जोड़नेवाला और अमन के विश्व अभियान का अगुआ बनकर उभरा और इसे विश्व-भर में सम्मान भी मिला। किंतु हिंदुस्तान-चीन सीमा-युद्ध में भारत की पराजय के परिणामस्वरूप नेहरूजी के जीवन काल में ही भारत की छवि कुछ धूमिल हो गई। इंदिरा गाँधी ने बंगला देश के संकट को सुलझाकर और पाक और अमेरिका की साजिश को नाकाम कर भारत का फिर से मस्तक ऊँचा किया। लेकिन इधर भारत फिर हाशिए की अपनी पूर्व स्थिति में ही आ गया है। यह निश्चित है कि भारत की वैश्विक भूमिका इस बात पर अगले समय में निर्भर करेगी कि वह अपनी आर्थिक और सामाजिक समस्याओं को कैसे सुलझाता है और उसकी आर्थिक शक्ति और सांस्कृतिक भूमिका क्या है। इस दृष्टि से भारत यदि अपने अल्पसंख्यकों को संरक्षण देने में समर्थ होता है, बहुलता, सहिष्णुता और करुणा के मूल्यों की प्रयोग भूमि बना रहता है, राष्ट्रीयता, अंतर्राष्ट्रीयता और स्थानीयता के बीच सामंजस्य का कारगर मॉडल प्रस्तुत करता है, लोकतंत्र की जड़ों को मजबूत करने में सफल होता है, यदि वह विश्व में नए मानवीय मूल्यों और अधिकारों के (जैसे नारी और बाल समाज के सक्षमीकरण) कार्यक्रम को कार्यान्वित करता है तो वह विश्व में नई मानवीय सभ्यता के स्तंभ के रूप में अपनी पहचान बनाएगा। लेकिन इस स्वप्न और यथार्थ के बीच अभी बहुत बड़ी दरार है।

प्रश्न : भावी भारत के लिए आपने अभी तक प्रश्नों को जिस नजरिए से उठाया उससे एक सर्वांग, संपूर्ण भारत की कल्पना का आभास पैदा होता है लेकिन आजादी के पूर्व एवं बाद भी हमने एक आदर्श भारत का सपना देखा था ? क्या इन सपनों और यथार्थ की खाई बढ़ी है, इस कारण आजादी के पचास वर्षों बाद भी अधिकांश क्षेत्रों में नैराश्य जैसी स्थिति नहीं है ? क्या आज स्थिति यह नहीं है कि नए सपने रचने के प्रति भारतीय जन तैयार नहीं हैं ? वे यह स्वीकार करने के लिए तैयार नहीं हैं कि हमारे सपने कभी पूरे भी होंगे।

उत्तर : आपका निष्कर्ष यह है कि हम सपने देखते-देखते थक गए हैं और हार मान चुके हैं। इतने सपने देखे हैं कि अब सपनों से विरक्ति हो गई है। नए समाज, नए भारत आदि के जो सपने देखे थे उन सबको गहरा धक्का लगा है। अखंड भारत का सपना देखा, भारत विभाजित हो गया। अहिंसा को धर्म माननेवाले भारत की कल्पना की, उसी स्वतंत्रता-संघर्ष में भयानक हिंसा व रक्तपात हुआ। यहाँ तक कि स्वयं अहिंसा का पुजारी ही हिंसा की भेंट चढ़ गया। इससे क्या सपनों से ही मोहभंग हो गया ? सवाल उठता है किसका, सपनों से कौन थका है ? हर नई पीढ़ी अपने साथ नए सपने लाती है। कवि पाश ने कहा था कि **सबसे खतरनाक होता है सपनों का मर जाना।** यहाँ दो सवाल उठते हैं—पहला, क्या सचमुच हमारे कोई सपने पूरे नहीं हुए ? कुछ मायने में जैसा आपने कहा, नैराश्य एवं अंधकार की स्थिति है। किंतु यह संपूर्ण

वास्तविकता नहीं है कि कोई भी सपने हमारे पूरे नहीं हुए। यह सतही व आंशिक बोध है। इसे आप किन्हीं विशेष घटनाओं के कारण पैदा हुई अति प्रतिक्रिया भी कह सकते हैं। दूसरा सवाल यह उठता है कि क्या आज नए सपनों के बीज नहीं बोए जा रहे हैं ? क्या हमारा संपूर्ण साहित्य आज नैराश्य एवं पलायन का ही साहित्य है या इसमें नए नवजागरण के भी बीज बोए जा रहे हैं ?

मैं यहाँ यह कहूँगा कि इस सदी या पिछले पचास सालों की उपलब्धियों का हमारा मूल्यांकन किसी मायने में अपना मूल्यांकन नहीं है। अपने ही आंतरिक दुविधा के द्वंद्व से थकी हुई, संशयों से जर्जर मानसिकता से ग्रस्त, नैराश्य को ही जीवन दर्शन बना देनेवाले पश्चिम के चिंतन से हमारे महानगरीय बुद्धिजीवी ज्यादा ही प्रभावित हैं। वे भी उन्हीं के चश्मों से अपनी घर की स्थिति को आँकते हैं। फलतः उन्हें काला ही काला दिखाई देता है, उज्ज्वल पक्ष इन्हें दिखाई ही नहीं देते। जनता से एकदम कटे हुए इन बुद्धिजीवियों का साधारण जन के बोध और समझ से कोई ताल्लुक नहीं। वे ऊपर से नीचे वस्तु-स्थिति को देख रहे हैं कि इन्हें सब कुछ क्षुद्र-ही-क्षुद्र दिखाई देता है। मेरा कहने का तात्पर्य है कि जो सचमुच स्वप्नद्रष्टा होते हैं—जिनके लिए सपने महज सपने नहीं होते, उनके लिए सपनों में साधारण जन का दुख-दर्द का अनुभव, उनकी आकांक्षाएँ उनकी मुक्ति के संघर्ष की ऊर्जा आदि सब निहित होते हैं, उनके सपने कभी नहीं टूटते। बल्कि उन्हें जो भी आघात लगता है, उनसे सपनों के प्रति उनकी निष्ठा और लगाव और अधिक प्रखर रूप में निखर आते हैं। क्या भारत के विभाजन और हिंसा के उभार के बाद गाँधी का मोहभंग हो गया था और वे पराजय की भावना के शिकार हो गए थे ? कभी नहीं। उन्होंने अपने स्वप्न को बचाने के लिए और उन्हें उज्ज्वल रखने के लिए अपना सर्वस्व, अपने प्राणों की ही आहुति दे दी। क्या नेहरूजी का मोहभंग हुआ था और उन्होंने सपने देखना बंद कर दिया था ? कदापि नहीं। गाँधीजी के उत्तराधिकारी के रूप में उन्होंने अपने नए स्वप्नों के लिए युवा की सी ऊर्जा और शक्ति से अपने को देश और उनकी सेवा में फिर से समर्पित कर दिया। यही अनगिनत अज्ञात देश-प्रेमी, जनसेवी स्वप्नद्रष्टाओं ने किया।

पराजय और नैराश्य उन्हीं की मानसिक स्थिति है जिनके सपने सतही होते हैं, आस्था और अनुभव की गहराइयों से नहीं उपजते। जिनके मन में आदर्श के प्रति सदा दुविधा और संशय रहा है, वही यथार्थ के पहले ही थपेड़ों से झटका पाकर नैराश्य और पराजय की भावना के शिकार हो जाते हैं। यह भी सच नहीं है कि हमारे सभी सपने मिथ्या हो गए। हमारे राजनीतिक सपने, विश्व उपनिवेशवाद के अंत के सपने, तो पूरे हुए। एक न्यायपूर्ण समाज के सपने अवश्य अपूर्ण रहे जिन्हें नई पीढ़ी को आगे बढ़ाना है। मैं आपको मिसाल देता हूँ। हमारी पीढ़ी के पूर्वजों को एवं व्यवस्था से जुड़े शिक्षित वर्ग को इस बात का विश्वास कदापि नहीं था कि ब्रिटिश साम्राज्य का, जिसमें सूर्यास्त नहीं

होता था, अंत हो सकता है, वह भी उन्हीं के जीवन काल में। लेकिन शताब्दी के पूर्वार्द्ध के अंत होने से पूर्व ही साम्राज्यवाद का भी सूर्यास्त हो गया। आज की पीढ़ी को यह सोचना भी कठिन है कि कभी ब्रिटिश साम्राज्य इतना शक्तिशाली था, यानी कभी एक टापू का आकार का देश कई महाद्वीपों के ऊपर हावी था, उन पर निरंकुश शासन करता था। उस समय जिस दूरदर्शी अल्पसंख्यक प्रबुद्ध वर्ग ने उस महाशक्तिशाली साम्राज्य के अंत का सपना देखा था, उसको लोग खयाली पुलाव पकानेवाला समझते थे। मेरे दादा कहा करते थे कि महात्मा गाँधी एक संत हैं—पर संत से यह उम्मीद करना कि वह एक शक्तिशाली साम्राज्य को ध्वस्त कर सकेगा, सचमुच सपना देखने के बराबर है। लेकिन मेरे दादाजी ने मृत्यु से एक वर्ष पूर्व साम्राज्यवादी व्यवस्था को ध्वस्त होते देखा था।

दभ से ललकारकर चर्चिल ने कहा था कि वह साम्राज्य के पतन की अध्यक्षता करने के लिए प्रधानमंत्री नहीं बना है और वह एक 'अधनंगे फकीर' को कभी यह गौरव नहीं प्रदान करेगा कि उस फकीर को मुलाकात का मौका दें। लेकिन असंभव को संभव होते भी हमने देखा। चर्चिल की दंभभरी ललकार के बावजूद जाग्रत भारत के प्रतीक और प्रतिनिधि फकीर को इसी अधनंगी अवस्था में ही ब्रिटिश साम्राज्यवाद के प्रतीक राजा को बकिंघम पैलेस में बुलाना पड़ा और उससे सम्मानित अतिथि के रूप में मुलाकात के लिए राजी होना पड़ा। चर्चिल का यह कथन कि भारत के नेता आजादी का बोझ नहीं सँभाल पाएँगे, गलत साबित हुआ। चर्चिल को सार्वजनिक रूप से जवाहरलाल नेहरू की प्रशंसा करनी पड़ी। जरा सोचिए, उस समय के पश्चिमी चिंतक क्या सोचते थे एवं साम्राज्यवादी नेता क्या सोचते थे। तो उन चिंतकों और साम्राज्यवादी शासक वर्गों की दंभभरी चुनौतियों और साजिशों के बावजूद विश्वव्यापी साम्राजी व्यवस्था ताश के पत्तों की इमारत की तरह ढह गई। साथ ही स्वतंत्रता-आंदोलनों के फलस्वरूप नव-स्वतंत्र राष्ट्रों की एक श्रृंखला सत्तारूढ़ हुई।

अब यहाँ मैं पुनः यह कहना चाहूँगा कि उसी समय स्वतंत्रता-संग्राम के विचारकों द्वारा यह कल्पना की गई थी कि अभी तक पश्चिम के विश्व-भर में वर्चस्व का युग था, जो शीघ्र ही समाप्त होगा और एक नया विश्व संतुलन उसका स्थान लेगा, जिसमें एशिया, अफ्रीका, लातिनी अमेरिका की विश्व-वर्चस्व में भागीदारी की शुरुआत होगी। तो उस महत् परिवर्तन की दिशा में विश्व-साम्राज्यवाद का अंत एवं नव-स्वतंत्र राष्ट्रों का उदय पहला कदम था। लेकिन उस प्रक्रिया में बीच में ही गतिरोध पैदा हो गया। लेनिन का कथन था कि विश्व-साम्राज्यवाद के अंत के साथ ही पहली दुनिया के वर्चस्व का भी अंत हो जाएगा और समाजवादी 'दूसरी दुनिया' और नवस्वतंत्र 'तीसरी दुनिया' विश्व व्यवस्था पर प्रभावशाली होकर मानव इतिहास को नया मोड़ देंगे। लेनिन का सपना था कि रूस, चीन और भारत विश्व की नई व्यवस्था में प्रभावशाली देश बनकर उभरेंगे, जो मानव समाज को आम आदमी की खुशहाली, समता और शांति के रास्ते पर ले जाएँगे। लेकिन 'दूसरी दुनिया' के विखंडन और 'तीसरी दुनिया' के अंदर एकता

न होने और प्रतिद्वंद्विता बढ़ने के कारण 'दूसरी दुनिया' के देश भी पश्चिम के प्रभाव क्षेत्र में आ गए हैं और 'तीसरी दुनिया' के देशों में आपसी तनाव और हितों की टकराहट के कारण वे पश्चिमी देशों के प्रभाव से मुक्त नहीं हुए हैं। अमेरिका अपनी आर्थिक और सैनिक शक्ति के कारण अभी भी विश्व-व्यवस्था पर हावी है। फर्क इतना है कि विश्व एकध्रुवीय होने के बजाय बहुध्रुवीय हो गया है। इस नए बहुध्रुवीकरण का फायदा उठाकर उन देशों को जो कल तक विश्व साम्राज्यवाद के प्रभाव क्षेत्र थे, विश्व शक्ति संतुलन को अपने हितों की दिशा में मोड़ना है। पश्चिम के एकाधिकार का अंत और पूर्व के प्रभाव में तेजी से वृद्धि का सपना अभी भी पूरा होना बाकी है। यह नई पीढ़ी के लिए चुनौती है।

आनेवाली सदी को गुजरी हुई दो सदियों से जब साम्राज्यवाद का बोलबाला था, जोड़नेवाली कड़ी यही सपना है कि पश्चिम का वर्चस्व समाप्त हो और विश्व के मंच पर पूरब के देश अपनी उचित भूमिका और जिम्मेदारी निभाएँ। संपूर्ण विश्व के आर्थिक संसाधनों को अपने हित में उपयोग करनेवाली औपनिवेशिक व्यवस्था का विखंडन एक ऐतिहासिक प्रक्रिया थी। इसका पहला कदम था पूर्वी देशों द्वारा राजनीतिक संप्रभुता की प्राप्ति। अब इसे उस आर्थिक संप्रभुता में बदलने की प्रक्रिया का युग चल रहा है। इसकी तरफ पिछले पचास सालों में कदम उठाया गया और नई व्यवस्था की बुनियाद भी डाली गई, पर वो सपना तो अधूरा ही रहा। विकसित और विकासशील देशों के बीच की खाई घटी नहीं, बढ़ी है। विशेषकर दक्खिनी एशिया के देश अभी भी गरीबी और अभाव, पिछड़ेपन और आर्थिक कमजोरी के अभिशाप से मुक्त नहीं हुए हैं। यह अत्यंत चिंता का विषय है। सच तो यह है कि दक्खिन एशिया, अपने आर्थिक 'पोटेंशल' मानवीय शक्ति और प्रतिभा और गौरवपूर्ण ऐतिहासिक परंपरा के आधार पर मानव सभ्यता, संस्कृति और आर्थिक खुशहाली की स्वयं एक महत् संरचना बनकर उभरने में समर्थ है। भारत को अपने नए भविष्य को संपूर्ण दक्खिन एशिया के भविष्य के साथ जोड़कर देखना होगा।

ऊपर भारत के वैश्विक 'विजन' का प्रश्न मैंने उठाया था। भारत के स्वप्नद्रष्टा विच.रकों और नेताओं का बुनियादी सपना था कि पूर्व और पश्चिम के बीच की विषमता का अंत होना चाहिए। उस स्वप्न और यथार्थ के बीच अभी खाई बढ़ती गई है। हमारा स्वप्न था कि एशिया, अफ्रीका और लातिनी अमेरिका को अपना उचित स्थान विश्व में मिलना चाहिए। साथ ही इन सभी का जो विशाल आकार है, बृहत संपदा है और हमेशा से विश्व सभ्यता में जो योगदान रहा है, उन सबके अनुकूल इस भूभाग को विश्व में उचित स्थान हासिल करना चाहिए। हमें विश्वमंच पर एक मुख्य खिलाड़ी बनकर उभरना चाहिए। पश्चिम के सत्ताधारी शासक इसी से भयभीत हैं और उनका प्रयास है हमें पीछे धकेलते रहना।

आज की स्थिति का एक सकारात्मक पक्ष यह है कि पिछली सदी की तरह ये पश्चिमी देश आज इस स्थिति में नहीं हैं कि वह एशियाई देशों के भविष्य का निर्णय

स्वयं कर सकें। वे कल की तरह आज आक्रामक नहीं, आत्मरक्षात्मक भूमिका में हैं। लेकिन गाँधी, नेहरू, रवि ठाकुर ने जो पश्चिम के वर्चस्व की समाप्ति एवं विश्व स्तर पर अपना स्थान बनाने का जो सपना देखा था—वह अभी भी अपूर्ण है। अपनी संभावनाओं को क्षमता में बदलने की रणनीति, एजेंडा और कार्यक्रम क्या होगा, इसी दिशा में हमें सोचने की जरूरत है। पिछले पचास वर्षों ने हमें एक ठोस आधार दिया है, जिस पर नई इमारत खड़ी की जा सकती है। हम कितने ठोस आधार पर खड़े हैं—उसका महत्त्व हम तभी समझेंगे जब हम अपनी वर्तमान स्थिति को ऐतिहासिक परिप्रेक्ष्य में देखेंगे। एक समय था जब भारत में एक सुई तक नहीं बनती थी। उसके लिए भी हम इंग्लिस्तान पर निर्भर थे। इतनी उर्वरा भूमि होते हुए भी लाखों लोग दुर्भिक्ष के शिकार हो जाते और भयावह गरीबी और अभाव से ग्रस्त थे। हमारी राजनीतिक क्रांति की परिणति राष्ट्रीय राज्य की स्थापना में हुई। फिर राष्ट्रीय राज्य के माध्यम से आर्थिक क्रांति यानी आर्थिक पराधीनता और दरिद्रता से मुक्ति का अभियान शुरू हुआ। आर्थिक मुक्ति की दिशा में हमें कामयाबी मिली लेकिन लक्ष्य से अभी हम बहुत दूर हैं। आर्थिक कमजोरी हमें विरासत में उपनिवेशवाद से मिली। उसको मिटाने के लिए तो पाँच दशक काफी नहीं हैं। जिस देश का इतिहास ही पाँच हजार साल से ज्यादा का है, उसके इतिहास में पाँच दशक का समय इस लंबे इतिहास का अंश मात्र ही है। लेकिन समग्रता में देखें तो पाँच दशक की उपलब्धियाँ भी कम नहीं हैं, जो अगले पाँच दशक के प्रयासों के लिए हमारी बड़ी अनमोल पूँजी हैं। रेमोंड विलियंस के शब्दों में कहें तो हम एक लंबी क्रांति के दौर में हैं, जिसमें छोटी-छोटी अनेक क्रांतियाँ समाहित होंगी, राजनीतिक स्वतंत्रता हमने हासिल की, यह एक बड़ी बात है। तीव्र तनावों और टकरावों के बावजूद देश एक बना रहा है, यह भी बड़ी बात है। लेकिन इस राजनीतिक स्वतंत्रता को आर्थिक स्वतंत्रता में बदलने की महान क्रांति अनेक क्षेत्रों में अनेक छोटी-मोटी क्रांतियों को जन्म दे रही है, जिन सबके जोड़ से ही हम इस महान क्रांति की दिशा में बढ़ रहे हैं।

प्रश्न : आर्थिक स्वराज्य की दिशा में हमें पूर्ण सफलता क्यों नहीं मिली ?

उत्तर : इसके कारणों की ओर मैंने पहले ही इशारा किया। जैसा मैंने पहले कहा कि हम एक छलाँग में पूर्ण आर्थिक स्वराज प्राप्त नहीं कर सकते। आजादी के बाद के पाँच दशकों में हमने आर्थिक स्वराज की ठोस और मजबूत नींव रखी है। भारत अनेक नव-स्वतंत्र देशों की तरह अभी भी पश्चिम के शक्तिशाली देश अमेरिका के या पश्चिम के सशक्त देशों के प्रभाव क्षेत्र में उनसे दबा हुआ कमजोर देश नहीं है। पाँच दशकों की उपलब्धियों के कारण वह इस स्थिति में है कि वह अपने स्वहित को आगे बढ़ाने के लिए पश्चिम का मोहताज नहीं, बल्कि स्वायत्त नीतियों को अपनाने के लिए अपने पथ पर चलने में समर्थ हैं। नेहरू के नेतृत्व ने यदि हमें एक स्वतंत्र औद्योगिक आधार दिया और आधुनिक वैज्ञानिक और तकनीकी क्षमता और शक्ति के क्षेत्र में यदि हमें

विश्व स्तर का देश बना दिया तो इंदिरा युग में उठाए कदमों ने हमारी सुरक्षा को तो मजबूत किया ही, पश्चिमी देशों की हमें कमजोर करने की साजिशों को भी नाकाम किया, साथ ही अन्न के क्षेत्र में हमें आत्मनिर्भर और समर्थ बनाकर दुर्भिक्ष और व्यापक भुखमरी के अभिशाप से भी मुक्त किया।

लेकिन इस दौर में हमारी बुनियादी कमजोरियाँ भी सामने आई हैं। देश में क्षेत्रीय और वर्गीय विषमताएँ बढ़ी हैं, तीव्र हुई हैं। गरीबी की रेखा से नीचे आबादी में वृद्धि नहीं हुई तो उसमें उल्लेखनीय कटौती भी नहीं हुई है। देश का विशाल भूभाग, जिसमें बीमारू प्रदेश शामिल हैं (बिहार, उत्तर प्रदेश, मध्य प्रदेश, राजस्थान आदि) गंभीर आर्थिक, सामाजिक, राजनीतिक पिछड़ेपन का शिकार है। देश के भीतर ही सामाजिक क्षेत्र में उन्नतिशील केरल तथा अवरोधों से ग्रस्त हिंदी प्रदेशों के बीच की खाई से यह स्पष्ट है कि ये पिछड़े भाग किस कारण पिछड़े हैं और इस संदर्भ में आर्थिक स्वराज और समाज कल्याण के लिए अगले दशकों का एजेंडा और कार्यक्रम का स्पष्ट संकेत भी इस तुलनात्मक विवेचन से मिलता है। जिस-जिस प्रदेश या जिन-जिन प्रदेशों ने भूमि सुधार, निरक्षरता निवारण विशेषकर दलितों तथा नारी समाज में साक्षरता प्रसार और स्वास्थ्य सेवाओं के प्रसार, सत्ता के विकेंद्रीकरण और नीचे के स्तर के समुदायों को राजनीतिक रूप से सक्षम और समर्थ बनाने के कारगर कार्यक्रम चलाए हैं तथा प्रशासनिक सुधारों द्वारा प्रशासनिक व्यवस्था को न्यायपूर्ण एवं कार्य कुशल (एफीसियंट) बनाने में कामयाबी हासिल की है, वहाँ आर्थिक स्वराज को भी एक व्यापक और सुदृढ़ आधार मिला है। यही आगामी दशकों में परिवर्तन और विकास की दिशा है, और नई चुनौतियों का संकेत भी है।

यदि आजादी के बाद की अर्द्धशताब्दी स्वतंत्रता को एक सुदृढ़ आर्थिक, तकनीकी, सैन्य तथा सामरिक आधार देने की अर्द्धशताब्दी थी तो आनेवाली अर्द्धशताब्दी सामाजिक न्याय और आर्थिक खुशहाली को अन्याय और गरीबी से ग्रस्त अधिकांश क्षेत्रों, समुदायों और वर्गों तथा विशाल नारी समाज तक पहुँचाने की अर्द्धशताब्दी होगी। यदि पिछली अर्द्धशताब्दी बाह्य आर्थिक उपनिवेशवाद का प्रभाव और दबाव मिटाने और राष्ट्रीय आर्थिक स्वायत्तता का आधार मजबूत करने की अर्द्धशताब्दी थी तो आगामी अर्द्धशताब्दी आंतरिक औपनिवेशीकरण के पुराने और नए स्वरूपों से जूझने की अर्द्धशताब्दी होगी।

यहाँ मैं दूसरी बात यह कह रहा हूँ कि हमारा पूर्ण आर्थिक और सामाजिक स्वराज का लक्ष्य अपूर्ण रहा तो अपने आंतरिक औपनिवेशीकरण के कारण यह स्थिति है। राजनीतिक लोकतंत्र ने इस आंतरिक उपनिवेशवाद से जूझने और उसे तोड़ने की प्रक्रिया अवश्य शुरू की। अल्पसंख्यक, दलित और नारी समाज तथा छोटी जाति के लोगों को अब अपनी महत्ता का आभास अवश्य हुआ है। हमारे पूर्वजों ने राजनीतिक क्रांति को सामाजिक क्रांति में परिवर्तित करने का जो सपना पाला था, उसे अभिजात्य वर्ग ने अपने

वर्चस्व को कायम रखकर पूरा नहीं होने दिया। लेकिन दलित, शोषित वर्ग और पीड़ित नारी समाज में इसी नए समाज के सपने के फलस्वरूप एक जबर्दस्त चेतना का उभार हुआ है। इसी स्वप्न के आधार पर हम आज सामाजिक न्याय और समता के लक्ष्य की ओर बढ़ रहे हैं। इससे एक नई ऊर्जा पैदा हुई है और भयंकर आक्रोश भी। आक्रोश नकारात्मक और विनाशकारी रूप भी ले सकता है। लेकिन नई ऊर्जा का अगर सही इस्तेमाल हुआ तो यह एक नए भारत के निर्माण की रचनात्मक शक्ति भी बन सकती है। तब भारत सिर्फ राष्ट्रीय रूप से ही स्वायत्त नहीं होगा, बल्कि आंतरिक औपनिवेशीकरण पर भी विजय पाएगा। यह सपना पुरानी पीढ़ी के सपनों से ज्यादा आकर्षक एवं प्रेरणादायी सपना है, तो आगे आनेवाला युग पुराने युग की अपेक्षा कई गुना बड़ी चुनौतियों व संभावनाओंवाला युग है।

हमारी कमी इस समय मौलिक चिंतन के स्तर पर है। पुराने युग की तरह इसको भाषा और दिशा देनेवाले चिंतक अभी नहीं हैं। लेकिन धीरे-धीरे नई सोच बीज रूप में सामने आ रही है और शनैः-शनैः यह नई अवधारणाओं, नए एजेंडा और नए कार्यक्रम में बदलेगी, ऐसी हमारी आशा है।

प्रश्न : इस पूरी बातचीत के निष्कर्ष रूप में आप कुछ कहना चाहेंगे ?

उत्तर : मैं एक मनीषी के इस कथन को दोहराकर अपने मूल विचार को फिर रेखांकित करना चाहूँगा। भविष्य के लिए किसी देश, जाति, समूह या व्यक्ति का यदि कोई सपना (विजन) नहीं होता तो उसका ह्रास या उसकी अधोगति निश्चित है। इसलिए भारत के भविष्य की कुंजी यही है कि अगले पचास वर्षों के लिए हमारा सपना, हमारा लक्ष्य क्या है।

●●●